年	日本の出来事	社会	世界
昭和十八（一九四三）	ガダルカナル島奪取《だっしゅ》される	学徒出陣《がくとしゅつじん》はじまる	伊《い》が無条件降伏《むじょうけんこうふく》、カイロ会談
昭和十九（一九四四）	特攻隊出撃《とっこうたいしゅつげき》はじまる	学童疎開《そかい》はじまる	ノルマンディー上陸作戦
昭和二十（一九四五）	原爆《げんばく》投下、ポツダム宣言受諾《せんげんじゅだく》	ラジオでの天皇《てんのう》放送	ヤルタ会談、独《どく》が降伏《こうふく》

太平洋戦争終戦

戦後

年	日本の出来事	社会	世界
昭和二十（一九四五）	GHQの占領政策《せんりょうせいさく》はじまる	闇市《やみいち》が各地に登場	国際連合《こくさいれんごう》成立
昭和二十一（一九四六）	日本国憲法公布《けんぽうこうふ》	ソ連、中国からの引揚者《ひきあげしゃ》ぞくぞく	チャーチル「鉄のカーテン」演説《えんぜつ》
昭和二十三（一九四八）	東京裁判判決《さいばんはんけつ》		イスラエル建国
昭和二十五（一九五〇）	レッドパージは	特需《とくじゅ》景気	朝鮮《ちょうせん》戦争はじまる
昭和二十六（一九五一）	日米安全保障《ほしょうじょ》条		サンフランシスコ講和《こうわ》会議
昭和二十九（一九五四）	被災《ひさい》した第五福《ふく》	映画《えいが》『ゴジラ』公開	
昭和三十一（一九五六）	憲法調査会発《けんぽうちょうさかいほっ》	「もはや戦後ではない」	日ソ国交回復《かいふく》
昭和三十五（一九六〇）	新安保条約《あんぽじょうやく》の	安保闘争《あんぽとうそう》	
昭和三十九（一九六四）	東京オリンピック開催	東海道新幹線《しんかんせん》開業	日本がOECD加盟《かめい》
昭和四十七（一九七二）	沖縄県本土復帰《ふっき》		日中国交回復《かいふく》
…	…	…	…

半《はん》藤《どう》先生の「昭《しょう》和《わ》史《し》」で学ぶ非《ひ》戦《せん》と平和

復《ふっ》興《こう》への道のり

1945～1989 上

GHQ／日本国憲《けん》法《ぽう》／東京裁《さい》判《ばん》

半《はん》藤《どう》一《かず》利《とし》

シリーズ「半藤《はんどう》先生の『昭和史《しょうわし》』で学ぶ非戦《ひせん》と平和」は、二〇二一年に亡《な》くなられた半藤一利《はんどうかずとし》さんの昭和史《しょうわし》に関する四冊《さつ》の著書《ちょしょ》『昭和史《しょうわし》 1926-1945』『昭和史《しょうわし》 戦後篇《へん》 1945-1989』『B面昭和史《しょうわし》 1926-1945』『世界史《せかいし》のなかの昭和《しょうわ》史《し》』をそれぞれ二分冊《ぶんさつ》にして全八巻《かん》にまとめ直し、若《わか》い読者にも読みやすく再《さい》編集《へんしゅう》したものです。小学五年生以上で学習する漢字にはふりがなをふり、各章冒頭《ぼうとう》にポイントとキーワードをまとめ、巻末《かんまつ》には新たに解説《かいせつ》を加えました。歴《れき》史《し》学習に役立つよう巻末《かんまつ》に索引《さくいん》も加えています。

本書『復興《ふっこう》への道のり 1945-1989 上』は、『昭和史《しょうわし》 戦後篇《へん》 1945-1989』（二〇〇九年、平凡社《へいぼんしゃ》ライブラリー）を底本に再編集《さいへんしゅう》しました。

半藤《はんどう》先生の「昭和史《しょうわし》」で学ぶ非戦《ひせん》と平和

復興への道のり 1945~1989〔上〕目次

半藤《はんどう》先生の「昭和史《しょうわし》」で学ぶ非戦《ひせん》と平和

復興《ふっこう》への道のり 1945〜1989〈下〉目次

はじめの章

天皇《てんのう》・マッカーサー会談にはじまる戦後

敗戦と「一億総懺悔《そうざんげ》」

この章のポイント

ポツダム宣言受諾《せんげんじゅだく》後、連合国軍総《そう》司令官に就任《しゅうにん》したダグラス・マッカーサーが一九四五（昭和二十）年八月三十日に厚木《あつぎ》飛行場に到着《とうちゃく》し、日本本土への第一歩を踏《ふ》み出《だ》しました。ここからマッカーサーによる日本の占領政策《せんりょうせいさく》がはじまります。九月二日の降伏《こうふく》調印式後、GHQは主要戦犯容疑者《せんぱんようぎしゃ》の逮捕《たいほ》指令、軍国主義的《しゅぎてき》教育の禁止《きんし》、財閥《ざいばつ》の解体《かいたい》など、次々と指令を出していきます。そんな中、敗戦国の代表として昭和天皇《てんのう》がマッカーサーと直接《ちょくせつ》会談することになりました。

キーワード

天皇《てんのう》放送／東久邇宮稔彦《ひがしくにのみやなるひこ》／一億総懺悔《そうざんげ》／ダグラス・マッカーサー／連合国軍総《そう》司令部（GHQ）／降伏《こうふく》調印式／東条英機《とうじょうひでき》／検閲制度《けんえつせいど》の廃止《はいし》／五大改革／奥村勝蔵《おくむらかつぞう》

◆一億、涙滂沱《なみだぼうだ》

昭和二十年（一九四五）八月十五日昼の天皇《てんのう》放送によって、太平洋戦争という悲惨《ひさん》な歴史《れきし》が一応《いちおう》、終結しました。ただじっさいは、日本が降伏《こうふく》したと全世界に告《つ》げたのは日本時間の十四日なんです。ですからアメリカやイギリスその他の国においては、victory over Japan（対日戦争勝利）は八月十四日となっています。日本はそれを引《ひ》き延《の》ばしたというのか、国民には天皇《てんのう》放送によって一気に知らせたのです。いろんな本、たとえば大岡昇平《おおおかしょうへい》さんの小説『俘虜記《ふりょき》』では、フィリピンの捕虜収容所《ほりょしゅうようじょ》に入れられていた大岡《おおおか》さんが、アメリカ軍が十四日の晩《ばん》にドンチャン騒《さわ》ぎをして勝利を祝っているというふうに書かれています。しかし日本の私《わたし》たちは、陸軍の抵抗《ていこう》などいろんな事情《じじょう》がありまして、八月十五日にポツダム宣言《せんげん》を受諾《じゅだく》し戦争が終結したと知らされたわけです。私《わたし》は中学三年生でした。

戦後だいぶたって、このときほっとしたとか、やれやれと思った、と言う人が多く、ごく少数は本当にそう感じたかもしれませんが、私《わたし》の体験では、「よかったー」とかいう感情《かんじょう》よりも、突然《とつぜん》目の前が真っ暗になったといいますか、頭にガツンと大きな衝撃《しょうげき》を受けて茫然自失《ぼうぜんじしつ》といった感情《かんじょう》がまずやってきた。それから滂沱《ぼうだ》として涙《なみだ》が流れたのです。悲哀《ひあい》の涙《なみだ》なのか、悔《くや》しさの涙《なみだ》なのか、それぞれ人によって違《ちが》うと思いますが。いずれにしろ、一億、涙滂沱《なみだぼうだ》、といってもいいのではないでしょうか。

戦後に書かれた回想は、そういうわけで、本当のことじゃない部分もあると思いますが、日記をつけていた人がたくさんいまして、そこからは当時の人たちがどういう気持ちで天皇《てんのう》放送を受け止めたかがよくわかります。いくつか読んでみます。

当時五十六歳《さい》の作家、内田百閒《うちだひゃっけん》。

「天皇陛下《てんのうへいか》のお声は録音であったが、戦争終結の詔書《しょうしょ》なり。熱涙垂《ねつるいた》れて止《や》まず。この滂沱《ぼうだ》の涙《なみだ》はどういう涙《なみだ》かという事を、自分で考える事が出来なかった」

作家の広津和郎《ひろつかずお》（当時五十三歳《さい》）も、意味もなく泣いたことを書いています。

「ラジオは戦争中修繕《しゅうぜん》ができていないので、音が低く聞き取りにくかった。／しかし私《わたし》は涙《なみだ》が滂沱《ぼうだ》と下って止めようがなかった」

実業家の小林一三《こばやしいちぞう》（当時七十二歳《さい》）は、「正午、君が代の奏楽《そうがく》につづいて陛下《へいか》の御放送《ごほうそう》を謹《きん》聴《ちょう》し奉《たてまつ》り、涙《なみだ》ぼうだとして禁《きん》じ得《え》ず。暫《しばら》く茫然《ぼうぜん》として静坐《せいざ》するのみ」としたあと、「聖旨《せいし》を奉《ほう》じて国運を将来《しょうらい》に開拓《かいたく》するこそ一億国民の義務《ぎむ》であり祈願《きがん》するところである」と書いています。やはり傑出《けっしゅつ》した実業家ですね、すぐに立ち直って国運のためにもういっぺんやろうという気を起こしているようですが、こういう人はあまりいなかったんじゃないでしょうか。

もと東大の先生だった政治《せいじ》学者の矢部貞治《やべていじ》さんは、当時四十二歳《さい》でした。

「……異例《いれい》な御親《おんみずか》らの詔勅《しょうちょく》御放送《ごほうそう》に首を垂《た》れ、悲痛《ひつう》の涙滂沱《なみだぼうだ》たるを止得なかった。／口惜《くちお》しい極《きわ》みであるが、ポツダム宣言《せんげん》を受諾《じゅだく》し、ここに無条件降伏《むじょうけんこうふく》となる。我々《われわれ》の忍苦《にんく》はこの日からはじまる。どのような運命が待っているかは判《わか》らぬが、興国《こうこく》の先駆者《せんくしゃ》として志《し》士仁人《じんじん》として生きたい」

まるで勤王《きんのう》の志士《しし》の如《ごと》く、これからの日本の国の先駆者《せんくしゃ》となる決意を述《の》べています。このへんは、かなりの歳《とし》の方たちですから、無念の思いを抱《いだ》きつつも、前途《ぜんと》を、祖国《そこく》の明日がどうなるのかを考え、自分の身をどう処《しょ》したらいいのかも合わせて思いやったのでしょう。が、これはごく少数だと思います。多くの人はむしろ、無念の歯がみをしていたと思います。

歌人の斎藤茂吉《さいとうもきち》さん（当時六十三歳《さい》）はその代表で、

「正午、天皇陛下《てんのうへいか》の聖勅御放送《せいちょくごほうそう》、はじめに一億玉砕《ぎょくさい》の決心を心に据《す》え、羽織《はおり》を著《き》て拝聴《はいちょう》し奉《たてまつ》りたるに、大東亜《だいとうあ》戦争終結の御聖勅《ごせいちょく》であった。ああ、しかれども吾等《われら》臣民は七生奉《しちせいほう》公《こう》としてこの怨《うら》み、この辱《はずか》しめを挽回《ばんかい》せむことを誓《ちか》いたてまつったのであった」

まさに、今に見てろ、仇《かたき》をうつぞ、と言わんばかりの切歯扼腕《せっしやくわん》ぶりです。これは正直な気持ちだと思いますね。日本国民はみな、戦争に敗《ま》けた瞬間《しゅんかん》には悲哀《ひあい》感、失望感、絶望《ぜつぼう》感それに無念な想《おも》いをごちゃまぜにした感情《かんじょう》に押《お》し流《なが》されていたような気がします。

作家の山田風太郎《やまだふうたろう》（当時二十三歳《さい》）の日記も面白《おもしろ》いです。

「天皇《てんのう》はどうなるか、御退位《ごたいい》は必定《ひつじょう》と見られるが、或《ある》いはそれ以上のことも起こるかも知れない。新聞によると最後の御前《ごぜん》会議で天皇《てんのう》は『朕《ちん》は国が焦土《しょうど》と化することを思えば、たとえ朕《ちん》の身は如何《いかが》あろうとも顧《かえり》みるところではない』と仰《おお》せられ、全閣僚《かくりょう》が声をあげて慟哭《どうこく》したという。この御一言《ごいちごん》で、たとえ陛下《へいか》に万一のことがあれば、連合国側がいかなる態度《たいど》に出ようと、われわれは小なりとも『昭和神宮《じんぐう》』を作る義務《ぎむ》がある。と誰《だれ》かがいった」

これは当日ではなく八月十六日の日記です。というのもその日の新聞に、日本が終戦へいかに辿《たど》りついたかの詳《くわ》しい過程《かてい》が書かれたんですね。そこで、天皇《てんのう》が御前《ごぜん》会議で「国民を助けるには自分の身はどうなってもいい」と言った八月十四日のいわゆる「聖断《せいだん》」を読んだ当時大学生の山田《やまだ》さんは、もし連合国が無体《むたい》なことを言ってきた場合、なんとしても天皇《てんのう》をお守りしたい、そういう気持ちになったのを吐露《とろ》しているんです。今から考えると、十六日の新聞で、御《ご》前《ぜん》会議がいかにして行なわれ、天皇《てんのう》が身を捨《す》てて聖断《せいだん》を下して戦争を終結させたかを知ったかなりの人が、深い感動を抱《いだ》いたのは事実のようです。

こうして、昭和天皇《てんのう》を機軸《きじく》にみんなして戦後日本の国家再建《さいけん》に力を合わそうという、なんとなしに日本人に「あうん」の呼吸《こきゅう》ができあがったのじゃないでしょうか。このことは、戦後昭和史《しょうわし》を考えていくうえで、つねに基本《きほん》としてあるんですね。昭和天皇《てんのう》の戦争責任《せきにん》その他について これからどんどんお話することになりますが、国民の大部分は、天皇陛下《てんのうへいか》が「自分の身はどうなってもいい」と言ったおかげで戦争が終わったと——これは事実なんですけれど、この事実に対して国民はものすごく心を寄《よ》せ、非常《ひじょう》にありがたいものとして受け止めた、そのことが、この後もずーっと続いていくような気がするんです。

ところで当時の新聞、とくに十六日の朝日新聞は、終戦に至《いた》るまでのいきさつをきちっと書いてもいるのですが、同時に次のようなことも書いています。

「……群衆《ぐんしゅう》は二重橋《にじゅうばし》を埋《う》め尽《つ》くしていた。きょうもあすもこの国民の群は続くであろう。あすもあさっても『海ゆかば…』は歌いつづけられるであろう。民族の声である。大御心《おおみごころ》（天皇陛下《てんのうへいか》の御意思《ごいし》のこと）を奉戴《ほうたい》（ありがたく戴《いただ》き）し、苦難《くなん》の生活に突進《とっしん》せんとする民草《たみくさ》の声である。日本民族は敗れはしなかった」

新聞は、自分たちがさんざん煽《あお》ってきた責任《せきにん》もあるからなお、国民を叱咤激励《しったげきれい》というのか――力づけるという意味なんでしょうが――まだなんとなしに意気張《いきば》んでいたんですね。それはアッという間にひっくり返るんですが、終戦直後くらいまでは「まだまだ」という気持ちもあったようです。というのも、なにせ日本本土には陸軍二百二十五万人、海軍百二十五万人、それに陸海軍合わせて特攻機《とっこうき》六千機を用意して本土決戦をやる気でいたんですから。この大軍隊が後ろに控《ひか》えている、大兵力が温存《おんぞん》されている、これがどうなるのかということも非常《ひじょう》に微妙《びみょう》な問題として残っていました。大元帥陛下《だいげんすいへいか》は「戦争をやめた」とおっしゃるが、日本陸海軍がもういっぺん立ち上がる可能性《かのうせい》も、無きにしもあらずであった。したがって、新聞の「敗れはしなかった」という言葉は必ずしも負《ま》け惜《お》しみではなく、ある種の国民感情《かんじょう》を代弁《だいべん》していたとも言えるのです。

当時、私《わたし》は十五歳《さい》。中学校三年生でした。天皇《てんのう》の詔勅《しょうちょく》は、ラジオでは何を言ってるのか全然わからなかったのですが、やがて降伏《こうふく》したとわかり、その日の夕方になってから来た朝刊《ちょうかん》を読んで、一番感動したのは、「……帝国臣民《ていこく》にして、戦陣《せんじん》に死し職域《しょくいき》に殉《じゅん》じ非命《ひめい》に斃《たお》れたる者およびその遺族《いぞく》に想《おもい》を致《いた》せば五内為《ごだいため》に裂《さ》く……」という箇所《かしょ》です。つまり、天皇《てんのう》が自分の体が真っ二つに裂《さ》けるような辛《つら》い思いをしているという部分を読んで、そうか、天皇《てんのう》もおれたちに詫《わ》びてるんだとそれとなく受け取って、もともと雲の上の天皇《てんのう》ですから親近感こそ芽生えずとも、怨《うら》みを抱《いだ》くようなことはありませんでした。

私《わたし》自身は、アメリカ軍が来て占領《せんりょう》したら、南の島かどこかで一生奴隷《どれい》になるんだと教えられていました。嘘《うそ》の骨頂《こっちょう》なんですけどねえ。でもそれなら、早いとこなんでもやっちゃおうってんで、早速《さっそく》、防空壕《ぼうくうごう》へ入って煙草《たばこ》をふかしました。ちっともうまくなかったんですが、与太《よた》公《こう》的な同級生とぷかぷかやって、「うめえか」「うん、うめえ」なんてね。じゃあ次は酒だ、といってもこれは簡単《かんたん》には手に入らない。なら女だ、というんですが、そりゃ無理じゃねえか、なんてバカなことを話していたのを覚えています。

要するに、戦争に敗《ま》けた、根本の国家がどうなるか、ということを、自分の中でしっかりとつかんでないんですね。ただ前から教えられていたインチキ話――南の島かカリフォルニアに行って生涯《しょうがい》こき使われるというのを、ホントかいなと疑《うたが》いながらも「ああ、わが人生もこれまで」と嘆《たん》じたことはあります。でも翌日《よくじつ》になると、「南の島へなんて、どうやって何百何千万もの大勢《おおぜい》を運んで行くんだ」と親父《おやじ》に怒鳴《どな》られて、たちまち嘘《うそ》だとわかりましたが。

◆平和はやっぱりいいもんだ

しかし日本人というのは、まことにあっさりしているというのか、「鬼畜《きちく》米英」といってあれだけ憎悪《ぞうお》を抱《いだ》き、アメリカを仇敵《きゅうてき》として戦った日本人がスパーッと銃《じゅう》を置いたんですね。厳《げん》密《みつ》に言うと八月十七日、天皇陛下《てんのうへいか》命令つまり大元帥陛下《だいげんすいへいか》命令として日本陸海軍に対して武器《ぶき》を置け、これ以上抵抗《ていこう》するべからず、と武装解除《ぶそうかいじょ》の命令が出ました。それが実行されるのに反乱《はんらん》らしい反乱《はんらん》はほんのわずかしかなく、命令を受け賜《うけたまわ》って、日本の軍隊はどんどん解散《かいさん》していきました。とくに先に申しました、二百二十五万人の陸軍、百二十五万人の海軍を解散《かいさん》させないことには、占領軍《せんりょうぐん》がいよいよ日本本土に進駐《しんちゅう》してきた時に何事が起こるかわからないというので、旧大本営《きゅうだいほんえい》、陸海軍のトップの人たちは、早いとこ連中を武装解除《ぶそうかいじょ》させて国へ返そうと――復員《ふくいん》といいます――全力を上げます。それは見事なくらいで、あれよあれよという間に復《ふく》員《いん》軍人が故郷《こきょう》へ返されました。まあ不思議なくらいに言うことをきいたんですね。逆《ぎゃく》をいえば、あれだけ徹底的《てっていてき》にやられて、どうにもならない状況《じょうきょう》下で降伏《こうふく》した、ならばこれ以上抵抗《ていこう》しても無駄《むだ》、と思い知ったのかもしれませんが、それにしても大元帥陛下《だいげんすいへいか》の命令がなんと偉大《いだい》であったことか……今になって考えると、自称《じしょう》「世界最強」の軍隊があんな整然といっちゃおかしいですが、サァーッと解体《かいたい》していく姿《すがた》は驚《おどろ》くべき眺《なが》めでした。現代《げんだい》のイラクを考えますと、なんと日本人は素直《すなお》に敗北を認《みと》めたか、日本人の民族性《せい》はもともと戦争が嫌《きら》いなんじゃないかと思わないでもないんです。

同時に、言ってみれば日本の「頼《たよ》りなさ」です。今日まで「一億玉砕《ぎょくさい》」「戦士《せんし》であるおまえたちがそんなだらしないことでどうする」と横ビンタ張《は》っていた人たちが、次の日から「これからはアメリカだ」「民主主義《しゅぎ》だ」なんて言い出すんですから、その変わり身の早さにも驚《おどろ》かざるを得《え》ません。

その一番のいい例、じつは一番「悪い例」なんですが、それが内務省《ないむしょう》が中心となり、連合軍の本土進駐《しんちゅう》を迎《むか》えるにあたって十八日に打ち出した策《さく》に出ています。戦時、「敗《ま》けたら日本女性《じょせい》はすべてアメリカ人の妾《めかけ》になるんだ。覚悟《かくご》しておけ」と盛《さか》んにいわれた悪宣伝《あくせんでん》を日本のトップが本気にしていたのか、いわゆる「良家の子女」たちになにごとが起こるかわからないというので、その〝防波堤《ぼうはてい》〟として、迎《むか》えた進駐軍《しんちゅうぐん》にサービスするための「特殊慰安施設《とくしゅいあんしせつ》」をつくろうということになりました。そして早速《さっそく》、特殊慰安施設《とくしゅいあんしせつ》協会（ＲＡＡ）がつくられ、すぐ「慰《い》安婦募集《あんふぼしゅう》」です。いいですか、終戦の三日後ですよ。

「営業《えいぎょう》に必要なる婦女子《ふじょし》は、芸妓《げいぎ》・公私娼妓《こうししょうぎ》・女給・酌婦《しゃくふ》・常習密売淫犯《じょうしゅうみつばいいんはん》らを優先的《ゆうせんてき》に之《これ》を充足《じゅうそく》するものとす」

そういうプロの人たちを中心に集めたいということです。内務省《ないむしょう》の橋本政美《はしもとまさみ》警保《けいほ》局長が十八日、各府県の長官（当時は県知事を長官と言いました）に、占領軍《せんりょうぐん》のためのサービスガールを集めたいと指令を与《あた》え、その命を受けた警察署長《けいさつしょちょう》は八方手を尽《つ》くして、「国家のために売春を斡旋《あっせん》してくれ」と頼《たの》み回ったというんです。およそ売春を取《と》り締《し》まらなきゃいけない立場の警《けい》察《さつ》が「売春をやってくれ」と頼《たの》み回ったなど日本ではじめてのケースだと思います。

とにかく基本《きほん》にあるのは、勝利者に対する迎合《げいごう》であり、まことに卑屈《ひくつ》な阿諛《あゆ》、お情《なさ》け頂戴《ちょうだい》といいますか、なんとなしに、敗《ま》けた人間の情《なさ》けない姿勢《しせい》がアッという間に露呈《ろてい》したと言えるんじゃないでしょうか。

面白《おもしろ》い記録が残っています。当時、特殊慰安施設《とくしゅいあんしせつ》協会の理事であった山下茂《やましたしげる》さんが「サンデー毎日」昭和四十九年（一九七四）九月一日号で語っています。

「池田《いけだ》さんの『いくら必要か』という質問《しつもん》に野本《のもと》さん（協会副理事長）が『一億円ぐらい』と答えると、池田《いけだ》さんは『一億で純潔《じゅんけつ》が守れるなら安い』といわれた」

これはあくまで「良家の子女」の純潔《じゅんけつ》です。ちなみに池田《いけだ》さんというのは、当時の大蔵省《おおくらしょう》主税《しゅぜい》局長でのちの首相《しゅしょう》、池田勇人《いけだはやと》です。

こうやって、日本人は早手回しに慰安婦《いあんふ》を集め、なんとか連合軍の上陸部隊が余計《よけい》なことをしないよう動きはじめていたんです。イラクではこういうことはやらなかったでしょうね。結果、慰安施設《いあんしせつ》は二十七日には大森で開業しています。占領軍《せんりょうぐん》の第一陣《じん》が本土に上陸してくるのがその日ですから、といっても少人数で、彼《かれ》らがやって来た時にはちゃんと受《う》け入《い》れ態勢《たいせい》が整って千三百六十人の慰安婦《いあんふ》がそろっていたと記録に残っています。いくらなんでも、連合軍第一陣《じん》がすぐさま慰安施設《いあんしせつ》に赴《おもむ》くとは思いませんがねえ。

こういうのを見ますと、あれだけの強い土性骨《どしようつぼね》をもって戦った日本人が、敗《ま》け、となった瞬間《しゆんかん》になよなよっとなった姿《すがた》が情《なさ》けなくなります。このへんに、私《わたし》たち日本民族の信用できないところがあるんじゃないか。どちらにでもなびいていくんですね。

こうして、敗戦の瞬間《しゆんかん》からどんどん戦時態勢《たいせい》が払拭《ふつしよく》されていって、敗《ま》けた事実は認識《にんしき》しながらも平和を満喫《まんきつ》しはじめますと、たしかにほっとしたといいますか、いややっぱり平和というのはいいもんだ、という感情《かんじよう》が多くの人に生まれてきたと思います。

ただし、先にどういうことが待ち受けているのかは、未知数のままです。ただ茫然《ぼうぜん》として暮《く》らしていた部分も大きい。とはいえ人間には生活というものがあります。それを維持《いじ》するために、仕事や商売はどんどんはじまっています。僕《ぼく》ら学生は、夏休み返上で軍需《ぐんじゆ》工場に行って働いていましたが、八月十五日以降《いこう》は勤労《きんろう》動員が中止ですから、途端《とたん》に「おい、明日から夏休みなんだそうだ」というわけで、学校へも行かずにいるうちに「九月一日から学校がはじまるんだって」とどこからか伝わってきて、じゃあそれまで家でごろごろしていればいいか、なんて人が多かった――そんな記憶《きおく》しかありません。

ただ、それまで燈火管制《とうかかんせい》で電燈《とう》や窓《まど》に黒い幕《まく》をつけていたのを、戦争が終わっても率先《そつせん》して取り去る人がなぜかなくて、暗かったんです。そうするうちに指令がきました。記録を見ますと、鈴木貫太郎内閣《すずきかんたろうないかく》が八月十五日に総辞職《そうじしよく》したあとを受けた東久邇宮稔彦内閣《ひがしくにのみやなるひこないかく》に、昭和天皇《てんのう》が「国民生活を明るくするためにもういいかげん遮蔽幕《しやへいまく》を取れ」と命じたようで、八月二十日、じつに三年八カ月ぶりに屋外燈《とう》がともり、遮幕《しゃまく》もすべて取られ、街がパァーッと明るくなりました。それまでは外に光が漏《も》れると「このやろう、非国民《ひこくみん》め」と表から怒鳴《どな》られたもんですが、それもなくなりました。たしかに明るくなるというのは人間の心をやすめるもので、このへんから人びとの気持ちが落ち着いてきたという感じがします。

同時にラジオ放送が、天気予報《よほう》をはじめました。作家の長与善郎《ながよよしろう》が八月二十二日の日記に面《おも》白《しろ》いことを書いています。

「今日から、四年ぶりか、ラジオの天気予報《よほう》が開始された。／小笠原《おがさわら》方面――とかに低気圧《ていきあつ》がある、とか何とか遠くで言っている。久《ひさ》しぶりの懐《なつ》かしい声のような感じがある。丁度久方《ひさかた》ぶり天候あやしくなり、所々どす黒くなった空に、さっと夕立の前触《まえぶ》れらしい秋風が吹《ふ》き、木の葉を飛ばしている。悪くない」

天気予報《よほう》は戦況《せんきょう》に大きな影響《えいきょう》を与《あた》えるので一切《いっさい》止めていたのですが、その復活《ふっかつ》だけでこんなにねえ……。新聞にも二十二日から、今もあるような天気図が載《の》るようになり、低気圧《ていきあつ》や高《こう》気圧《きあつ》というのはこういうものか、なんて眺《なが》めていました。さらに二十三日くらいから音響管制《おんきょうかんせい》解除《かいじょ》で、ガンガン音楽をならすことも許《ゆる》されました。また戦争の邪魔《じゃま》になるというのでかなり限《かぎ》られていた電報《でんぽう》小包制限《せいげん》も解除《かいじょ》、電話もお金があるなら個人架設《こじんかせつ》を認可《にんか》、休演《きゅうえん》していた映《えい》画《が》・演劇《えんげき》の再開《さいかい》……と、次々に平和が身近にやってきたわけで、八月十五日から二十四、五日くらいまでの生活の大変化は目覚ましいものとして記憶《きおく》に残っています。食べ物はあまりなかったですがね。まあ、周りがどんどん明るくなってラジオからも音楽がジャカジャカ流れてくるのは、まことにいいもんでござるな、と思いました。

ちょうどその頃《ころ》、すでに引退《いんたい》していた石原莞爾《いしはらかんじ》が、新聞記者のインタビューに応《おう》じて「これからの日本はかくあるべし」について語っています（読売報知《ほうち》新聞・八月二十八日付）。親父《おやじ》がそれを読んで「軍人さんの中にもこういう偉《えら》い人もいるんだな」とずいぶん感心していたのをよく覚えているのですが、残念ながら、石原莞爾《いしはらかんじ》が満洲《まんしゅう》事変の張本人《ちょうほんにん》で、日本の国をこういうふうにした最大の責任者《せきにんしゃ》であることを親父《おやじ》は存《ぞん》じてなかったようですね。

どういう内容《ないよう》かといいますと、

「戦《いくさ》に敗《ま》けた以上はキッパリと潔《いさぎよ》く軍をして有終の美をなさしめて、軍備《ぐんび》を撤廃《てっぱい》した上、今度は世界の輿論《よろん》に、吾《われ》こそ平和の先進国である位の誇《ほこ》りを以《もっ》て対したい。将来《しょうらい》、国軍に向けた熱意に劣《おと》らぬものを、科学、文化、産業の向上に傾《かたむ》けて、祖国《そこく》の再建《さいけん》に勇往邁《ゆうおうまい》進《しん》したならば、必ずや十年を出ずしてこの狭《せま》い国土に、この厖大《ぼうだい》な人口を抱《いだ》きながら、世界の最優秀国に伍《ご》して絶対《ぜったい》に劣《おと》らぬ文明国になり得《う》ると確信《かくしん》する。世界は、猫額《ねこのひたい》大の島国が剛健優《ごうけんゆう》雅《が》な民族精神《せいしん》を以《もっ》て、世界の平和と進運に寄与《きよ》することになったら、どんなにか驚《おどろ》くであろう。こんな美しい偉大《いだい》な仕事はあるまい」

つまり、最強の国をつくるべく軍隊建設《けんせつ》に向けていたあらゆる力を、今度は科学や文化、産業の向上に向けようじゃないか、そしてわれこそは平和の先進国であるくらいの誇《ほこ》りをもって世界に伍《ご》してゆこうじゃないか、というのです。当時、これほど威勢《いせい》のいいことを言う人はおそらくいなかったんじゃないでしょうか。また面白《おもしろ》いのは、この時すでに石原莞爾《いしはらかんじ》が、戦後日本のゆく道は「平和国家」であると明言していることで、間もなく「日本は東洋の、アジアのスイスたれ」と唱えられだすことを考えれば、彼《かれ》はやはり、なかなか先見《せんけん》の明《めい》ある軍人だったんですね。明日に何が起こるか皆目《かいもく》わからず、ひたすら占領軍《せんりょうぐん》が何をやるのかと戦々恐々《せんせんきょうきょう》としている時に、この落ち着きぶり。親父《おやじ》が感心したのもむべなるかな。ただ、多くの人は「何を夢《ゆめ》みたいなことを言ってんだ」とくずかごに捨《す》てたんじゃないでしょうか。

◆マッカーサーがやってきた

さて、いよいよ連合軍つまりアメリカ軍の先遣隊《せんけんたい》が日本にやってきます。それについては連合国軍最高司令部のあったマニラと日本政府《せいふ》の間にいろいろな交渉《こうしょう》があったのですが、ともかく八月二十八日に第一陣《じん》が厚木《あつぎ》飛行場に到着《とうちゃく》することがわれわれにも知らされました。その直前になって、これまた日本人的だと思うのですが、先ほど申しました「男は奴隷《どれい》に、女は妾《めかけ》になる」だのという噂《うわさ》を払拭《ふっしょく》するために、政府《せいふ》は「進駐軍《しんちゅうぐん》を迎《むか》える国民の心得《こころえ》」なるものを配布《はいふ》したんです。敗戦日本人の心がどんなものであったかがうかがえます。

「1、連合軍の進駐《しんちゅう》は一切我《いっさいわ》が国政府《くにせいふ》と折衝《せっしょう》の結果平和的になされているので、暴行略奪《ぼうこうりゃくだつ》等はなきものと信ぜられるから、国民は平常《へいじょう》通り安心して生活されたし。

2、進駐軍《しんちゅうぐん》に対しては個人的接触《こじんてきせっしょく》は努めて避《さ》けること。
3、特に女子は日本婦人《ふじん》としての自覚をもって外国人に隙《すき》を見せてはならぬ。
4、婦女子《ふじょし》はふしだらな服装《ふくそう》、特に人前で胸《むね》をあらわにしたりすることは絶対禁物《ぜったいきんもつ》である。
（以下略《いかりゃく》）」

こういうことを政府《せいふ》は国民に布告《ふこく》したんですが、そんなのは関係ないんで、女子のなかには「日本婦人《ふじん》としての自覚をもって」どんどんアメリカ兵にすり寄《よ》る者が現《あらわ》れて、のちの「パンパン」登場となるわけです。まあ、まだ日本のトップは連合軍、アメリカを、なんとなしに獣《けもの》のようなものであるかの如《ごと》く見ていたんでしょうかね。

そしてアメリカの第一陣《じん》が上陸した日、二十八日、東久邇宮《ひがしくにのみや》首相《しゅしょう》が記者会見をして、有名な「一億総懺悔《そうざんげ》」という言葉を言ったのです。戦争の敗因《はいいん》を問われて答えたものです。

「……事ここに至《いた》ったのは、もちろん政府《せいふ》の政策《せいさく》がよくなかったからであるが、また国民の道義《どうぎ》のすたれたのもこの原因《げんいん》の一つである。この際私《さいわたし》は軍官民、国民全体が徹底的《てっていてき》に反省し懺悔《ざんげ》しなければならぬと思う。一億総懺悔《そうざんげ》をすることがわが国再建《さいけん》の第一歩であり、国内団結《だんけつ》の第一歩と信ずる」

つまり、日本が敗《ま》けた理由は国民の道義《どうぎ》がすたれたからだと言うんです。これは八月三十日に新聞発表されました。さらに続きがあります。

「今日においてなお現実《げんじつ》の前に眼《め》を覆《おお》い、当面を糊塗《こと》して自らを慰《なぐさ》めんとする如《ごと》き、また激情《げきじょう》にかられし事端《じたん》をおおくするが如《ごと》きことは、とうてい国運の恢弘《かいこう》（立て直す）を期する所以《ゆえん》ではありません。一言一行ことごとく、天皇《てんのう》に絶対帰一《ぜったいきいつ》し奉《たてまつ》り、いやしくも過《あや》またざることこそ臣子《しんし》の本分であります」

いいですか、戦争に敗《ま》けて半月もたってもまだ「天皇《てんのう》に絶対帰一《ぜったいきいつ》し奉《たてまつ》り」だとか、「臣子《しんし》」だなんて言っているんですから、時代遅《おく》れも甚《はなは》だしいうえ、国民を全然信用していないと言いますか、政府《せいふ》の言う通り動くものと見ていることがよくわかります。だからこそ、「一億総懺《そうざん》悔《げ》」などという言葉が出てくるのです。国民にいったいどれほどの責任《せきにん》があったのか、戦争をはじめてから敗《ま》けるまで、国民に大責任《せきにん》などなかったと思いますよ。本気になって一所懸命《いっしょけんめい》戦ったのは事実ですが、自分たちから米英に拳固《げんこ》を振《ふ》り上《あ》げたなんて人は一人もいないはずです。あくまで政府《せいふ》と軍部とマスコミの指導《しどう》によると言っていいと思うのです。国家を滅亡《めつぼう》に導《みちび》いたことに対して本当に反省するならば、皆《みんな》して懺悔《ざんげ》などして互《たが》いに「お前も俺《おれ》も悪かった」などと肩叩《かたたた》き合って済《す》む話じゃないはずなんです。ところが、この「一億総懺悔論《そうざんげろん》」がパァーッと新聞に出ますと、昨日までわれら少国民をひっぱたいていた先生までも、なんとなしに「ああそうか、俺《おれ》たちも悪かったのかなあ」なんてんで、国家敗亡《はいぼう》に導《みちび》いた責任《せきにん》はいったい那辺《なへん》にありや、というのか、たしかに日本民族の精神《せいしん》や闘争心《とうそうしん》が悪いといえばそうなのかもしれませんが、戦争にいくまでにどのような事が行なわれ、どのような決断《けつだん》がなされてきたのかに対する反省は、この時まったく消されてしまったのです。

飛来したマッカーサー。厚木飛行場にて

ですから「一億総懺《そうざん》悔《げ》」は、そう影響《えいきょう》がなかったと言う人もいますが、その後の日本人の精《せい》神《しん》や日本の歩みを見ても必ずしもそうではないように思えるんです。みんなして悪かったんだからお互《たが》いに責《せ》めるのはよそうじゃないかという「なあなあ主義《しゅぎ》」につながりもし、同時に、この言葉のなかに、トップ層《そう》の、結局は戦前戦中と変わらない国民指導《しどう》の理念が垣間見《かいまみ》えるからです。つまりこれが、「戦後どういう日本をつくるか」をわれわれがしっかり考えるための大きな障害《しょうがい》になったと言いますか、むしろわれわれにそれを考えさせないようにした、という気がするんです。そしてこの先、皆《みな》がなんとなしに「そういうもんか」と、責任《せきにん》を追及《ついきゅう》しなくなったような印象《いんしょう》があるのです。

二十八日に先遣隊《せんけんたい》が来た翌々日《よくよくじつ》の三十日、マニラから来たマッカーサーが午後二時五分、厚《あつ》木《ぎ》飛行場に着陸し、日本本土へ第一歩を踏《ふ》み出《だ》しました。「あれほど勇気ある行動はなかった」と英首相《しゅしょう》チャーチルに言わせたのも無理はなく、丸腰《まるごし》にサングラス、コーンパイプを手にしてゆうゆうとタラップを降《お》りてきました。占領軍《せんりょうぐん》の総《そう》司令官が、周りに護衛《ごえい》もつけず、単身で降《お》り立《た》ち、平気な顔で新聞記者——もちろん人数は制限《せいげん》されていましたが——の前に姿《すがた》を現《あらわ》すのですから。ただ実は、マッカーサーは、日本国民というかアジアの人間をたいへんよく知っていたんです。あとでもう少し詳《くわ》しく話しますが、彼《かれ》は父親がマニラの総督《そうとく》だったためフィリピンの生活が長く、かつて東郷平八郎元帥《とうごうへいはちろうげんすい》*1にも会い、日本の軍人の立派《りっぱ》さに感服したなどという過去《かこ》や、日本国内を旅した経験《けいけん》もある人で、アジアの民族の特徴《とくちょう》——怒《おこ》らせると恐《こわ》いが、普段《ふだん》は羊のように従順《じゅうじゅん》である、これをうまく扱《あつか》うには、できるだけ自分が表に出るのではなく陰《かげ》の場所にいて、厳《おごそ》かに君臨《くんりん》したほうがよい、云々《うんぬん》——をよく心得《こころえ》ていました。ですからマッカーサーはここで大芝居《おおしばい》を打ったのです。当時、マッカーサーが何者であるかなど日本国民は誰《だれ》も知りません。タラップを降《お》りてきて大演説《だいえんぜつ》をぶつかと思いきや、こう言いました。

「メルボルンから東京まで思えば長かった。長い長いそして困難《こんなん》な道のりであった。しかし、これで万事《ばんじ》終わったようだ」

いいセリフですねえ。またそれが新聞に載《の》ったりするもんですから、千両役者の大芝居《おおしばい》をやりやがったなと、今になるとそういうことなんです。もちろん当時は「この方は立派《りっぱ》だなあ、軍人らしい軍人だなあ」と感じた記憶《きおく》があるだけです。

◆自由と寛容《かんよう》と正義《せいぎ》のもとに

そのマッカーサーが、果たして連合国軍の最高司令官として日本占領《せんりよう》をいかにやるか、それが日本人の注視《ちゆうし》の的となりました。そんななかで九月二日午前九時、降伏《こうふく》調印式を迎《むか》えます。これで日本は完全に降伏《こうふく》し、それまで一時停戦《ていせん》だった太平洋戦争を、すべての条件《じようけん》が整ったもとで終結したことになります。もっとも、日本が再《ふたた》び国際《こくさい》社会に出ていくためには賠償《ばいしよう》問題などを加味した講和《こうわ》条約《じようやく》を改めて結ばなければなりませんが、ともかくここで戦争そのものは正式に終結したのです。満洲《まんしゆう》や樺太《からふと》にあったソビエト軍も、この前日をもって戦闘《せんとう》を終えました。

戦艦《せんかん》ミズーリ号上で行なわれた調印式では、政府《せいふ》代表重光葵《しげみつまもる》、軍代表梅津美治郎《うめづよしじろう》参謀総長《さんぼうそうちよう》が署名《しよめい》をしました。そこでのマッカーサーのわずか三分間の演説《えんぜつ》が、じつに素晴《すば》らしかったのです。抜粋《ばつすい》して読み上げますと、

「……地球上の大多数の国民を代表して集まったわれらは、不信と悪意と憎悪《ぞうお》の精神《せいしん》を懐《いだ》いて会合したのではない。……過去《かこ》の出血と殺戮《さつりく》の中から、信仰《しんこう》と理解《りかい》に基礎《きそ》づけられた世界が、また人間の威厳《いげん》とその抱懐《ほうかい》する希望のために捧《ささ》げられるよりよき世界が、自由と寛容《かんよう》と正義《せいぎ》のもとに生まれ出《い》でんことを。それは私《わたし》が熱望するところであり、また全人類の願いである」

殺戮《さつりく》に殺戮《さつりく》を重ねてきた戦争を終結し、かわりに、信仰《しんこう》と相互理解《そうごりかい》に基礎《きそ》づけられた世界、また人間の努力がその威厳《いげん》と希望のために捧《ささ》げられるであろうよりよい世界が、お互《たが》いの自由と寛容《かんよう》と正義《せいぎ》のもとに生まれ出るであろうことを熱望する、というのです。つまり、日本の占《せん》領政策《りょうせいさく》も、マッカーサーの言葉を借りて言えば、自由と寛容《かんよう》と正義《せいぎ》のもとに行なわれるのだろう、そうわれわれに予感させたわけです。聞いていた重光《しげみつ》さん以下、日本の全権団《ぜんけんだん》は感動したようです。「これからお前たちは俺《おれ》たちの言うことを聞け、逆《さか》らうことは許《ゆる》さん」のような居丈《いたけ》高《だか》の言葉が出るかと思えばそうでなく、出た言葉は「自由と寛容《かんよう》と正義《せいぎ》」であり、そこから新たな世界が生まれることを熱望しているというのですから、「あの将軍《しょうぐん》はなまじっかな人ではないな、もしかするともしかするぞ」という大きな希望が日本の指導者《しどうしゃ》の中に芽生えたようです。占領政策《せんりょうせいさく》はそう過酷《かこく》なものではなく、希望に満ちたものであるかもしれない。ならば天皇《てんのう》陛下《へいか》がどうなるかも、あるいは大丈夫《だいじょうぶ》かもしれないぞと。調印式を終え、引《ひ》き揚《あ》げた全権団《ぜんけんだん》による天皇《てんのう》への報告《ほうこく》にも、マッカーサーは単なる軍人ではなく、ことによると偉大《いだい》な政治家《せいじか》かもしれない、というように書かれていました。

いずれにせよ、マッカーサーによる日本の占領政策《せんりょうせいさく》のスタートです。来日後、寝泊《ねと》まりしていた横浜《よこはま》のホテルニューグランドの部屋は今も見ることができますが、そこに居座《いすわ》ってなかなか出てこなかったマッカーサーも九月八日、ようやく東京にやって来ました。アメリカ大使館に星条旗《せいじょうき》を高々と上げ、東京進駐《しんちゅう》式が宮城《きゅうじょう》前広場で盛大《せいだい》に行なわれたのですが、その時、

宮城前広場で行なわれた米軍の東京進駐式

彼《かれ》は面白《おもしろ》いことをしたんです。ちょうど昼どき一時間ほどの間に、帝国《ていこく》ホテルの支配人《しはいにん》に「東京を案内してほしい」と頼《たの》み、四十分ばかりぐるぐるっと東京見物をしたのです。そして、静かに鳥が浮《う》かぶ宮城《きゅうじょう》のお濠端《ほりばた》を見下ろしながら、「日本人はこういう平和な風景が好きなんです」と支配人《しはいにん》が言ったのに、「私《わたし》も平和は好きだ」と答えたなんて話が残っています。それを伝え聞いた日本政府《せいふ》は、彼《かれ》は宮城《きゅうじょう》を占領《せんりょう》するなどという気持ちはないんだなあ、とまた思うわけです。そしてその日にマッカーサーは、また横浜《よこはま》へ帰っていきました。

九月十一日、連合国軍総《そう》司令部（GHQ＝General Headquarters）から、主要戦犯容疑者《せんぱんようぎしゃ》三十九人の逮捕《たいほ》の指令が発せられました――これはポツダム宣言《せんげん》に明示《めいじ》されていて、当然わかっていました。また二十二日には軍国主義的《しゅぎてき》・超国家主義的《ちょうこっかしゅぎてき》教育の禁止《きんし》――これに基《もと》づいて、のちにいわゆる「墨塗《すみぬ》り」がはじまるのです。また二十九日には検閲制度《けんえつせいど》の廃止《はいし》、翌月《よくげつ》の十一日には五大改革、①婦人解放《ふじんかいほう》、②労働者団結権《だんけつけん》――いわゆる労組の結成奨励《しょうれい》ですね。③教育の民主化、④秘密審問司法制度撤廃《ひみつしんもんしほうせいどてっぱい》――特高《とっこう》といった警察制度《けいさつせいど》の撤廃《てっぱい》です。⑤経済機構《けいざいきこう》民主化、つまり財閥解体《ざいばつかいたい》、といったように、どんどん指令が出されました。

この主要戦犯容疑者逮捕《せんぱんようぎしゃたいほ》命令が出た日、太平洋戦争をリードした最高責任者《せきにんしゃ》である東条英《とうじょうひで》機《き》元総理大臣兼《けん》陸軍大臣兼参謀総長《けんさんぼうそうちょう》が自決未遂《じけつみすい》をしました。本人にすれば、いきなりMP（Military Police アメリカの憲兵《けんぺい》）が来て逮捕《たいほ》され、市中引き回しでもされれば軍人としては生きておれないというのです。その気持ちはわかるんです。本来なら、日本政府《せいふ》の責任者《せきにんしゃ》が同行して逮捕状《たいほじょう》を出し連行するところを、いきなり米憲兵《けんぺい》に来られたのでは何をされるかわかりません。それならば死んだほうが、と。ただ「未遂《みすい》」というのがねえ……。ピストルを胸《むね》に撃《う》ったというのですが、本当に死ぬつもりなら、頭は外れる可能性《かのうせい》もありますが、口にくわえて撃《う》てば確実《かくじつ》なんです。これが翌日《よくじつ》の新聞にそれも写真付きで載《の》った時は、しかも「すぐ米軍の手で病院に運ばれて一命《いちめい》を取《と》り止《と》める模様《もよう》」なんてありますと、さすがに……。作家の高見順《たかみじゅん》さんが日記に書いていることが、おそらく多くの日本人の感想だったと思います。

「なぜ今になってあわてて取《と》り乱《みだ》して自殺《じさつ》したりするのだろう。そのくらいなら御詔勅《ごしょうちょく》のあった日に自決《じけつ》すべきだ。醜態《しゅうたい》この上なし。しかも取《と》り乱《みだ》して死にそこなっている。恥《はじ》の上塗《うわぬ》り」

東条《とうじょう》さんには悪いですが、こういう感情《かんじょう》をおそらく皆《みな》がもったでしょう。いわんや陸軍大臣として「戦陣訓《せんじんくん》」*2を発令した人です。そこに曰《いわ》く、「生きて虜囚《りょしゅう》の辱《はずかしめ》を受けず」と。日本人はこのとき本当にがっかりした、という記憶《きおく》が非常《ひじょう》に強く残っています。敗戦で気力が失《う》せ加減《かげん》の日本人を、一層《いっそう》落《お》ち込《こ》ませた出来事でした。

そこで一つ、面白《おもしろ》い話をしますと、『日米会話手帳』（誠文堂新光社《せいぶんどうしんこうしゃ》）が早くも八月三十日、八十銭《せん》で発行されて大ベストセラーになりました。鬼畜《きちく》米英のスローガンが消えた途端《とたん》に「さあ日米会話だ」というのも素晴《すば》らしい変わり身の早さで、しかもこれが売れに売れたんです。三カ月でなんと四百万部。日本の全人口の十六人に一人が買った勘定《かんじょう》になります。粗末《そまつ》な紙の手帳のような小冊子《しょうさっし》ですが、当時の関係者によると、戦争中に作ったのが、焼け残っていた日中会話手帳や日シャム（タイ）会話手帳など数冊《さつ》から日本文だけを書き抜《か》《ぬ》き、それを東大の学生に英訳《えいやく》させたものだそうで、日本文に一週間、英訳《えいやく》に三日間、計十日間で作ったといいます。私《わたし》も読んだ記憶《きおく》がありまして、たとえばアメリカの軍人さんに道を聞かれたらこう答えるといったものだったのですが、もう残っていないでしょう。ともかく驚《おどろ》くべき敗戦直後の大ベストセラーでした。

さて九月十七日には、お濠端《ほりばた》の第一生命相互《そうご》ビルがＧＨＱ本部として接収《せっしゅう》され、星条旗《せいじょうき》が高々と上がりました。そこにマッカーサーが設《もう》けた自室は今も残っています。私《わたし》たちはよく、「マッカーサーの部屋から宮城《きゅうじょう》を眼下《がんか》に見下ろし」なんて書いたのですが、先日、はじめて実《じっ》際《さい》に入ってみますと、とんでもない、窓《まど》は南向きにしかなく、西側にある宮城《きゅうじょう》が見下ろせるわけないんですね。ともかく当時の椅子《いす》や机《つくえ》も残っていて、さほど立派《りっぱ》でもない部屋でした。いずれにしろマッカーサーは、寝泊《ねと》まりするアメリカ大使館からここに毎日決まった時間に出《しゅっ》勤《きん》し、決まった時間に帰るという、それは実に見事に正確《せいかく》な日課を繰《く》り返《かえ》すことになるのです。

◆「絞首刑《こうしゅけい》にしてもかまわない」

さてＧＨＱによる占領政策《せんりょうせいさく》が開始され日本政府《せいふ》がまず直面した問題は、天皇陛下《てんのうへいか》がいかにしてマッカーサーに会うかということでした。まったく知らん顔というわけにはもちろんいきません。しかし相手が何を考えているのか全然わからないのですから、二人が会うことによって何が起こるか心配です。つまりその場で逮捕《たいほ》される可能性《かのうせい》もあるわけです。いろんな工作が試みられ、政府筋《せいふすじ》からは当時の外務《がいむ》大臣吉田茂《よしだしげる》がマッカーサーのもとへ赴《おもむ》き、それとなく打診《だしん》を、また宮内省《くないしょう》からは藤田尚徳《ふじたひさのり》侍従長《じじゅうちょう》が面会を申《もう》し込《こ》みます。戦前の昭和史《しょうわし》で話しましたように侍従長《じじゅうちょう》は海軍出身で、藤田《ふじた》さんは海軍大将《たいしょう》です。互《たが》いに軍人ということもあり、マッカーサーは快《こころよ》く会ったようで、「天皇陛下《てんのうへいか》が閣下《かっか》にお会いしたいということならば承諾《しょうだく》していただけますか」という問いに、喜《よろこ》んで、と返事をもらったわけです。吉田茂《よしだしげる》がどのようなかたちで会うかといった工作をしていたのとそれがちょうど同じ日で、エレベーターのところで擦《す》れ違《ちが》ったなんて偶然《ぐうぜん》もあったようです。

　というわけで、天皇陛下《てんのうへいか》がマッカーサーのもとへ赴《おもむ》くかたちが決まりました。といっても第一生命相互《そうご》ビルではいろんな問題もあるというので、結局、アメリカ大使館で九月二十七日に会うことになりました。

　もちろん、すでにはじまっているアメリカの日本占領政策《せんりょうせいさく》ですが、根本的には、この最初の二人の会見に基礎《きそ》をおくような気がしないでもありません。というわけで、すでに有名な話なのですが、改めて少し詳《くわ》しくお話したほうがよいでしょう。

　天皇《てんのう》がマッカーサーのもとに行くのはお忍《しの》びです。かつてのように、前後に車がついて厳重《げんじゅう》な警護《けいご》のもと、沿道《えんどう》にはお巡《まわ》りさんが立って、というようなことは一切《いっさい》なしで、天皇《てんのう》と侍従《じじゅう》長《ちょう》が乗った車の後を、何人かの宮内省《くないしょう》の人が乗った車が続きます。私《わたし》が「週刊《しゅうかん》文春」編《へん》集長《しゅうちょう》の頃《ころ》に天皇陛下《てんのうへいか》の乗った車を運転した真柄梅吉《まがらうめきち》さん（当時七十七歳《さい》）の回想を載《の》せたことがあります。お忍《しの》びですから当然、交通信号に引《ひ》っ掛《か》かり、停車《ていしゃ》すると、後ろからやってきた都電も止まります。その前の方のお客さんが「天皇陛下《てんのうへいか》に似《に》ているなあ」とじっと眺《なが》めやってハッと気がついて最敬礼《さいけいれい》したなんて話もあったようです。

「宮城《きゅうじょう》正門→二重橋《にじゅうばし》→祝田橋《いわいだばし》ときて、桜田門《さくらだもん》交差点にさしかかったとき、信号は赤に代わった。予期していたから違和感《いわかん》はなかった。ただ、都電と並《なら》んで停車《ていしゃ》するので、なるべく都電よりにならぬよう注意しました。お上も視線《しせん》は横を向いておられたが、お顔は前を向いていました。無言でした」

「たいてい秘密《ひみつ》で、赤信号にもしばしば出会いましたよ。第四回（昭和二十二年）に三宅坂《みやけざか》で停《と》まったとき、通行人が気付いてお辞儀《じぎ》をしたのに、交番の警官《けいかん》はお上にお尻《しり》を向けたママでした。会見の間はマッカーサーの運転手とお互《たが》いの車を見比《みくら》べたりしてましたよ。向こうはノークラッチのキャデラックで大変珍《めずら》しいと思いました」

マッカーサーと天皇《てんのう》の会見は、合計十一回行なわれました。もっとも最後の一回は、マッカーサーが日本を去る時の儀礼的《ぎれいてき》な別れの挨拶《あいさつ》だったので大したことはありませんが、全十回の重要な会談内容《ないよう》は、現在《げんざい》も公表されていません。これが明らかになるのが大変望ましいと思うのですが、そうしないというのが二人の約束なのだそうです。ただ、それとなく探《さぐ》っていくと、何回分かはだいたいわかってきます。今日は第一回についてお話します。

内容《ないよう》は公表しないという「男の約束」を、昭和天皇《てんのう》は守りました。ところがマッカーサーのほうは、ちょこちょこ喋《しゃべ》っているようで、その話がちょこちょこ入ってくるわけです。ただどれほど信用できるか、難《むずか》しいという人もいます。一方、間違《まちが》いなくそうだろうという説もあって、私《わたし》はそう考えています。したがって、これからお話するのは二人の第一回の会見内容《ないよう》と言っていいかと思います。

平成十四年（二〇〇二）十月十七日、外務省《がいむしょう》が天皇《てんのう》・マッカーサーの第一回会見の公式記録を公表しました。通訳《つうやく》として立ち会った奥村勝蔵《おくむらかつぞう》さん――真珠湾攻撃《しんじゅわんこうげき》の直前、ワシントンの在米《ざいべい》日本大使館で、アメリカへの宣戦布告《せんせんふこく》の書状《しょじょう》をタイプでポツンポツンと打っていて間に合わなくなった当人です――が残した記録が新聞に大きく取り上げられたのです。

これまでの基本《きほん》となるのはマッカーサーの回想録にある記述《きじゅつ》で、そこでは天皇《てんのう》はマッカーサーにこう言ったことになっています。

「私《わたし》は、国民が戦争遂行《すいこう》にあたって政治《せいじ》・軍事両面で行なったすべての決定と行動にたいする全責任《ぜんせきにん》を負《お》うものとして、私《わたし》自身をあなたの代表する連合国の裁決《さいけつ》にゆだねるためにおたずねしました」

ところが奥村勝蔵《おくむらかつぞう》さんの手記をもとにした外務省《がいむしょう》の発表では、そんなことは言っていないことになっています。ですから現在《げんざい》でも、回想録はマッカーサーが勝手に書いたものと主張《しゅちょう》する人もいます。私《わたし》はその外務省《がいむしょう》発表の時、朝日・毎日・読売の三紙から感想を求められ、ほぼ次のように答えました。毎日新聞に発表されたものを読み上げます。

「もし今回の記録（奥村報告《おくむらほうこく》のこと）が事実とすれば、マッカーサーが昭和天皇《てんのう》の人格《じんかく》に感動して日本の占領政策《せんりょうせいさく》が決まったという事実が全否定《ひてい》されるわけで、日本の占領史《せんりょうし》を見直す必要がでてくる。だが、天皇《てんのう》が戦争責任《せきにん》に言及《げんきゅう》したという事実は、米側の記録ではマッカーサー回顧録《かいころく》のみではなく、公的文書にも残っている。諸外国《しょがいこく》から天皇《てんのう》の戦争責任《せきにん》を追及《ついきゅう》する声の高かった時期に、天皇《てんのう》本人が戦争責任《せきにん》に言及《げんきゅう》した事実が漏《も》れたり、記録に残ったりすることを恐《おそ》れた政府筋《せいふすじ》が、あえて記録上で伏《ふ》せた可能性《かのうせい》が残る」

つまり、この時は天皇《てんのう》の身柄《みがら》がどうなるかわかっていませんでした。そんな時に戦争責任《せきにん》を負《お》うなどという言葉を残して、それが相手の耳に入ってしまえば、本当に天皇《てんのう》が全責任《ぜんせきにん》を負《お》うことになる可能性《かのうせい》があります。そこで当時の政府筋《せいふすじ》が伏《ふ》せた、奥村《おくむら》さんの記録から外したのではないか、というのが私《わたし》の説です。ところが「そうではない、天皇《てんのう》がそんなことを言うはずはない、最初から戦争責任《せきにん》などないのだから」と強く主張《しゅちょう》する人もいて、そうなると水掛《みずか》け論《ろん》ですが、ともかく日本側の記録としては、外務省《がいむしょう》の奥村報告《おくむらほうこく》、それとほとんど同じ内容《ないよう》の宮内《くない》省《しょう》に残る記録とともに、天皇《てんのう》が戦争責任《せきにん》に言及《げんきゅう》していないことになっています。

ところが、アメリカ側の記録ではすべて言及《げんきゅう》したことになっているのです。とくに、私《わたし》のコメントにある「公的文書」とは、会談一カ月後の十月二十七日にGHQの政治顧問《せいじこもん》ジョージ・アチソンがアメリカ国務省《こくむしょう》に宛《あ》てて打った極秘電報《ごくひでんぽう》で、秦郁彦《はたいくひこ》さんが発掘《はっくつ》したものですが、それにはこうあります。

「天皇《てんのう》は握手《あくしゅ》が終わると、開戦通告《つうこく》の前に真珠湾《しんじゅわん》を攻撃《こうげき》したのは、まったく自分の意図ではなく、東条《とうじょう》（英機《ひでき》）首相《しゅしょう》のトリックにかけられたからである。しかし、それがゆえに責任《せきにん》を回避《かいひ》しようとするつもりはない。天皇《てんのう》は、日本国民のリーダーとして、臣民のとったあらゆる行動に責任《せきにん》をもつつもりだ、と述《の》べた」

つまり、東京裁判《さいばん》がどうのこうのも無関係のこの時点で、すでにこのような電報《でんぽう》が打たれているわけですから、おそらく天皇《てんのう》がそう言ったのは間違《まちが》いないのではないでしょうか。加えて、会見の八回目以降《いこう》に通訳《つうやく》を務《つと》めた松井明《まついあきら》さんが残したメモには、「奥村《おくむら》氏によれば、余《あま》りの事の重大さを考慮《こうりょ》して記録から削除《さくじょ》した」と記されてもいます。

さらに、皇太子《こうたいし》（現天皇《げんてんのう》）の家庭教師《きょうし》を務《つと》めたバイニング夫人――マッカーサーのお気に入りでした――が残した日記を、東京新聞が発掘《はっくつ》して昭和六十二年（一九八七）十月三日付紙面で抜粋《ばっすい》を掲載《けいさい》しています。うち会見について、マッカーサーから聞いた話として書かれた十二月七日の項《こう》を引用しますと、

元帥《げんすい》「戦争責任《せきにん》をおとりになるか」
天皇《てんのう》「その質問《しつもん》に答える前に、私《わたし》のほうから話をしたい」
元帥《げんすい》「どうぞ。お話なさい」

天皇《てんのう》「あなたが私《わたし》をどのようにしようともかまわない。私《わたし》はそれを受け入れる。私《わたし》を絞《こう》首刑《しゆけい》にしてもかまわない」

これは原文では、You may hang me.となっています。天皇《てんのう》は続けて、

「しかし、私《わたし》は戦争を望んだことはなかった。なぜならば、私《わたし》は戦争に勝てるとは思わなかったからだ。私《わたし》は軍部に不信感をもっていた。そして私《わたし》は戦争にならないようにできる限《かぎ》りのことをした」

ほかにも、同志社《どうししや》大学で教鞭《きようべん》をとったオーティス・ケリーのおばさんが書いたものや、その他一つ二つ、天皇陛下《てんのうへいか》がマッカーサーに「戦争責任《せきにん》は私《わたし》にある」ということを言った記録が私《わたし》の手元にあります。そして、回想録にもあるように、マッカーサーはこの時ひどく驚《おどろ》き、心の底から感動したようです。戦争に敗《ま》けたどこの国の元首が、自ら訪《たず》ねてきて「自分に責任《せきにん》があるから身の処置《しよち》は任《まか》せる」などと言うだろうかと。確《たし》かに、歴史《れきし》を見れば、たいていが亡命《ぼうめい》または命乞《いのちご》い、責任《せきにん》はないと強気に出るくらいで、自分からYou may hang me.と言った例などないでしょう。マッカーサーは「この人は」と思った、と回想録にもありますし、自ら何度も語っています。つまり、占領政策《せんりようせいさく》スタートの基本《きほん》に、天皇《てんのう》に対するマッカーサーの大いなる尊《そん》敬《けい》が生まれてしまったのです。そして一回目の会談が終わった時、来訪《らいほう》時は出迎《でむか》えもしなかったにもかかわらず、彼《かれ》は天皇《てんのう》を車に乗《の》り込《こ》むまで見送ったというのです。

もう一つエピソードを付け加えますと、二人の会談の際《さい》、マッカーサー夫人が隣室《りんしつ》でじっと

聞いていたとも言われますが、通訳《つうやく》の奥村勝蔵《おくむらかつぞう》さん以外は誰《だれ》も部屋にいませんでした。ところが一人だけ日本人が登場します。戦争中からアメリカ大使館に勤《つと》めていた船山貞吉《ふなやまていきち》さんという方で、黒紋付《くろもんつ》きの羽織袴《はおりはかま》、白足袋《しろたび》というでたちで、暖炉《だんろ》にくべる薪《たきぎ》をお盆《ぼん》にのせてうやうやしく運んだり、コーヒーのサービスをしたり、ともかく出たり入ったりしたようなんです。その船山《ふなやま》さんの回想によりますと、驚《おどろ》くべきことに、天皇《てんのう》はコーヒーに一切《いっさい》口をつけなかったそうです。もてなされたものに手をつけないのは礼を失することです。天皇《てんのう》のような社交的に訓練された人がそれを敢《あ》えてしたのは、敗者とはいえわが道をゆく毅然《きぜん》たる姿《すがた》、ということになるのでしょうか。マッカーサーもこれにはずいぶん驚《おどろ》いたようです。普通《ふつう》は口ぐらいつけるものですが、渇《かっ》しても盗泉《とうせん》の水は飲めぬというのか、敗《ま》けても勝者の水は飲まずといったところだったかもしれません。ともかく王者の矜持《きょうじ》というか、誇《ほこ》りをはっきりと見せたことになります。以後、十回にわたる会談の際《さい》には、ついに水一杯《いっぱい》出なかったそうで、お互《たが》い飲まず食わずで喋《しゃべ》っていたことになります。終わると、毎回ともマッカーサーはあわててコーヒーをがぶ飲みして一息ついたと言います。

◆「ヘロヘト・バウ」

この会談が写真つきで日本国民に知らされた時、さすがに皆《みな》がうーんと唸《うな》ったでしょう。内《ない》容《よう》は知りませんから、ついに軍門に下る（降参《こうさん》する）というか、我《われ》らが神と仰《あお》いだ天皇《てんのう》がマッカーサーのもとへ命乞《いのちご》いに行った、と悪く思った人もいたでしょう。作家、長与善郎《ながよよしろう》の二十七日の日記にはこうあります。

「陛下《へいか》は、全くただ一日も早き国土安穏《あんのん》ということのほか念頭になく、そのためには御自分《ごじぶん》の身も名誉《めいよ》も棄《す》てていられるのだと思う。何とも云《い》えぬ屈辱《くつじょく》のお気持はお察しできる気がするが……」

また、日本にいながら日本からの亡命者《ぼうめいしゃ》と言ってもいい永井荷風《ながいかふう》先生（当時六十五歳《さい》）は、二十八日の日記で、めずらしく優《やさ》しいことを書いています。

「我等《われら》は今日まで夢《ゆめ》にだに日本の天子《てんし》が米国の陣営《じんえい》に微行《びこう》して和を請《こ》い罪《つみ》を謝《しゃ》するが如《ごと》き事のあり得《う》べきを知らざりしなり。これを思えば幕府滅亡《ばくふめつぼう》の際《さい》、将軍徳川慶喜《しょうぐんとくがわよしのぶ》の取《と》り得《え》たる態度《たいど》は今日の陛下《へいか》よりも遥《はる》かに名誉《めいよ》ありしものならずや、今日この事のここに及《およ》びし理由は何ぞや、幕府瓦解《ばくふがかい》の時には幕府《ばくふ》の家臣に身命を犠牲《ぎせい》にせんとする真の忠臣《ちゆうしん》ありしがこれに反して、昭和の現代《げんだい》には軍人官吏《かんり》中一人の勝海舟《かつかいしゆう》に比《ひ》すべき智勇兼備《ちゆうけんび》の良臣なかりしが為《ため》なるべし」

慶喜《よしのぶ》さんには、身命を犠牲《ぎせい》にしても降伏《こうふく》を完結する智勇兼備《ちゆうけんび》の勝海舟《かつかいしゆう》がいた。しかし、昭和には誰一人《だれひとり》いないのだ、と言っているのです。

私《わたし》は、九月二十三日からはじまった進駐軍《しんちゆうぐん》放送を、夜になると音楽やニュースなど、英語の勉強になるからと聴《き》いていました。何日目だったか、「ヘロヘト・バウ。……ヘロヘト・バウ。

天皇とマッカーサー（昭和館提供）

……」とやたらに聞こえるので何のことだろうと思っていると、新聞に天皇《てんのう》・マッカーサー会見の写真が載《の》っていたので、そうか、あれは「裕仁《ひろひと》がお辞儀《じぎ》をした（bow）」の意味だったのか、と思ったのを記憶《きおく》しています。自分も英語がへただなあ、と。いずれにしろ、あの写真は衝撃的《しょうげきてき》でした。

これでいよいよ日本の占領《せんりょう》時代が本格的《ほんかくてき》にはじまるわけです。ともかく、天皇《てんのう》とマッカーサーの会談は無事に済《す》んだ、むしろ打《う》ち解《と》けたというのでほっとしたところはあったのですが、基《き》本的《ほんてき》にはこれからどうなるかについてはまったくだれも自信がありません。たったひとつあるのは、ポツダム宣言《せんげん》を受諾《じゅだく》する際《さい》に日本側がつけた条件《じょうけん》です。「天皇《てんのう》の国家統治《とうち》の大権《たいけん》を変更《へんこう》するの要求を包含《ほうがん》し居《お》らざることの了解《りょうかい》のもとに」、つまり降伏《こうふく》後の日本における天皇《てんのう》の地位、国体《こくたい》が保《ほ》証《しょう》されることを確認《かくにん》したうえで受諾《じゅだく》したことです。これに対する連合国側の返答は、

「日本国の最終的の政治形態《せいじけいたい》は、ポツダム宣言《せんげん》に遵《したが》い日本国民の自由に表明する意思により決定せらるべきものとす」でした。つまり、これからの日本の国のかたちは、国民の自由意思にまかせるといっています。国民が選べる、というのが唯一《ゆいいつ》の頼《たの》みの綱《つな》でした。まあ実際《じっさい》問題として、これはすべて裏切《うらぎ》られるのですが、この時点では「国民の自由意思」に国家の運命はかかっていたのです。ただ、国家のかたちはそうであったとしても、天皇《てんのう》の身柄《みがら》については確実《かくじつ》ではない。ではどうなるか、それがこの後緊要《きんよう》の大焦点《しょうてん》になるわけです。

その点について日本の指導者《しどうしゃ》が知っているのは、戦争中にちょこちょこ発表されていた連合国の人たちの意見です。たとえば昭和十九年十月、孫文《そんぶん》の長男の孫科《そんか》が「ミカドは去るべし」という論文《ろんぶん》を発表しています。

「天皇崇拝《てんのうすうはい》の思想は日本の侵略《しんりゃく》行動の真髄《しんずい》であるが故《ゆえ》に、ミカドはその地位から去るべきである。……日本において、軍国主義《しゅぎ》と軍閥《ぐんばつ》の力と天皇制《てんのうせい》とは、本質的《ほんしつてき》に織《お》り合わされているのだ」

つまり軍国主義《しゅぎ》と天皇制《てんのうせい》は同じものであるから、全部つぶすべきだというのです。また、戦争が終わってから、中国の作家、林語堂《りんごどう》*3はこう語っています。

「日本の民主主義《しゅぎ》を確保《かくほ》するためには、当然、今上天皇《きんじょうてんのう》は廃位《はいい》されねばならない」

さらに中国の新聞「解放日報《かいほうにっぽう》」は社説で主張《しゅちょう》しました。

「日本天皇《てんのう》は国家の元首であり、陸海空軍の大元帥《だいげんすい》であるから、戦争に対して負《お》うべき責任《せきにん》はのがれることはできない」

こういった意見が発表されていましたから、はたして連合国がどう出てくるか——天皇制《てんのうせい》をどうするのか、裕仁天皇《ひろひとてんのう》の身柄《みがら》をどうしようとしているのか——について、日本のトップはいてもたってもいられないほど疑心暗鬼《ぎしんあんき》になっていたのです。

ちなみに、日本がまだ激《はげ》しい抵抗《ていこう》を続けていた昭和二十年六月の時点でのアメリカの世論《よろん》はどうだったでしょう。戦争終了《しゅうりょう》後、天皇《てんのう》の身柄《みがら》をどうすべきかについて、六月二十九日のギャラップ調査《ちょうさ》*4によると、

処刑《しょけい》せよ　三三％
裁判《さいばん》にかける　一七％
終身刑《しゅうしんけい》とする　一一％
外国へ追放する　九％
そのまま存続《そんぞく》　四％
操《あやつ》り人形《にんぎょう》として利用する　三％
無回答　二三％

これはもちろん日本には知らされていませんが、アメリカの世論《よろん》としては大半が天皇《てんのう》に責任《せきにん》あり、とする意見だったことになります。こういう厳《きび》しい状況《じょうきょう》下で、日本の戦後のあゆみがはじまったわけなんですね。

＊1――東郷平八郎《とうごうへいはちろう》　弘化《こうか》四年（一八四七）―昭和九年（一九三四）、鹿児島県出身、海軍大将《たいしょう》・元《げん》帥《すい》。日露《にちろ》戦争の日本海海戦（一九〇五年）でロシアのバルチック艦隊《かんたい》を破《やぶ》り名をあげた。

＊2――戦陣訓《せんじんくん》　日中戦争の長期化で軍紀《ぐんき》が乱《みだ》れはじめた昭和十六年（一九四一）一月八日、「軍人勅《ちょく》諭《ゆ》」の実践《じっせん》を目的に、東条英機《とうじょうひでき》陸相《りくしょう》が全陸軍に通達した訓諭《くんゆ》。「生きて虜囚《りょしゅう》の辱《はずかしめ》を受けず」と捕虜《ほりょ》や降伏《こうふく》を否定《ひてい》、数々の玉砕《ぎょくさい》や多くの兵士《へいし》の無駄《むだ》死《じ》にをもたらしたとも言われる。

＊3――林語堂《りんごどう》　Lin Yu-tang　一八九五―一九七六、中国の作家・英語学者・エッセイスト。近代中国の動乱《どうらん》や抗日《こうにち》戦争を生《い》き抜《ぬ》く同胞《どうほう》の姿《すがた》、中国文明の特質《とくしつ》などを欧米人《おうべいじん》に向けて描《えが》いた。

＊4――ギャラップ調査《ちょうさ》　一九三五年、アメリカの心理学者ギャラップによって設立《せつりつ》されたアメリカ世《よ》論調査所《ろんちょうさじょ》が行なう調査《ちょうさ》。少数でも正確《せいかく》なサンプリングがなされれば特性《とくせい》がつかめることを実《じっ》証《しょう》し、また無作為《むさくい》抽出《ちゅうしゅつ》による調査法《ちょうさほう》を開発、科学的世論調査《よろんちょうさ》のパイオニアとされる。

第一章

無《む》策《さく》の政《せい》府《ふ》に突《つ》きつけられる苛《か》烈《れつ》な占《せん》領《りよう》政《せい》策《さく》

GHQによる軍国主義《しゆぎ》の解体《かいたい》

この章の

ポイント

ラジオでの天皇《てんのう》放送後、わずか数日で各所に闇市《やみいち》が栄えはじめます。公定価格《かかく》を大幅《おおはば》に超《こ》えた法外な価格《かかく》の粗悪《そあく》な商品も多かったのですが、それでも飛ぶように売れました。そこには、生《い》き抜《ぬ》こうとする庶民《しょみん》のエネルギーが満《み》ち溢《あふ》れていました。そんな中でGHQは次々と占領政策《せんりょうせいさく》を進めていきます。その最大の目的は、日本から軍国主《しゅ》義《ぎ》・国家主義的《しゅぎてき》なものを徹底的《てっていてき》になくすことでした。軍隊の解体《かいたい》が終わるとすぐに、戦犯《せんぱん》の指名・逮捕《たいほ》が実行されます。

キーワード

闇市《やみいち》／食糧難《しょくりょうなん》／復員《ふくいん》／財閥解体《ざいばつかいたい》／農地改革《かいかく》／労働改革《かいかく》／男女共学／ローマ字採用論《さいようろん》／GHQの検閲《けんえつ》／陸軍省・海軍省の廃止《はいし》／戦争犯罪人《はんざいにん》

◆闇市《やみいち》の大繁盛《だいはんじょう》

戦争に敗《ま》けた日本の都市は、どこにいっても焼け野原といっていい状態《じょうたい》でした。東京、大阪、名古屋、神戸、横浜《よこはま》の五大都市をはじめとして、地方の県庁所在地《けんちょうしょざいち》と思われるところはほとんど爆撃《ばくげき》を受けています。なんのためにこんなところまで焼いたのかと抗議《こうぎ》したいくらいの無差別爆撃《ばくげき》で、約九十都市がやられ、戸数にしますと二百三十六万戸が焼失《しょうしつ》、罹災《りさい》した人は――私《わたし》もその一人ですが、八百四十万五千人といわれています。このほか、たとえば一家全滅《ぜんめつ》になったり、爆弾《ばくだん》で骨《ほね》も残らず吹《ふ》っ飛《と》んだりして、数えることもできないこともあったと思いますから、正確《せいかく》な数字は出てきません。そういう惨《さん》たる状況《じょうきょう》下で戦後日本ははじまったわけです。

敗戦前から、米の配給は一人一日あたり二合一勺《ごうしゃく》でした。これは約三〇〇グラムで、一食が、まあ、ふつうの茶碗一杯《ちゃわんいっぱい》ぐらいかな。といっても、米が配給されれば御《おん》の字《じ》で、そうでない場合は換算《かんさん》してほかのものをもらう、これを「綜合《そうごう》配給」といいまして、大豆、小麦粉《こむぎこ》、サツマイモ、そしてそのツルだったり……ツルなんかがどうしてお米のかわりになるのかと思うんですがねえ。また豚《ぶた》の飼料《しりょう》でしかなかった大豆の粕《かす》や、ガリガリで豚《ぶた》も食わないといわれた「冠《かん》水芋《すいいも》」、水につかった芋《いも》ですね、まあどうやって食うのかというようなものも配給されました。

そんなので作った食事ですから、あれ、お粥《かゆ》にタニシが浮《う》いてるぞ、とよく見れば自分の目玉だったり、天井《てんじょう》が映《うつ》っているので「天井粥《てんじょうがゆ》」という言葉もあったそうです。また占領軍《せんりょうぐん》の

敗戦直後の日本はどこもかしこも焼け野原だった

残飯《ざんぱん》をもらってきて煮《に》たのは「残飯《ざんぱん》シチュー」と呼《よ》んだそうですけれど、そんなことをして飢《う》えをしのいでいました。当時、普通《ふつう》の人で一人一日当たり二四〇〇キロカロリー、労働者では三〇〇〇キロカロリーが必要とされていましたが、配給だけでは一人約一二〇〇キロカロリーしかとれませんでした。

　ではモノがまったくなかったかというと、必ずしもそうではなくて、終戦直後、つまり八月や九月いっぱいはむしろ、かなり物資《ぶっし》が出回ったんです。というのは、日本の軍部は本土決戦をするつもりでしたから、アメリカ来たれ、とじゅうぶんな備蓄《びちく》をしていて、お米だろうが味噌《みそ》だろうが醤油《しょうゆ》だろうが、日《にち》常品《じょうひん》も含《ふく》めてたくさん隠《かく》していたんです。それが放出されたのに加え、戦争中に世渡《よわた》りのうまいやつがいて、正規《せいき》のルートを通さずにこそこそ隠《かく》しておいた物資《ぶっし》や食糧《しょくりょう》――「隠退蔵物資《いんたいぞうぶっし》」

と呼《よ》びましたが、そういうものがどんどん出てきました。最初はそういった恩沢《おんたく》があって、なんとなしに口に入るものがあったのです。

ところが、そういうものまで減《へ》ってくると、必然的にはじまったのが、戦後といえば誰《だれ》もがすぐに思《おも》い浮《う》かべる「闇市《やみいち》」です。これは戦後日本を象徴《しょうちょう》するものですから、そのスタートの経緯《けいい》について少しお話しておきます。

八月十五日に戦争が終わって三日後の十八日、東京都内の主要新聞の朝日、毎日（東京日日）、読売報知《ほうち》にこんな広告《こうこく》が出ました。

「転換《てんかん》工場並《なら》びに企業家《きぎょうか》に急告《きゅうこく》！　平和産業の転換《てんかん》は勿論《もちろん》、其《そ》の出来上がり製品《せいひん》は当方自発の〝適正価格《てきせいかかく》〟で大量引受けに応《おう》ず。希望者は見本及《およ》び工場原価《げんか》見積書を持参至急《しきゅう》来談あれ。淀橋《よどばし》区角筈《つのはず》一の八五四（瓜生邸跡《うりゅうていあと》）新宿《しんじゅく》マーケット　関東尾津《おづ》組」

戦争中、家内工業など、日本人はあらゆる家庭で、軍需《ぐんじゅ》産業の手伝いとしていろんなものを作っていました。アメリカのB29による空襲《くうしゅう》でも「日本じゅうが工場だから」と無差別攻撃《こうげき》の理由の一つにさえなったくらいです。いずれにしろお国のために尽《つ》くしていたのですが、それがある日パタッと止まってしまったわけです。すると、兵隊さん用の飯盒《はんごう》や水筒《すいとう》なんかも含《ふく》め、それまで一所懸命《いっしょけんめい》に作っていた製品《せいひん》はすべて無駄《むだ》になってしまった。いったいどうしてくれるんだ、と文句《もんく》のもってゆきどころもない。そういう状況《じょうきょう》の時に、この広告《こうこく》が出たのです。つまり、お作りになっている製品《せいひん》は平和になっても使えます、当方が自発的に適正価格《てきせいかかく》で大量に引き受けますので、作ったものを持っておいでください、というわけです。そしてこの主がなんと、関東尾津《おづ》組というテキ屋の親分でありました。

広告《こうこく》を見た人たちが、それぞれ、軍隊用のアルミニウムの皿やら何やら、まことにいろいろな製品《せいひん》をもって行きますと、尾津《おづ》組は適正価格《てきせいかかく》、といってもいくらか知りませんけど買い上げまして、それらを全部集めてきます。そして広告《こうこく》の出た二日後にはすでに、焼《や》け跡《あと》だった新宿《しんじゅく》の今の東口広場辺りに、もちろんもう面影《おもかげ》すらありませんが、裸電球《はだかでんきゅう》がだーっと並《なら》び、その下に露天商《ろてんしょう》がひしめいたのです。これが闇市《やみいち》のスタートでした。

売られていたのは、生きるための必需品《ひつじゅひん》です。空襲《くうしゅう》でやられて、皆《みな》ほとんどモノがありません、お茶碗《ちゃわん》ひとつない人もいました。当初の値段《ねだん》は、ご飯茶碗《はんぢゃわん》一円五十銭《せん》、下駄《げた》二円八十銭《せん》、フライ鍋《なべ》（フライパン）十五円、手桶《ておけ》九円、ベークライト製《せい》の食器・皿・汁椀《しるわん》三つ組八円といったところでした。とにかく軍需品《ぐんじゅひん》として町工場で作っていたもの、ジュラルミンやアルミニウム製《せい》の鍋《なべ》や弁当箱《べんとうばこ》などが、われわれの日常品《にちじょうひん》と化していきました。今、当時を回顧《かいこ》して展示《てんじ》されたりする闇市《やみいち》の製品《せいひん》はどうも良すぎるんですが、最初の頃《ころ》は粗悪《そあく》も粗悪《そあく》、じつにひどいものだったように思います。ですが飛ぶように売れました。モノがないのだし、配給などしてくれないわけですから。

これがどんどん栄えてくると、自分たちの商店街のごとくに尾津《おづ》組は堂々《どうどう》と看板《かんばん》を掲《かか》げまして、一〇〇燭光《しょっこう》の電灯の下に「光は新宿《しんじゅく》より」――これは戦後を飾《かざ》るものとしては秀逸《しゅういつ》な言葉で、そう書いた看板《かんばん》が煌々《こうこう》とあたり一面の闇《やみ》を照らしたのです。

　これがスタートとなり、次から次へと東京各所に闇市《やみいち》が登場してきます。有楽町《ゆうらくちょう》、銀座《ぎんざ》、新《しん》橋《ばし》（非常《ひじょう》に有名ですね）、渋谷《しぶや》、池袋《いけぶくろ》、上野《うえの》……山手線の主要駅付近にはほとんど並《なら》んだといってもいいのではないでしょうか。昭和二十一年（一九四六）二月の警視庁《けいしちょう》の調べでは、都内の露天商《ろてんしょう》（闇市《やみいち》）は、七万六千人を数えたといいます。ものすごい数の人が、そこらへ行って親分に仁義《じんぎ》を通し、許《ゆる》しを得《え》て店を出していたわけです。当然のごとく、これはすぐ全国的に広がりまして、大阪、名古屋、神戸、横浜《よこはま》など、たいていの街で闇市《やみいち》ができました。

　ちなみに東京の闇市《やみいち》を差配《さはい》したのはたいていがテキ屋の親分衆《しゅう》で、新宿《しんじゅく》は先の尾津《おづ》組、浅草《あさくさ》は芝田《しばた》組、池袋《いけぶくろ》は関口《せきぐち》組、銀座《ぎんざ》は上田《うえだ》組、新橋《しんばし》は松田《まつだ》組といったところだそうです。新橋《しんばし》の闇市《やみいち》の当時の写真を見ますと、大きな看板《かんばん》

「消費者ノ最モ買イ良イ民主的自由市場」の看板を掲げた新橋の闇市

に「消費者《しょうひしゃ》ノ最モ買イ良イ民主的自由市場」と書いてありまして、さらに横文字で“Outside Free Market”とあります。誰《だれ》が訳《やく》したのか知りませんが、うまいですね。Outsideは「戸外《こがい》」のことなんでしょうが、奥《おく》には「法の外」という意味もあるかと思います。

というふうに闇市《やみいち》はどんどん栄えていきます。買い手はいくらでもいますが、製品《せいひん》が追い付かず、最初は「高《たけ》ぇなあ」と思いながらもまあ買える程度《ていど》の価格《かかく》だったのですが、物資《ぶっし》が乏《とぼ》しくなるにつれて、うなぎのぼりの高値《たかね》になり、これが一般民衆《いっぱんみんしゅう》を苦しめることになりました。たしかに、そこに行けばモノはあるのです。だから、皆《みな》なけなしの金をはたいて買ってくるという状況《じょうきょう》でした。

物資《ぶっし》の流通などを取《と》り締《し》まっていた警視庁《けいしちょう》経済《けいざい》三課が昭和二十年十月末に発表した闇《やみ》の値《ね》段表《だんひょう》を、参考までに引いておきますと（一円＝百銭《せん》になります）、

白米一升《しょう》（一・四キロ）七十円〈公定価格《かかく》では五十三銭《せん》、以下同じ〉――これは百三十二倍になってますね。薩摩芋《さつまいも》一貫目《かんめ》（三・七五キロ）五十円〈八銭《せん》〉、砂糖《さとう》一貫目《かんめ》千円〈三円七十銭《せん》〉――二百七十倍です、ビール一本二十円〈二円八十五銭《せん》〉、清酒二級一升《しょう》三百五十円〈八円〉、冬のオーバー一着百六十円〈十八円〉など。

ビールや酒類は、飲みたい人が飲むんですから少しは高くてもいいでしょうが、お米やサツマイモや砂糖《さとう》なんてのは必需品《ひつじゅひん》であって、こんなになったらとても買えません。ちなみに昭和二十年末の国家公務員《こうむいん》の給与《きゅうよ》は月最低四十円、最高五百二十円――これは総理《そうり》大臣クラスで

しょう――ですから冬に向かう季節にオーバーを手に入れるのもたいへんというか、いかに闇《やみ》の値段《ねだん》が高かったかがおわかりになると思います。

作家の石川淳《いしかわじゅん》さんがこの時代を書いた『焼跡《やけあと》のイエス』というなかなかの傑作《けっさく》がありまして、この中に闇市《やみいち》がたいへんうまく活写されています。一部分を読んでみます。

「けだし、ひとがなにかを怖《おそ》れるということをけろりと忘《わす》れはててからもうずいぶん久《ひさ》しい。日附《ひづけ》のうえではつい最近の昭和十六年ごろから数えてみただけでも、その歴史的《れきしてき》意味ではたっぷり五千年にはなる。ことに猛火《もうか》に焼かれた土地の、その跡《あと》にはえ出た市場の中にまぎれこむと、前世紀《ぜんせいき》から生き残りの、例の君子国の民《たみ》というつらつきは一人も見あたらず、たれもひょっくりこの土地に芽をふいてとたんに一人前に成り上ったいきおいで、新規《しんき》発明の人間世界は今日ただいま当地の名産と観ぜられた」

なにかを怖《おそ》れる、というのは、戦争中われわれの身のまわりにあった厳《きび》しい統制《とうせい》であり、あるいはＢ29の爆撃《ばくげき》であり、敵戦闘機《てきせんとうき》の機銃掃射《きじゅうそうしゃ》であって、また憲兵《けんぺい》や特高警察《とっこうけいさつ》もそうですし、「熱狂《ねっきょう》愛国おじさん」もおっかなかったわけです。それをけろりと忘《わす》れて久《ひさ》しい、というのは私《わたし》なんかも本当にそう思いましたね。戦争中のたった四年のことも、生活感覚からすれば五千年くらいのものであったと。また「市場」というのは闇市《やみいち》のことで、戦争中盛《さか》んに言われた、「日本は世界に冠《かん》たる国民」なんて顔付きはなくなり、人間がぜーんぶ変わってしまって、闇市《やみいち》から突如《とつじょ》として生まれ出たあんちゃん、おっさん、ばあさんばかりになったという印象《いんしょう》である、この感慨《かんがい》はおそらく当時の心ある日本人は皆《みな》もったんじゃないでしょうか。

しかし、とにかく生き延《いの》びなければなりません。日本人はまさに食うことに必死になりまして、戦争に敗《ま》けたくやしさとか、前途《ぜんと》がどうなるのかという絶望《ぜつぼう》感などは、もう早目に捨《す》ててしまいました。時の大蔵大臣《おおくらだいじん》の渋沢敬三《しぶさわけいぞう》が、外国人記者クラブで会見した時に、不用意に言ったんですね。

「米が一千万人分不足で、一千万人が餓死《がし》するかもしれぬ」

これが新聞に出ますと、皆《みな》、コノヤローてなもんで、その餓死《がし》一千万人の中に入ってたまるかとキリキリして、さらに食い物を探《さが》し求《もと》めました。

◆飢餓《きが》きわまれり

そうした街に、外地からどんどん兵隊さんが戻《もど》ってきます。また、本土でも軍隊が解隊《かいたい》し、軍にいれば三食賄《まかな》われていた多くの人までが復員《ふくいん》といって帰ってきます。内地からの復員《ふくいん》はなんと七百六十一万人、外地からの引《ひ》き揚《あ》げが百五十万人——これはもっぱら東南アジアや中国からの数で、満洲《まんしゅう》や朝鮮《ちょうせん》からは除《のぞ》きます。ともかくこういう人たちがどんどん本土に帰ってきますから、ますます物資《ぶっし》、食い物が足りなくなるわけです。そうして餓死者《がししゃ》一千万人の中に入ってたまるかと思いますから、みないろんな工夫《くふう》をするわけです。

たとえば、旧《きゅう》東京市、つまり二十三区の人口が昭和二十年十一月一日現在《げんざい》で二百七十七万七千十人という統計《とうけい》があります。ところが配給人口――「うちには何人、誰々《だれだれ》がいます」と届《とど》け出《で》をしてきた数を合計すると、二百八十万一千九百四十人いたというんですね。ちゃんとした人口より二万四千九百三十人多い。これはいったい何者であるか、ということになりまして、要するに皆《みな》、平気でインチキな届《とど》け出《で》をしていたわけです。

戦地から引き揚げてきた復員兵を家族らが出迎える

当時の新聞が、これをわらって、「死んだ人があっても申告《しんこく》しない、妊婦《にんぷ》が途中《とちゅう》で流産したとしても届《とど》け出《で》ない、飼《か》い猫《ねこ》に〝木村タマ子〟と名付けて同居人《どうきょにん》のような顔をしている」なんて書いていますが、ともかくありとあらゆる手段《しゅだん》で食い物を得《え》ようとして、いつの間にか、人口よりもはるかに多い人が配給をもらってしまうという……まあ、これは庶民《しょみん》の知恵《ちえ》ですよね、そうしなけりゃ生きていけなかったのですから。

そんな中、旧制《きゅうせい》の東京高校ドイツ語教師《きょうし》だった亀尾英四郎《かめおえいしろう》先生、翻訳《ほんやく》がいくつかあって当時は有名な方でしたが、この方が十月二十八日、栄養失調による心臓《しんぞう》マヒかなにかで亡《な》くなられました。「いやしくも教育家たるものは表裏《ひようり》があってはならないし、どんなに苦しくとも国策《こくさく》をしっかり守っていく」とおっしゃって、国策《こくさく》というのは戦争中につくられた食糧統制法《しよくりようとうせいほう》のことですね、食糧《しよくりよう》を統制《とうせい》して配給するという、だからヤミ米なんかは買おうとしないでがんばった、その固い信念があだになってとうとう亡《な》くなられたわけです。

そういった食糧難《しよくりようなん》は昭和二十四年（一九四九）ぐらいまで続きましたから、敗戦から二年後の昭和二十二年十月十一日に山口良忠《やまぐちよしただ》東京地裁判事《ちさいはんじ》も、この方は食糧統制法《しよくりようとうせいほう》は無法だと常々主張《つねづねしゆちよう》していたのですが、とうとう栄養失調で餓死《がし》してしまいました。私《わたし》は高等学校受験のための猛勉強《もうべんきよう》中でしたが、これにはずいぶん驚《おどろ》いたのを覚えています。以下の「遺書《いしよ》」のようなものが新聞に大々的に載《の》ったのを読んで、皆《みな》が粛然《しゆくぜん》として襟《えり》を正したものです。

「食糧統制法《しよくりようとうせいほう》は悪法だ。しかし法律《ほうりつ》としてある以上、国民は絶対《ぜつたい》にこれに服従《ふくじゆう》せねばならない。自分はどれほど苦しくともヤミ買い出しなんかは絶対《ぜつたい》にやらない。……自分はソクラテスならねど食糧統制法《しよくりようとうせいほう》の下、喜《よろこ》んで餓死《がし》するつもりだ。敢然《かんぜん》、ヤミと闘《たたか》って餓《が》死《し》するのだ」

そうやって、配給だけで生きようとしたわけです。法を守るべき人間としては、それがどんなに悪法であろうとも、それを守るのだといって亡《な》くなられたんですね。

ともかくたいへんな食糧難《しよくりようなん》でした。とくに大都会にいる人は困《こま》ったんじゃないでしょうか。お金があれば闇《やみ》で買えばいいのですが、ない人は買えないし、じゃあどうする、泥棒《どろぼう》をするとかいうことになりそうなもんです。さりとて政府《せいふ》になにかうまい対策《たいさく》があるかといえば、まったくない。アメリカの占領軍《せんりょうぐん》も、あとになってさすがにこれは大変だと援助《えんじょ》をすることになりますが、最初の頃《ころ》は、日本政府《せいふ》の責任《せきにん》だと放置していたんですね。そういう事情《じじょう》もあって、日本政府《せいふ》はお手上げのまま、国民が飢《う》えに苦しむのを手をこまねいて見ていた、まあそうせざるを得《え》なかったと思います。

作家の山田風太郎《やまだふうたろう》さんが、ちゃんと状況《じょうきょう》を認識《にんしき》して十月四日の日記に書いています。

「食糧事情《しょくりょうじじょう》の未来暗澹《あんたん》といわんよりも絶望的《ぜつぼうてき》なり。このぶんでゆかば八百万ないし一千万の餓死者《がししゃ》の出《い》ずるは必定《ひつじょう》といわる。／米軍は食糧輸入《しょくりょうゆにゅう》を許《ゆる》さず冷然たり。『日本政府《せいふ》無為無策《むいむさく》なり』と責《せ》めらるれど政府如何《せいふいかが》すべき。先般《せんぱん》の台風にて関西方面の稲作甚大《いなさくじんだい》の損《そん》害《がい》を受け、しかも飢《う》えたる海外の邦人将兵濁流《ほうじんしょうへいだくりゅう》のごとく帰国せんとす。……最近、突如《とつじょ》として日本人の平和国家転換《てんかん》ぶりに疑惑《ぎわく》ありと敵《てき》の論《ろん》かまびすし。これ日本人食わんと欲《ほっ》すればみずから政府《せいふ》を変革《へんかく》せよとの暗示《あんじ》にあらざるか。空腹《くうふく》か天皇《てんのう》か、この滑稽《こっけい》のごとくにして滑稽《こっけい》にあらざる命題を日本人に課しおるにあらざるか」

新聞などを見ると、「これから日本は平和国家になるのだ」と盛《さか》んに書いているけれども、どうも眉唾《まゆつば》じゃないか、というように言われていたんですね。アメリカはわざと援助《えんじょ》しないで日本政府《せいふ》に任《まか》せている、その政府《せいふ》は無為無策《むいむさく》で何もできない、これでは日本人はきっと空腹《くうふく》で我《が》慢《まん》できなくなって、革命《かくめい》を起こすんじゃないか、と予想しているわけです。平和国家をつくるより先にもしすごい革命《かくめい》でも起これば、天皇制《てんのうせい》がどうなるのか、それがこれからは大命題になるだろう、とまだ若《わか》い大学生だった山田風太郎《やまだふうたろう》さんは見ていたのです。

そんなふうに、日本国民は空腹《くうふく》のために革命《かくめい》を起こすようなことがありえたか否《いな》か。これは大問題なのですが、実際《じっさい》は皆《みな》、食うために忙《いそが》しくて、革命《かくめい》を起こすなんて気力もなかったと思いますよ。

八月十五日から十一月十八日までに餓死《がし》した人の統計《とうけい》があります。東京の上野《うえの》、四谷《よつや》、愛宕《あたご》の三警察署《けいさつしょ》の管内で総計《そうけい》百五十人余《あま》りだそうです。上野《うえの》駅の地下道などにたくさんの浮浪《ふろう》者がいましたが、かなり死んだのじゃないでしょうか。また神戸、京都、大阪、名古屋、横浜《よこはま》の五大都市で七百三十三人が餓死《がし》したということです。

大蔵大臣《おおくらだいじん》の渋沢《しぶさわ》さんは一千万人なんて言っていましたが、さすが日本人は巧《たく》みに生き抜《いぬ》いたというのか、自分の才覚において懸命《けんめい》に生《い》き抜《ぬ》く術《すべ》を知っていたというのか、どこかを探《さが》せば何か出てくるということで、死なずにすんだのでしょう。それにはやはりブラック・マーケット、日本じゅういたるところにあった闇市《やみいち》が、どれだけ日本国民を救《すく》ってくれたか、ということではないでしょうか。とにかくそこへ行けばモノがあった、つまり、国家の方針《ほうしん》外のところで、日本人は生きたということになります。

十一月九日の朝日新聞に当時四十歳《さい》の作家、石川達三《いしかわたつぞう》さんが書いています。中学三年生だった私《わたし》にも、石川《いしかわ》さんという作家は面白《おもしろ》いことを言っているなあ、と思った記憶《きおく》が残っています。

「日本に『政府《せいふ》』は無いのだ。少なくとも吾々《われわれ》の生存《せいぞん》を保証《ほしょう》するところの政府《せいふ》は存在《そんざい》しない。これ以上政府《せいふ》を頼《たよ》って巷《ちまた》に餓死《がし》する者は愚者《ぐしゃ》である。……経済的《けいざいてき》には無政府状態《むせいふじょうたい》にある今日、吾々《われわれ》の命《いのち》をまもるのは、吾々《われわれ》の力だけだ」

事実、この通りだったと思いますね。日本人は、自分たちの才覚、努力によって懸命《けんめい》に生《い》き抜《ぬ》いたのであって、政府《せいふ》はなんにもしてくれなかった。当時の政府《せいふ》といえば、最初は東久邇宮《ひがしくにのみや》稔彦内閣《なるひこないかく》、ついで幣原喜重郎内閣《しではらきじゅうろうないかく》ですが、誰《だれ》が首相《しゅしょう》や閣僚《かくりょう》になろうとも、食糧難《しょくりょうなん》だけは解《かい》決《けつ》の方法なしでした。というのも、山田風太郎《やまだふうたろう》さんの日記にも関西の台風被害《ひがい》の話がありましたが、この年はほんとうに困《こま》ったことに風水害が多く、稲作《いなさく》が三十六年ぶりくらいの凶作《きょうさく》でしたから、日本の前途《ぜんと》はまことに暗澹《あんたん》たるものだったのです。当時の閣僚《かくりょう》たちはなす術《すべ》もなく、まいったまいったと頭を悩《なや》ましているだけだったのではないでしょうか。

◆次々と出される占領政策《せんりょうせいさく》

そういう日本に対して、アメリカを中心とする連合国、まあほとんどアメリカといってもいいのですが、GHQ連合国総《そう》司令部は次から次へと指令を出してきます。ポツダム宣言《せんげん》にある通り、占領政策《せんりょうせいさく》を実行してきたわけで、日本はそれを守らざるを得《え》ないのですが、ただここで注意しておかなければならないのは、ドイツと違《ちが》って日本は政府《せいふ》が残っていたことです。どういうことかというと、天皇《てんのう》の官僚《かんりょう》――いまや公僕《こうぼく》なんて精神《せいしん》は失われましたが、そう言われていた官僚《かんりょう》がそのまま残ったということです。逆《ぎゃく》にみれば、これが残ったから戦後日本は生《い》き延《の》びられたとも言えるのですが、それが後に大問題にもなるのです。まあ、いずれにしろGHQは、この優秀《ゆうしゅう》だからと残した日本の官僚《かんりょう》に対して占領政策《せんりょうせいさく》をどんどん押《お》し付《つ》けてきました。

一つ一つ説明するのは大変ですので、ざっと読み上げていきます。

九月二日、陸海軍解体《かいたい》指令――これは占領軍《せんりょうぐん》の最大の目的で、日本の軍隊を完全になくそうとして、降伏《こうふく》文書に調印すると同時に指令を発しました。

九月十一日、主要戦犯容疑者《せんぱんようぎしゃ》三十九人の逮捕《たいほ》。これもポツダム宣言《せんげん》に、戦争犯罪人《はんざいにん》を裁判《さいばん》にかけるということが書かれています。

ほかにも九月十日、言論《げんろん》および新聞の自由に関する覚書《おぼえがき》。これは後で説明します。

九月十九日、日本プレス・コードに関する覚書《おぼえがき》。

二十二日、軍国主義的《しゅぎてき》・超国家主義的《ちょうこっかしゅぎてき》教育を禁止《きんし》命令。いわゆる皇国史観《こうこくしかん》はもう一切《いっさい》だめということです。

二十四日、新聞界の政府《せいふ》からの分離《ぶんり》指令。

二十六日、軍需品処分《ぐんじゅひんしょぶん》に関する命令。軍隊がためていたものを勝手に使ってはいかんといったことまで、いちいち細かく指令してくるわけです。

十月二日、植民地《しょくみんち》銀行閉鎖《へいさ》の覚書《おぼえがき》。朝鮮《ちょうせん》、台湾《たいわん》、樺太《からふと》にあった銀行すべての閉鎖《へいさ》です。

四日、政治的《せいじてき》・公民的・宗教的《しゅうきょうてき》自由に対する制限《せいげん》の撤廃《てっぱい》に関する覚書《おぼえがき》。宗教《しゅうきょう》や集会をまったく自由にせよということです。

十一日、五大改革《かいかく》。これは前回に話しました。マッカーサーが日本に乗《の》り込《こ》んでくる時にすでに構想《こうそう》にあったもので、婦人解放《ふじんかいほう》、労働者団結権《だんけつけん》（労働組合ですね）、教育の民主化、秘密《ひみつ》審問司法制度撤廃《しんもんしほうせいどてっぱい》（高等警察《こうとうけいさつ》が秘密《ひみつ》的な審問《しんもん》によって人民をどうにでもできるといったようなシステムの全撤廃《てっぱい》）、経済機構《けいざいきこう》の民主化（財閥解体《ざいばつかいたい》につながるもの）――この五つは大方針《だいほうしん》ですから、徹底的《てっていてき》に実行を迫《せま》ります。

二十二日、教育制度《せいど》の行政《ぎょうせい》に関する覚書《おぼえがき》。

三十一日、教壇《きょうだん》追放命令。当時、ものすごい軍国主義者《しゅぎしゃ》あるいは国家主義者《しゅぎしゃ》の教師《きょうし》がいまして、それらはすべて追放せよということです。でもこれ、みんな追放してしまうと、先生が一人もいなくなってしまうんじゃないでしょうか。まあ、後に大騒《おおさわ》ぎになるんですが。

十一月六日、持株《もちかぶ》会社の解体《かいたい》に関する覚書《おぼえがき》。いわゆる財閥解体《ざいばつかいたい》で、これも後で説明します。

十日、労働統制法規《とうせいほうき》の撤廃《てっぱい》指令。組合を作ってはいけないなどの法規《ほうき》の撤廃《てっぱい》ですね。

十八日、皇室財産《こうしつざいさん》に関する覚書《おぼえがき》。皇室財産《こうしつざいさん》がどれくらいあったかはちょっとわかりませんが、それを凍結《とうけつ》せよと。

二十五日、軍人への恩給停止《おんきゅうていし》命令。これは後に復活《ふっかつ》しますが、占領軍《せんりょうぐん》の命令としては、軍人を冷遇《れいぐう》すべしということですね。

同じく二十五日、戦時利得税設定《りとくぜいせってい》命令。戦争中に軍需《ぐんじゅ》工場などで巧《たく》みに金もうけした人がたくさんいるのですが、そういうものから改めて税《ぜい》を取るようにということです。

十二月九日、農地制度《せいど》改革《かいかく》に関する指令。いわゆる農地解放《かいほう》で、これも後で説明を加えます。

……という具合に矢継《やつ》ぎ早《ばや》に、これ以外にも細かいものを挙げればきりがないほどの命令が、政府《せいふ》各省に次から次へと出されました。

その細かいものを少し挙げますと、たとえば九月三日、全国の駅名をローマ字表記にせよという指令がありまして、でもそんなに簡単《かんたん》に言われても大変な作業ですよね。また九月十日の言論《げんろん》と報道《ほうどう》への覚書《おぼえがき》に伴《ともな》って、一般《いっぱん》の民衆《みんしゅう》がやりとりする手紙までいちいち開封《かいふう》して検閲《けんえつ》されるようになりました。封筒《ふうとう》の下をちょきちょき切って、そこから手紙を取り出してＧＨＱが読むんですね。いやＧＨＱに使われていた日本人が読む。なんでもない、ということになると戻《もど》して、切ったところにセロテープを貼《は》ります。そのテープには“opened by Army Examiner”と印刷されてまして、思い出すねえ、これ。僕《ぼく》らが友達と交換《こうかん》する手紙にまで、その「検閲済《けんえつず》み」と記されたテープが貼《は》ってありました。

また九月二十日には、予算不足でやむを得《え》ず戦時中の教科書をそのまま使用する場合には、軍国主義的《しゅぎてき》・国家主義的《しゅぎてき》な部分に墨《すみ》を塗《ぬ》れ、という指示《しじ》がきました。僕《ぼく》ら中学三年生はほとんどやりませんで、もっぱら当時小学生だった人たちがやったんじゃないでしょうか。先生の指《し》示《じ》のもとに自分で塗《ぬ》るんですが、どんどん塗《ぬ》っていくと一ページ全部墨《すみ》、なんてこともあったようです。

さらに九月二十二日、各映画《えいが》会社に、殺人《さつじん》や裏切《うらぎ》りといったものを大衆《たいしゅう》の面前で公然と見せつけるのは非常《ひじょう》によくないことだ、「今後、封建的《ほうけんてき》な意識《いしき》や復讐《ふくしゅう》などをテーマにした作品はつくってはいかん」との指示《しじ》がありました。とりわけ、日本人がアメリカに対して「コノヤロー、今にみてろ」なんて思っていると向こうさんが感じたのかどうか知りませんが、「復讐《ふくしゅう》」という言葉をたいへん重視《じゅうし》しまして、「法律《ほうりつ》を無視《むし》して私的《してき》な復讐《ふくしゅう》が許《ゆる》されるべきではない」というわけで、これがいわゆる「チャンバラ禁止令《きんしれい》」ですね。ですから「忠臣蔵《ちゅうしんぐら》」などはもっともけしからん、他にも仇討《あだう》ちの映画《えいが》はすべてだめになりました。黒澤明《くろさわあきら》さんの『姿三四郎《すがたさんしろう》』もダメ、これは柔道映画《じゅうどうえいが》だからです。そう、学校から剣道《けんどう》と柔道《じゅうどう》も追放されましたな。映画《えいが》ばかりではなく、いまになると笑うしかない話もあります。お伽噺《とぎばなし》の桃太郎《ももたろう》もダメ。戦いを正当化するから。猿蟹合戦《さるかにがっせん》も報復《ほうふく》を正当化するからアカン、といった次第《しだい》なんですね。

以上のようにアメリカは、基本的《きほんてき》な大きな事に命令を出してくると同時に、いちいち細かい事についても指示《しじ》し、日本人に軍国主義《しゅぎ》や国家主義的《しゅぎてき》の気配すらこれっぱかりも残らないよう、徹底的排除《てっていてきはいじょ》の方針《ほうしん》を迫《せま》ってきたのです。

これをまた日本人は、反抗《はんこう》もせず唯々諾々《いいだくだく》として受け入れていったんですね。そういう意味で、アメリカの占領政策《せんりょうせいさく》は、やったアメリカ人たちも驚《おどろ》くほど、従順《じゅうじゅん》にしかも忠実《ちゅうじつ》にきちんと実行されていきました。彼《かれ》らにしてみれば、日本人というのは実に秩序《ちつじょ》だった、規則違反《きそくいはん》をしない真面目な国民に見えたでしょうし、日本の占領政策《せんりょうせいさく》ほど成功したものはない、という思いが今でもあるはずです。だから今回のイラクに対しても、自分たちの思う通りうまくやってみせると考えていたかもしれません。ところが日本人とイラク人は違《ちが》うんです。宗教《しゅうきょう》の問題もありますが、アメリカは今、とんでもない大間違《おおまちが》いをしているのではないでしょうか。

◆GHQに牛耳《ぎゅうじ》られる無策《むさく》の日本

さて、これまでに挙げた占領政策《せんりょうせいさく》の中から一つ二つ詳《くわ》しく申しますと、まず財閥解体《ざいばつかいたい》です。これは終戦後、農地改革《かいかく》、労働改革《かいかく》と並《なら》んでGHQが日本に対してやった三つの大きな経済《けいざい》的改革《てきかいかく》のうちの一つです。この財閥解体《ざいばつかいたい》命令で、それまで完全に日本の経済《けいざい》を支配《しはい》していた三《み》井《い》、三菱《みつびし》、住友《すみとも》、安田《やすだ》の四大財閥《ざいばつ》と、それ以外に小さな財閥《ざいばつ》も含《ふく》めて八十三の会社が解体《かいたい》の指令を受け、それらが持っていた株《かぶ》が一斉《いっせい》に売りに出されました。

GHQの主張《しゅちょう》とは、「日本の産業は、日本政府《せいふ》によって支持《しじ》され強化された少数の財閥《ざいばつ》の支《し》配《はい》下にあった。産業支配権《しはいけん》の集中は、……独立《どくりつ》の企業者《きぎょうしゃ》の創業《そうぎょう》を妨害《ぼうがい》し、日本における中産階級の勃興《ぼっこう》を妨《さまた》げた」ということです。だから日本をこのままにしておいては、新しい仕事をしようという人が出てこられない、それこそ民主的ではないというわけです。前半の認識《にんしき》はそれほど間違《まちが》っていないと思いますが、要するに日本政府《せいふ》によって支持《しじ》され強化された財閥《ざいばつ》が、同時に軍国主義的《しゅぎてき》な傾向《けいこう》を支《ささ》える根本にあったのだから、これを全部とっぱらい、かわりに民主的・人道主義的《しゅぎてき》な政策《せいさく》によって、小さな会社でもどんどん起こせて、仕事ができるようにすべきである、それが日本の民主化のため、というんですね。まあ、今はまた旧財閥《きゅうざいばつ》は旧財閥《きゅうざいばつ》らしい大会社になっていますし、最近は合併《がっぺい》に次ぐ合併《がっぺい》で、かつての四大財閥《ざいばつ》の住友《すみとも》と三井《みつい》が一緒《いっしょ》の銀行になってるんですよね。戦後六十年たつと「財閥解体《ざいばつかいたい》今いずこ」といった感じですが、当時としては大騒《おおさわ》ぎの改革《かいかく》でした。

次に農地改革《かいかく》です。

私《わたし》の実家も新潟県越後《えちご》の地主で、たくさんの小作人《こさくにん》を使って田んぼを耕《たがや》させ、収穫《しゅうかく》を取り立ててはその一部を分《わ》け与《あた》えるという日本的システムでやっていました。そういうのをすべて取りやめ、如何《いか》なる地主でも、三十町歩《ちょうぶ》（一町歩《ちょうぶ》＝九千九百二十平方メートル）持っていようが百町歩《ちょうぶ》持っていようが放り出させ、地主用の耕地《こうち》として許《ゆる》された五町歩《ちょうぶ》以外はすべて小《こ》作人《さくにん》に譲《ゆず》り渡《わた》す――これが最初の案でしたが、厳密《げんみつ》に計算してみますと、それでいくと結局は小作地の四〇パーセント足らずしか吐《は》き出《だ》されず、残り約六〇パーセントは地主がぴっちり押《お》さえたままになるというので、大揉《おおも》めに揉《も》めまして、その年では解決《かいけつ》がつかず、翌《よく》昭和二十一年（一九四六）十月の第二次改革《かいかく》で、地主の耕地《こうち》は平均《へいきん》一町歩《ちょうぶ》に、ただし北海道は四町歩《ちょうぶ》にするということで決まりました。そして残りを小作人《こさくにん》に安値《やすね》でどんどん与《あた》えたのです。日本の地方経済《けいざい》の根幹《こんかん》を変えてしまったこの農地改革《かいかく》は、おそらく政府《せいふ》がやろうとしてもできなかったでしょう。よくぞこの時にやったもので、お蔭《かげ》で日本の農村がどのくらい貧《まず》しさから解放《かいほう》されたか。そしてそれが今日の日本をつくったのです。ところが今は農村で働く人がいなくなってしまったのでこれは今後の大問題であるといえますが。

さらに、労働組合をつくって資本家《しほんか》と対等にさせる労働改革《かいかく》も、たいへんな改革《かいかく》でした。というように、財閥解体《ざいばつかいたい》、農地改革《かいかく》、労働改革《かいかく》は戦後日本の基本的《きほんてき》な改革《かいかく》であったと思います。これが後に、われわれ庶民《しょみん》生活にいい影響《えいきょう》をどんどんもたらしてくるわけです。よくぞこんなことをアメリカがいきなり突《つ》きつけてきて、よくぞ日本が唯々諾々《いいだくだく》としてのんだものです。

ついでに申しますと、教育改革《かいかく》の中に男女共学という、戦後日本をもっとも特徴《とくちょう》づけるものがありました。十二月四日、当時の幣原内閣《しではらないかく》が閣議《かくぎ》で「女子教育刷新要綱《さっしんようこう》」を決定、今まで女《じょ》性《せい》を差別していたのはけしからんと男女共学がＯＫとなりました。女性《じょせい》は平和をつくる、とＧＨＱはのたまいまして、それはもうその通りではございますが、以来「靴下《くつした》となにやらだけが強くなった」という戦後日本ができあがるわけです。

次に新聞についてです。先の「言論《げんろん》および新聞の自由に関する覚書《おぼえがき》」と「プレス・コードに関する覚書《おぼえがき》」によって俄然《がぜん》、新聞はＧＨＱの検閲《けんえつ》下におかれます。人によっては、戦時中の日本政府《せいふ》の取《と》り締《し》まりより、ＧＨＱの方が厳《きび》しかったとも言います。そのくらいＧＨＱは、新聞やラジオなどに干渉《かんしょう》してきました。いっぽう、戦時中あれほど鉦《かね》と太鼓《たいこ》で戦争を煽《あお》った新聞が八月十五日を境《さかい》にコロッと変わり、「これから日本人は民主主義《しゅぎ》的に生きねばならない」と説教をはじめたもんですから、当時の日本人は、誰《だれ》もが「なにかヘンな話だなあ」と思っていたんじゃないでしょうか。その代表的なものとして、作家の高見順《たかみじゅん》さんが、戦争に敗《ま》けてすぐ、八月十九日に書いた日記があります。

「新聞は、今までの新聞の態度《たいど》に対して、国民にいささかも謝罪《しゃざい》するところがない。詫《わ》びる一片《いっぺん》の記事も掲《かか》げない。手の裏《うら》を返すような記事をのせながら、態度《たいど》は依然《いぜん》として訓戒《くんかい》的である。等しく布告《ふこく》的である。政府《せいふ》の御用《ごよう》をつとめている。／敗戦について新聞は責任《せきにん》なしとしているのだろうか。度《ど》し難《がた》き厚顔無恥《こうがんむち》。……」

これは、当時の多くの日本人に共通の思いではなかったか。確《たし》かに新聞は、敗戦の翌日《よくじつ》にも一日として休むことなく出ていて、それはなかなか立派《りっぱ》ですけれど、ほんとうにあっという間にこんなに変貌《へんぼう》するのかと驚《おどろ》くほど、一気に民主的になったのですから。

そういったなか、ＧＨＱに逆《さか》らう記事を載《の》せたのか、朝日新聞が二日間の発行停止《ていし》命令を受けました。高見順《たかみじゅん》はまたその時、九月十九日の日記でこんなふうに記しています。

「朝日新聞がマッカーサー総《そう》司令部の命令で二日間発行を停止《ていし》された。戦争中は自由主義《しゅぎ》的《てき》だ民主主義《しゅぎ》的だとにらまれていた朝日がこんどは『愛国的』で罰《ばっ》せられる。面白《おもしろ》いと思う。政府《せいふ》の提灯《ちょうちん》を持って野卑《やひ》な煽動《せんどう》記事を書いていた新聞は米軍が来るとまた迎合的《げいごうてき》な記事を掲《かか》げて、発行停止処分《ていししょぶん》などは受けないのである」

それ以外の新聞は、ＧＨＱの命令に逆《さか》らわず、迎合的《げいごうてき》な記事を書いていたんでしょう、まあラジオもひどかったんですが。たとえば、当時の新聞がなんとばかばかしいことを書いていたかの標本としまして、十一月十二日の読売新聞を例に挙げます——もちろん読売だけではない

んですが、これはちょっと面白《おもしろ》い記事なので。当時、「ローマ字採用論《さいようろん》」というのが大々的に言われたんですね。そこで、

「漢字を廃止《はいし》するとき、われわれの脳《のう》中に存在《そんざい》する封建意識《ほうけんいしき》の掃蕩《そうとう》が促進《そくしん》され、あのてきぱきしたアメリカ式能率《のうりつ》にはじめて追随《ついずい》しうるのである。文化国家の建設《けんせつ》も民主政治《せいじ》の確立《かくりつ》も漢字の廃止《はいし》と簡単《かんたん》な音標文字（ローマ字）の採用《さいよう》に基《もと》づく国民知的水準《すいじゅん》の昂揚《こうよう》によって促進《そくしん》されねばならない」

よくぞこんなことが書けたと思うんですが、要するに、漢字は封建意識《ほうけんいしき》のもとであって、これをやめてこそ、あのてきぱきしたアメリカ式能率《のうりつ》についてゆけるのだ、文化国家や民主政治《せいじ》の確立《かくりつ》も、とにかく漢字をやめることからはじまる……なんて本気で考えたのかどうか、じつにすごいことを書いているんですね。当時、われわれ中学三年生ですら、「えっ？　これからは夏目漱石《なつめそうせき》も川端康成《かわばたやすなり》もローマ字で読むの？」などと皮肉ったものです。

まあそんなふうにして、GHQはたいへんな圧力《あつりょく》で日本政府《せいふ》に占領政策《せんりょうせいさく》の実行を迫《せま》り、政《せい》府《ふ》はてんやわんやの大騒《おおさわ》ぎをしながら手を打ち続けているといった状況《じょうきょう》ですから、何度も言いますが、国民が飢《う》えに苦しんでどうにもならないといった事態《じたい》も、どうしようもありませんでした。当時、GHQはそれほどの勢《いきお》いで日本を牛耳《ぎゅうじ》っていたといえます。

◆平和国家への道のり

ともかくGHQが占領政策《せんりょうせいさく》の最大の目的としたのが、日本から軍国主義《しゅぎ》・国家主義的《しゅぎてき》なものを徹底的《てっていてき》になくすことでした。そのため、特別攻撃《こうげき》隊まで生み出した狂信的《きょうしんてき》な軍部を完全に解《かい》体《たい》しようと政府《せいふ》にびしばしと要求を突《つ》きつけたものの、まだ陸軍大臣も海軍大臣もいるわけですから、反乱《はんらん》など起こされては困《こま》ります。そこでまず兵器を取り上げることにしました。そこでイの一番に槍玉《やりだま》にあげられたのが天皇《てんのう》の軍隊です。ここでは、日本から軍隊がどのようにしてなくなっていったかをちょっとお話します。

ポツダム宣言《せんげん》で完全な無条件降伏《むじょうけんこうふく》をした日本は、相手の言いなりになるほかありません。まず十月十一日、連合艦隊《かんたい》が解散《かいさん》しました。この解散《かいさん》の辞がなかなかの名文で、当時の朝日新聞海軍記者、門田圭三《かどたけいぞう》さんが海軍に頼《たの》まれて書いたそうです。彼《かれ》は愛媛の松山《まつやま》にご健在《けんざい》で、私《わたし》も懇意《こんい》にしています。

続いて十五日には、戦前の昭和史《しょうわし》でやたらに登場した、かの参謀《さんぼう》本部が廃止《はいし》されて、参謀《さんぼう》たちは全員クビになりました。

また十六日には、内地の陸軍百五十四個師団《こしだん》——一個師団《こしだん》は通常《つうじょう》一万八千人くらいでしょうか、そして百三十六個旅団《こりょだん》——一個旅団《こりょだん》は四千人くらいです、それに海軍二十部隊——これは何人かわかりませんが、全部合わせますと二百六十九万三千人の兵隊さんが武装解除《ぶそうかいじょ》をして即日復員《そくじつふくいん》させられたのです。とにかく集めておくと何をやるかわかりませんので、早く解体《かいたい》せよとGHQもがんがん迫《せま》ってきますから、どんどん復員《ふくいん》するんですね。前にも申しましたように内地にいた膨大《ぼうだい》な数の兵隊さんなど、あっという間に自分の家に戻《もど》ってきました。

十月十六日に、マッカーサーが嬉々《きき》として発表した声明が新聞に載《の》っています。

「日本本土全域《ぜんいき》の日本武装《ぶそう》兵力の復員《ふくいん》は本日をもって完了《かんりょう》し、日本軍隊なるものはここに存在《そんざい》しなくなった。……余《よ》は歴史《れきし》上戦時平時を問わず、またわが軍によると他のいかなる国によるとにかかわらず、かくも迅速《じんそく》かつ円滑《えんかつ》に実施《じっし》された復員《ふくいん》の他にあったことを知らない。日本に対しては陸軍、海軍、空軍に関係ある総《すべ》てが禁止《きんし》されたのである。これをもって日本の軍事的威力《いりょく》および国際《こくさい》問題に対する軍事的発言権《はつげんけん》は終末を告《つ》げた。日本はもはや大小を問わず世界的国家として数えられなくなった。日本を存続《そんぞく》させるならばその将《しょう》来《らい》の途《みち》は平和的な途《みち》に限《かぎ》られねばならない。……」

自画自賛《じがじさん》なんですが、ここにはすでに憲法《けんぽう》第九条《じょう》、つまり日本は軍隊をもたないという考え方が表れています。少なくとも、日本はもう武器《ぶき》を持ちませんので、反抗《はんこう》のあり得《う》べくもない。ですから、たとえば天皇《てんのう》の身柄《みがら》がどうなるかという終戦直後からずっと続く懸念《けねん》や憂慮《ゆうりょ》も、この瞬間《しゅんかん》からどうしようもなくなり、占領軍《せんりょうぐん》の思うがままとなったわけです。

さて続いて、外地からの復員《ふくいん》など大事な役割《やくわり》を担当《たんとう》する陸軍省・海軍省も事務的《じむてき》に存在《そんざい》していましたが、これも役目は残しつつ十一月三十日をもって廃止《はいし》され、復員省《ふくいんしょう》と名を変えて復員《ふくいん》業務《ぎょうむ》を行なうことになります。

その二日前の十一月二十八日、臨時《りんじ》議会が開かれ、この人も戦前の昭和史《しょうわし》に何度か出てきましたが、進歩党《しんぽとう》の斎藤隆夫《さいとうたかお》さんが壇上《だんじょう》に立ち、陸軍大臣への質問《しつもん》もこれで最後だというので、
「日本をこのような事態《じたい》に導《みちび》いたことについて陸軍および海軍大臣に所見をうかがいたい」と問うたわけです。これに答えた最後の陸相《りくしょう》、下村定《しもむらさだむ》大将《たいしょう》の演説《えんぜつ》は、日本陸軍がいかに誤《あやま》ったかを国民に詫《わ》びるなかなか率直《そっちょく》な意見の吐露《とろ》でした。長々としたものですが、一部を読んでみます。

「いわゆる軍国主義《しゅぎ》の発生につきましては、陸軍内の者が軍人としての正しきものの考え方を誤《あやま》ったこと、とくに指導《しどう》の地位にあります者が、やり方が悪かったことと、これが根本であると信じます。このことが、中外のいろいろな情勢《じょうせい》と、複雑《ふくざつ》な因果《いんが》関係を生じまして、ある者は軍の力を背景《はいけい》とし、ある者は勢《いきお》いに乗じまして、いわゆる独善的《どくぜんてき》な、横暴《おうぼう》な処置《しょち》をとった者があると信じます。ことに許《ゆる》すべからざることは、軍の不当なる政治干渉《せいじかんしょう》であります。かようなことが、重大な原因《げんいん》となりまして、今回のごとき悲痛《ひつう》な状態《じょうたい》を、国家にもたらしましたことは、何とも申しわけがありませぬ」
つまり、陸軍が悪かったとはっきり言ったわけで、それまで野次《やじ》がとんでいた議場もこのへんからしーんとなりまして、なかには「もうわかった、やめろよ」といった言葉さえ聞かれたといいます。下村《しもむら》さんはそれでも続けました。

「私《わたし》は陸軍の最後にあたりまして、議会を通じてこの点につき、全国民諸君《しょくん》に衷心《ちゅうしん》からお詫《わ》びを申し上げます。陸軍は解体《かいたい》をいたします。過去《かこ》の罪責《ざいせき》にたいしまして、今後、事実をもってお詫《わ》び申し上げること、事実をもって罪《つみ》をつぐなうことはできませぬ。まことに残念でありますが、どうか、従来《じゅうらい》からの国民各位のご同情《どうじょう》に訴《うった》えまして、この陸軍の過《か》去《こ》における罪悪《ざいあく》のために、純忠《じゅんちゅう》なる軍人の功績《こうせき》を、抹殺《まっさつ》し去らないこと、ことに幾多戦《いくたせん》没《ぼっ》の英霊《えいれい》にたいして、深きご同情《どうじょう》を賜《たま》わらんことを、このさい切にお願いいたします」

こう言った時には、議場の全員が立ち上がって拍手《はくしゅ》をおくったそうです。こうして軍隊はとりあえず消え去り、日本は平和的国家へと歩みはじめたのです。

◆追及《ついきゅう》される戦争責任《せきにん》

それを追いかけるようにといいますか、これもポツダム宣言《せんげん》にあって国民も承知《しょうち》していたことですが、すでにＧＨＱが九月に表明していた戦争犯罪人《はんざいにん》の指名・逮捕《たいほ》が、軍隊がなくなった途端《とたん》にといっていいでしょうが、実行に移《うつ》されていきました。

十一月十九日、皇道派《こうどうは》の中心だった荒木貞夫《あらきさだお》、内閣総理《ないかくそうり》大臣まで務《つと》めた小磯国昭《こいそくにあき》、満洲《まんしゅう》事変の頃《ころ》に活躍《かつやく》した南次郎《みなみじろう》、二・二六事件《じけん》で皇道派《こうどうは》の大御所《おおごしょ》だった真崎甚三郎《まさきじんざぶろう》、満洲《まんしゅう》事変における関東軍《かんとうぐん》司令官で後に天皇《てんのう》の侍従武官長《じじゅうぶかんちょう》にもなった本庄繁《ほんじょうしげる》、支那派遣軍《しなはけんぐん》司令官で南京事《なんきんじ》件《けん》の責任者《せきにんしゃ》である松井石根《まついいわね》の六人に加え、かの悪名高い元外務大臣の松岡洋右《まつおかようすけ》、駐《ちゅう》イタリア大使として外務省《がいむしょう》の対米強硬派《きょうこうは》の旗頭《はたがしら》であった白鳥敏夫《しらとりとしお》、財界《ざいかい》からは久原房之助《くはらふさのすけ》といった人たち十一人が指名されました。当時、中学三年生の僕《ぼく》らが知っていたのは小磯《こいそ》さんや松岡《まつおか》さんぐらいで、「あとは何者だ？」「いや知らねえ」ってね。ただ父親なんかは、「やっぱりそうかと思うような人が捕《つか》まるなあ」なんて言ってました。

また十二月に入りますと、矢継《やつ》ぎ早《ばや》に戦犯容疑者《せんぱんようぎしゃ》の逮捕《たいほ》指令が出ます。二日には元総理《そうり》大臣の平沼騏一郎《ひらぬまきいちろう》や広田弘毅《ひろたこうき》、さらに陸相《りくしょう》だった畑俊六《はたしゅんろく》、軍令部総長《そうちょう》だった豊田副武《とよだそえむ》、泣く子も黙《だま》るといわれた元軍務局長の佐藤賢了《さとうけんりょう》ら軍人を中心に、加えて政財界《せいざいかい》から五十九人もが戦犯《せんぱん》となります。なかに元帥《げんすい》陸軍大将《たいしょう》の梨本宮守正王《なしもとのみやもりまさおう》の名があったのには皆《みな》が「えっ」と驚《おどろ》きました。皇族《こうぞく》にまで戦犯容疑《せんぱんようぎ》がきた、ということは、天皇陛下《てんのうへいか》も危《あぶ》ないんじゃないか、と考えられたからです。宮城《きゅうじょう》、皇居《こうきょ》の中が震撼《しんかん》しました。当時の侍従《じじゅう》次長、木下道雄《きのしたみちお》さんが十二月四日の日記に書いています。

「戦争責任者《せきにんしゃ》について（天皇陛下《てんのうへいか》より）色々御話《おはなし》あり。右は非常《ひじょう》に重要なる事項《じこう》にしてかつ外界の知らざる事あり。記憶《きおく》に加えて内大臣日記（『木戸《きど》日記』のこと）、侍従職《じじゅうしょく》記録（侍従職《じじゅうしょく》は天皇《てんのう》の言動を分単位で記録）として一つの記録を作り置くを可《か》と思い、右御《お》許《ゆるし》を得《え》たり」

つまり、天皇陛下《てんのうへいか》は戦犯《せんぱん》について、ここまで厳《きび》しくやってくるのか、などと話をされた。そこで木下《きのした》さんは、もしかしたらもしかするから、と言ったかどうかは知りませんが、万が一のことがあるので、木戸幸一《きどこういち》さんの日記や侍従職《じじゅうしょく》記録を参考にしながら、宮内省《くないしょう》としても、昭和天皇《てんのう》がいかに平和をお考えになっている方かという、なんらかの記録をつくっておいたほうがいいんじゃないか、そう提案《ていあん》すると、陛下《へいか》もやってみようとお許《ゆる》しになったというのです。そしてこれが、天皇陛下《てんのうへいか》ご自身が側近の人たちに語ったこと、つまりずっと後にできる『昭和天《てん》皇独白録《のうどくはく》』のスタートとなったわけです。

いっぽう、内閣《ないかく》は天皇陛下《てんのうへいか》の身柄《みがら》にも逮捕《たいほ》が及《およ》んでは一大事と、幣原首相《しではらしゅしょう》は十一月五日に閣議《かくぎ》を開き、われわれもいざという時の準備《じゅんび》をしておいたほうがいいんじゃないか、という話になります。その慌《あわ》てふためきようは、泥棒《どろぼう》を見て縄を綯《な》うといいますか、まあ考えるだけのことは考えてつくったものなのでしょうが、なんとも面白《おもしろ》いので読み上げます。

「戦争責任《せきにん》等ニ関スル応答要領《おうとうようりょう》」

一、飽《あ》く迄《まで》日米交渉《こうしょう》の円満妥結《だけつ》方を政府《せいふ》に（天皇陛下《てんのうへいか》が）御命令《ごめいれい》あらせられ、最後の段階《だんかい》に至《いた》る迄《まで》、之《これ》を御断念《ごだんねん》あらせざられしこと。

二、開戦の決定、作戦計画の遂行《すいこう》等に付《つい》ては、統帥部《とうすいぶ》、政府《せいふ》の決定したるものを、憲法《けんぽう》運用上の慣例《かんれい》に従《したが》はせられ、之《これ》を却下《きゃっか》遊ばされざりしものなること。――つまり天皇陛下《てんのうへいか》は常《つね》に統帥部《とうすいぶ》および政府《せいふ》の言ったことをのまざるを得《え》なかったということです。

三、真珠湾攻撃《しんじゅわんこうげき》以前に於《お》て、陸海軍幕僚長《ばくりょうちょう》（参謀総長《さんぼうそうちょう》、軍令部総長《そうちょう》のこと）より大綱《たいこう》に付きては聴《き》き及《およ》ばれたるも、細目に関しては報告《ほうこく》を受け居《お》られざりしこと。――大ざっぱな話は耳にしていても、細かい事はいちいちお聞きになってなかったというのです。

四、右作戦計画を実施《じっし》に移《うつ》すに際《さい》しては、武力《ぶりょく》行使に入るに先立ち米国政府《せいふ》に外交上の措置《そち》を講《こう》ずるものと了解《りょうかい》遊ばされ居《お》りしこと。――真珠湾攻撃《しんじゅわんこうげき》の際《さい》、天皇陛下《てんのうへいか》は当然、外交交《こう》渉《しょう》をきちっとやったと思ってらっしゃったということです。

以上のようなことで、閣議《かくぎ》は天皇陛下《てんのうへいか》は無罪《むざい》であると決めたわけです、ですが、これでアメリカがオッケーするんでしょうかねえ。まあ、いかに当時の日本政府《せいふ》と宮内省《くないしょう》、皇居《こうきょ》の中の要人たちが大慌《おおあわ》てしたかはわかると思います。

ところが、そんな事態《じたい》を嗤《わら》うがごとく十二月六日、天皇《てんのう》がもっとも信頼《しんらい》する近衛文麿《このえふみまろ》と、最大の側近である木戸幸一《きどこういち》内大臣はじめ、九人に逮捕《たいほ》指令が出たのです。となると、あとはもう御本人《ごほんにん》しか残っていないではないか――日本政府《せいふ》と宮内省《くないしょう》は本当にぶるってしまったんですね。この辺から、天皇陛下《てんのうへいか》の戦犯《せんぱん》問題が大きくクローズアップされて、日本がなんとか乗り切らねばならない大命題となってくるのですが、これは次回にお話します。

さて、十二月十六日に出頭するよう命令を受けた近衛《このえ》さんは、その前夜、親しい人たちを呼《よ》んでお別れの晩餐《ばんさん》といいますか、なごやかに飯を食い、風呂《ふろ》に入りました。そうやって周囲《しゅうい》にはちゃんと出頭するように思わせておき、皆《みな》が帰り、あるいは泊《と》まった人も寝《ね》ている朝まだき、青酸《せいさん》カリを飲んで自殺《じさつ》をしてしまいます。

当時の友人で、励《はげ》ます会でもあるその晩餐《ばんさん》に出席した後藤隆之助《ごとうりゅうのすけ》という人は、話しているう

ちにどうも近衛《このえ》さんが自殺《じさつ》をするんじゃないか、と感じたようです。それで、

「自殺《じさつ》なんて犬死にになってしまう。堂々《どうどう》と裁判《さいばん》であなたの 志《こころざし》、平和的信念を述《の》べたほうがよい」

と忠告《ちゅうこく》すると、近衛《このえ》さんは答えました。

「それはできない。自分が正しかったとか、平和工作に終始したなどと言いだせば、結局は天《てん》皇陛下《のうへいか》に迷惑《めいわく》を及《およ》ぼす結果にならぬものでもない。それを考えると、事前に死ぬ以外に方法はない」

だとすると、天皇陛下《てんのうへいか》に大きな責任《せきにん》があると言ってるようにも思えますが、これを聞いた後《ご》藤《とう》さんは返す言葉もなく、

「どうしてもというなら、死ぬにしても、東条《とうじょう》（英機《ひでき》）みたいな、ぶざまな醜態《しゅうたい》をさらしちゃいけませんよ」

これには、近衛《このえ》さんは笑って、

「その点は大丈夫《だいじょうぶ》」

と答えたそうで、この話はちゃんと残っているんですが、彼《かれ》の本当の気持ちがどうだったのか、いろいろ忖度《そんたく》されるところです。遺書《いしょ》が残されていて、戦後日本を語るのにそれほど重要な内容《ないよう》ではありませんが、戦前昭和日本の最大の責任者《せきにんしゃ》と言ってもいい近衛《このえ》さんが何を考えていたかを知るのにはよいかと思いますので、引用します。

「僕《ぼく》は支那《しな》事変以来、多くの政治《せいじ》上過誤《かご》を犯《おか》した。これに対し深く責《せき》を感じているが、いわゆる戦争犯罪人《はんざいにん》として米国の法廷《ほうてい》において裁判《さいばん》を受けることは、堪《た》え難《がた》いことである。……しかし僕《ぼく》の志《こころざし》は知る人ぞ知る。僕《ぼく》は米国においてさえ、そこに多少の知己《ちき》が存《そん》することを確信《かくしん》する。戦争に伴《ともな》う興奮《こうふん》と、激情《げきじょう》と、勝てる者の行《い》き過《す》ぎと増長《ぞうちょう》と、敗《やぶ》れた者の過度《かど》の卑屈《ひくつ》と、故意《こい》の中傷《ちゅうしょう》と、誤解《ごかい》にもとづく流言蜚語《りゅうげんひご》と、これら一切《いっさい》の輿論《よろん》なるものも、いつかは冷静を取《と》り戻《もど》し、正常《せいじょう》に復《ふく》する時も来よう。その時はじめて、神の法廷《ほうてい》において正義《せいぎ》の判決《はんけつ》が下されよう」

つまり、自分が戦犯《せんぱん》に選ばれたのは中傷《ちゅうしょう》するやつがいたからだ、あるいは流言蜚語《りゅうげんひご》の結果である、要するに日本人のいやらしさが背後《はいご》にあるのであって、自分は裁《さば》かれることには堪《た》えられない。国民がいつか冷静さを取《と》り戻《もど》し、正常《せいじょう》さが回復《かいふく》してきた折には、私《わたし》の志《こころざし》もわかってもらえるだろう。だから米軍の判決《はんけつ》など受け入れない、神の判決《はんけつ》のみを受け入れるのだ——そう言って近衛《このえ》さんは亡《な》くなったのです。

しかしあれから六十年たったわけですが、さて近衛《このえ》さんの志《こころざし》はいったいどこにあったというのでしょうか。国民はついに理解《りかい》していません。私《わたし》なんかには自分で確信《かくしん》することを堂々《どうどう》と弁《べん》じたほうがよかったのではないか、と思われます。彼《かれ》は「悲劇《ひげき》の宰相《さいしょう》」とも呼《よ》ばれますが、冷静にみると、そのやったことには、大きな間違《まちが》いが多々あったのではないか、悲劇《ひげき》と言うには、あまりにも底知れぬ無責任《むせきにん》さの持ち主ではなかったかと思うのです。

いずれにしろ、逮捕《たいほ》される直前に近衛《このえ》さんはこの世を去りました。これによって東京軍事裁《さい》判《ばん》は大事な証人《しょうにん》を失い、後からまた妙《みょう》な人を捕《つか》まえたりするような事になってしまったのです。

第二章

飢餓《きが》で〝精神《せいしん》〟を喪失《そうしつ》した日本人

政党《せいとう》、ジャーナリズムの復活《ふっかつ》

この章の
ポイント

一九四五（昭和二十）年十二月より、GHQの民間情報《じょうほう》教育局（CIE）が制作《せいさく》した『太平洋戦争史《せんそうし》』という新聞連載《れんさい》と、ラジオ番組「真相はかうだ」の放送がはじまります。満洲事変《まんしゅうじへん》以降《いこう》、日本軍が次々に侵略行為《しんりゃくこうい》をして世界中を動乱《どうらん》に導《みちび》いたということを徹底的《てっていてき》に伝えるものでした。国民は、自分たちではなく軍国主義《しゅぎ》の指導者《しどうしゃ》が悪かったという免罪符《めんざいふ》と得《え》ると同時に、日本人がやってきた残虐行為《ざんぎゃくこうい》を知り、新たなコンプレックスを抱《いだ》くようになります。

キーワード

DDT／ペニシリン／GHQ解散《かいさん》／大選挙区制《だいせんきょくせい》／婦人参政権《ふじんさんせいけん》／日本自由党《じゆうとう》／鳩山一郎《はとやまいちろう》／志賀義雄《しがよしお》／民間情報《じょうほう》教育局（CIE）／神道《しんとう》指令

◆「リンゴの唄《うた》」とペニシリン

中学三年生だった私《わたし》の体験から言いますと、昭和二十年（一九四五）の九月一日にはもう中学校が再開《さいかい》されました。そういうところは非常《ひじょう》にあっさりしていたというのか、それまで工場に通っていたのが突然《とつぜん》、学校に行って、ふつう通りに授業《じゅぎょう》がはじまりました。

記憶《きおく》をたぐりますと、そのころすでに、頭のなかに一つの音楽が流れていたような気がするのに、人間の記憶《きおく》とは確《たし》かなものではないと後でわかるのですが、つまり「リンゴの唄《うた》」です。〽赤いリンゴに口びるよせて……と並木路子《なみきみちこ》さんが歌うメロディを、何かにつけて口ずさんでいた、〽リンゴの気持ちはよくわかる……、じっさいリンゴの気持ちなんてぜんぜんわかんなかったんですけどね。でも歌っていると、なんとなしにわかったような気にもなって。九月頃《ごろ》には日本人全員が歌っていたような記憶《きおく》があるんですが、じつはこれは終戦前に作られていて、十月十一日に封切《ふうき》られた松竹映画《えいが》『そよかぜ』[*1]の主題歌なんですね。戦局がおかしくなって公開されずに眠《ねむ》っていた映画《えいが》のなかで歌われていたのです。それが焼《や》け跡《あと》で極度に欠乏《けつぼう》し、食うものも食えずにあっぷあっぷしていた私《わたし》たち日本人の胸《むね》になんとなしにしみいったといいますか、そういう音調でもあり、歌詞《かし》でもありました。ただ映画《えいが》だと見る人が限《かぎ》られますが、ラジオ番組「希望音楽会」で並木路子《なみきみちこ》さんの歌声が流れたんです、すると人びとにものすごい感動を与《あた》えたのかリクエストが殺到《さっとう》して、たちまち歌はスクリーンを飛び出し、マイクを飛び出し、

終戦直後の東京駅付近。
道行く人の頭の中には「リンゴの唄」のメロディが流れていただろうか

日本人すべてが口ずさむようになったのです。

「リンゴの唄《うた》」で希望が出てきたように、その頃《ころ》は、戦争中に教えられた、男は南の島へ連れて行かれて奴隷《どれい》に、女はみんなアメ公の妾《めかけ》になる、なんて話が嘘《うそ》だとわかって、生活に落ち着きさえ出てきたようなのですが、その落ち着きを取《と》り戻《もど》すため、日本人にとっての大きな経験《けいけん》を象徴《しょうちょう》するのが、ＤＤＴとペニシリンでした。

東条英機《とうじょうひでき》さんが自殺未遂《じさつみすい》をした時、なぜ生《い》き延《の》びたのかの理由について、「アメリカにすごい薬があって、それをばしゃばしゃ打ったからだ」という噂《うわさ》が流れてきました。「なんて薬だ?」「ペニシリンだって」「へぇー、それ何なんだ」「カビだ」「カビがそんな効果《こうか》あるのー」「不思議な話だねぇ」と中学生同士《どうし》で話したのを覚えています。とにかくペニシリンさえあれば、ちょっとしたキズなんかはたちまち治ってしまうというんです。

当時、私《わたし》の弟だか妹だかが、雪国にいましたから、あまりの寒さに肺炎《はいえん》を起こしたんです。そこで父親が高い金を出してペニシリンを買ってきて打つと、本当にケロリといってもいい早さで治ってしまいました。じつに驚《おどろ》きました。

さらに、戦後の日本人は体じゅうにノミがいるというか、家にもノミとシラミと南京虫《なんきんむし》を飼《か》っていたみたいなもんですから、時折、着ている服からシラミをつまみ出してはプチンプチンと潰《つぶ》すのが楽しみでもありました。そのノミ、シラミ、南京虫《なんきんむし》の連中が、ＤＤＴという真っ白な粉《こな》をふりかけた途端《とたん》にたちまち駆除《くじょ》されていなくなってしまうんですよ。驚《おどろ》いたねぇ。これでわれわれは毎日のカイカイ（痒《かゆ》い痒《かゆ》い）から逃《のが》れられたんです。アメリカって国はすごいなぁ、と頭をガーンと殴《なぐ》られたようにショックだったのを覚えています。

そういう事が日本人を、戦後の先の見えない、混乱《こんらん》や貧苦《ひんく》の生活でしたが、落ち着かせることにもなったんですね。そういえば、中学校でもまともに授業《じゅぎょう》がはじまりますと、久《ひさ》しぶりに勉強した英語で教師《きょうし》とヘタな英会話をするのがたのしみでした。私《わたし》は疎開《そかい》する前に東京の中学校でとてもいい先生に英語を習っていまして、長岡《ながおか》中学校で当時、英会話ができるのはなんと私《わたし》一人なんで、ものすごい秀才《しゅうさい》に思われた――英語ができるのは英雄視《えいゆうし》されたんです。

◆有為転変《ういてんぺん》の「平和の値段《ねだん》」

さて日常《にちじょう》が落ち着いてくると同時に、さまざまな場面で、過去《かこ》との闘《たたか》いというか、軋轢《あつれき》というか、過去《かこ》に対する抗議《こうぎ》が出てきます。学生の場合は、それがストライキというかたちに表れました。もちろん民主主義《しゅぎ》や自由主義《しゅぎ》といったことは少しずつ教えられていましたが、いっぺんに入ってきたわけではありません。そこにストライキが実に有効《ゆうこう》な手段《しゅだん》としてあることが明確《めいかく》になったのです。印象的《いんしょうてき》だったのは、それを初めて実行したのがなんと、東京の私立上野《しりつうえの》高等女学校の四年生だったことです。勤労《きんろう》動員で引《ひ》っ張《ぱ》られ、農場で食糧増産《しょくりょうぞうさん》のため一所懸《いっしょけん》命《めい》に作った畑ものが、戦争が終われば皆《みな》に分《わ》け与《あた》えられるのかと思えばそうではなく、学校の理事だとかエライ人たちが勝手に持ち帰って自分たちのものにしている。同時に、復員《ふくいん》で多くの先生が戻《もど》ってきますから、それまで臨時雇《りんじやと》いだった先生がクビになる。ところがその臨時《りんじ》の先生のなかには、非常《ひじょう》に真面目でいい先生がたくさんいた。もとはガンガン軍国主義《しゅぎ》を唱えていたのに戦後たちまち民主主義《しゅぎ》の旗を振《ふ》るような先生が残り、かえっていい先生が追い出される事態《じたい》が続いたために、これは許《ゆる》せない、というわけで、「私《わたし》ども汗《あせ》の結晶《けっしょう》である学校農園を理事者が私《わたくし》している。私《わたし》たちの敬《うやま》う先生が復員余剰《ふくいんよじょう》でクビになったのは不当だ」と大々的にストライキに入ったのです。

女学生さんが最初にやったんですから、男子中学生は「先んじられるとは何事か、われらもひとつやろうじゃないか」ってことで、では理由は何にしよう、あまりない、なくてもいいんだ、なんてね。学校でのストライキは、旧制水戸《きゅうせいみと》高校がこれに続き、日本全国のかなりの中学校、女学校、高等学校で敢行《かんこう》されたと思います。昨日まで「鬼畜《きちく》米英」と言っていた先生が今日からアメリカに学べとは何事か、という憤慨《ふんがい》もありましたから。またわれわれ中学生は、このことでなんとなしに「日本は戦前とはまったく違《ちが》う国になったんだなあ」という思いを抱《いだ》いたような気がします。

さらに馬鹿話をもうひとつ。群衆《ぐんしゅう》の生活や気持ちを安定させるというか、殺伐《さつばつ》たる世相を穏《おだ》やかな方へもっていこうとする意図もあったのか、十月二十九日、戦後第一回の宝《たから》くじが発売されました。たいしたことじゃないと思われるかもしれませんが、一等十万円が百本当たるというのです。当時の十万円というとものすごい額《がく》で、しかも副賞《ふくしょう》に純綿《じゅんめん》の生地《きじ》がつく、そんな広告《こうこく》が新聞にでかでかと載《の》りました。日本人というのは宝《たから》くじが好きで、戦争中にもやってました——昭和二十年の八月十五日は、確《たし》か当選発表の日だったように思うんですが、あれはどうなったんですかねえ——ともかく、戦後第一回の宝《たから》くじは、とても豪華《ごうか》に感じられました。二等が一万円、三等が千円、四等が五十円、五等が二十円、副賞《ふくしょう》にはそれぞれに純綿《じゅんめん》のキャラコ——といっても今はわかりませんかね、要するに下着です。そしてはずれ券《けん》四枚《まい》でタバコ十本がもらえました。三等の副賞《ふくしょう》、純綿《じゅんめん》十ヤールでワイシャツなら三枚《まい》できる、四等の純綿《じゅんめん》二ヤールでさえブラウスや子ども服が作れる、なーんて宣伝文《せんでんぶん》が広告《こうこく》に出ましたから、ないない尽《づ》くしの庶民《しょみん》たちは飛びついたんです。ただし一枚《いちまい》十円というかなりの高額《こうがく》で、そう簡単《かんたん》に買うわけにはいきません。私《わたし》自身は金がないんですが、親父《おやじ》が「試《ため》しに一枚《いちまい》買って十万円当てるか」などと、とらぬタヌキの皮算用をしていた姿《すがた》が記憶《きおく》にあります。ただ、せいぜい買っても一枚《いちまい》か二枚程度《まいていど》だったでしょう。

そんなわけで、約一千万枚《まい》売り出された券《けん》が、統計《とうけい》では八六パーセント売れたそうですから、かなり多くの人が苦しい生活をしのぎつつ大枚《たいまい》十円をはたいて博打《ばくち》に夢《ゆめ》をかけたといいますか、やっぱり日本人は根っから宝《たから》くじが好きなんですねえ。そしてこの宝《たから》くじが現在《げんざい》にまで続いているわけです。

さて、宝《たから》くじのはずれ券《けん》四枚《まい》すなわち四十円でタバコ十本がもらえる——これは何を意味するのかと言いますと、タバコが非常《ひじょう》に貴重《きちょう》だったということです。そのタバコを新しくしようというので、名称《めいしょう》と図案が広く公募《こうぼ》され、発表が十一月二十三日にありました。名称《めいしょう》の一等が「ピース」。まさに戦後ですよね、平和がまず第一にくる。二等は「漣《さざなみ》」と「憩《いこい》」、三等が「郷土《きょうど》」「黎明《れいめい》」「ニューライフ」。ちなみに図案の一等は「ニューワールド」だそうですが、私《わたし》は見たことありません。二等は「ピース」と「望《のぞみ》」、三等が「コロナ」ほか。つまり、名《めい》称《しょう》、図案とも上位だったのが「ピース」で、審議《しんぎ》の結果、「ピース」と「コロナ」が発売されました。こうして戦争中に皆《みな》がぷかぷか吸《す》っていた「金鵄《きんし》」や「光《ひかり》」や「鵬翼《ほうよく》」といったのが姿《すがた》を消したのですが、どうも「コロナ」はあまり人気が出ず、まもなく消え去りましたから、戦後すぐの嗜好品《しこうひん》としては「ピース」が唯一《ゆいいつ》の生き残りであり、しかも現在《げんざい》まで日本人の愛好品として残っていることになります。

宝《たから》くじのはずれ券《けん》四枚《まい》でもらえたのも「ピース」だと思いますが、しかしこのタバコの値段《ねだん》そのものは、有為転変《ういてんぺん》でした。「平和の値段《ねだん》」と言うとおかしいのですが、平和の価値《かち》はそのくらい時代によって変わる……という例にもなりませんが、参考まで。

昭和二十一年一月＝七円（いずれも十本）／七月＝十円／十二月＝二十円／昭和二十二年四月＝三十円／十一月＝五十円／昭和二十三年七月＝六十円／昭和二十五年四月＝五十円／昭和二十六年四月＝四十円／昭和二十九年四月＝四十五円

最初はぐんぐんうなぎのぼりだったのですが、「キャメル」だの「ラッキーストライク」だの洋もくが流《なが》れ込《こ》んできますと、それに押《お》されて値下《ねさ》げをせざるを得《え》なくなり、以降《いこう》、上がり下がりを繰《く》り返《かえ》しました。いずれにしろ、「平和《ピース》」を守るためには悪戦苦闘《あくせんくとう》せねばならない、というわけです。

◆活気づく政党《せいとう》、ジャーナリズムの復活《ふっかつ》

さて昭和二十年の秋風が吹《ふ》くころには、国民の生活はかなり落ち着いてきました。ということは、精神面《せいしんめん》も落ち着いてきたということです。ただし、食い物がないという貧《まず》しさはまったく改善《かいぜん》されませんでしたが。

渋谷《しぶや》駅のガード下には今でもたくさんのビラが貼《は》られていますが、当時もさまざまなスローガンが見られました。作家の山田風太郎《やまだふうたろう》さんが、わざわざ写したのを日記に書いています。

「餓死《がし》対策《たいさく》国民大会！」——やっぱり餓死《がし》する人がいたんですね。

「吸血鬼財閥《きゅうけつきざいばつ》の米倉庫を襲撃《しゅうげき》せよ！」——なんて物騒《ぶっそう》なのもあります。

「赤尾敏《あかおびん》大獅子吼《ししく》、軍閥打倒《ぐんばつだとう》！」——愛国党党首《とうとうしゅ》で鳴らした赤尾敏《あかおびん》*2さんがこの頃《ころ》から大活躍《だいかつやく》していたことがよくわかります。

さらに「天皇制打倒《てんのうせいだとう》、日本共産党《きょうさんとう》！」、と思うと「爆笑《ばくしょう》エノケン笑いの特配！　東京宝塚《たからづか》劇場《げきじょう》！」だったり、さっきの「十万円の夢《ゆめ》、宝《たから》クジ！」なんてのが道ゆく人の目を引いたのです。

「天皇制打倒《てんのうせいだとう》、日本共産党《きょうさんとう》！」のスローガンがありましたが、昭和二十年秋頃《あきごろ》からは政界《せいかい》も活気づいてきたのです。同時に、ＧＨＱは衆議院《しゅうぎいん》議員の選挙法を改正するよう指示《しじ》してきました。つまり、戦争中の昭和十七年（一九四二）の翼賛《よくさん》選挙で選ばれた代議士《だいぎし》が今なお政治《せいじ》を運《うん》営《えい》しているというのは、戦後の日本人の民意を代弁《だいべん》し反映《はんえい》したことにならない、というのです。そこで衆議院《しゅうぎいん》は改正選挙法を成立させて十二月十七日に公布《こうふ》、翌《よく》十八日に解散《かいさん》しました——「ＧＨＱ解散《かいさん》」と呼《よ》ばれるものです。

これは、現在《げんざい》行なわれている選挙法のもとになったもので、選挙権《せんきょけん》・被選挙権《ひせんきょけん》の年齢《ねんれい》がともにぐっと引き下げられ、大選挙区制《だいせんきょくせい》となりました。ほかにも細かい改正はありますが、いちばん大事なのは、婦人参政権《ふじんさんせいけん》が認《みと》められたことです。今まで選挙権《せんきょけん》も被選挙権《ひせんきょけん》ももたなかった女《じょ》性《せい》が、この時初めて参政権《さんせいけん》を得《え》ました。戦前は日本人の人口のわずか二〇・四パーセントだった有権者《ゆうけんしゃ》が実に五一・二パーセントといいますから半分以上が選挙権《せんきょけん》をもつに至《いた》りました。つまりこの瞬間《しゅんかん》に、いわゆる戦前の大日本帝国《ていこく》の選挙制度《せいど》が音をたてて崩《くず》れ去《さ》ったのです。

またこの少し前の十二月四日には、前にも述《の》べましたが男女共学がOKとなっており、日本のほとんどの分野で女性《じょせい》がリードする今の世がこの時にスタートしたと思うと、いささかの感《かん》慨《がい》なきにしもあらずです。こうして昭和二十年の終わりになって、男女同権《どうけん》の真に具体的な面が、教育と選挙において登場したわけです。共産党《きょうさんとう》は戦前からあったものの、以上のような経《けい》緯《い》で渋谷《しぶや》ガード下に先のごときスローガンが現《あらわ》れたのです。

この新しい選挙法に基《もと》づいて、実際《じっさい》に選挙が行なわれたのは翌《よく》昭和二十一年で、これは後で話します。いずれにしろ新しい議会に向け、政治《せいじ》の民主化と既成政党《きせいせいとう》の打破《だは》を目指して、次々に新政党《せいとう》が誕生《たんじょう》してきます。めぼしいものを挙げますと、十一月二日、日本社会党《しゃかいとう》ができます。書記長は片山哲《かたやまてつ》。この後裔《こうえい》が現在《げんざい》の社民党《しゃみんとう》ですね。同じく九日、日本自由党《じゆうとう》、総裁《そうさい》は鳩山一郎《はとやまいちろう》。十六日には日本進歩党《しんぽとう》、総裁《そうさい》は町田忠治《まちだちゅうじ》。この自由党《じゆうとう》と進歩党《しんぽとう》が後に合わさって今の自民党《じみんとう》になりました。また戦前からの日本共産党《きょうさんとう》は、志賀義雄《しがよしお》と、徳田球一《とくだきゅういち》が率《ひき》います。また今はなくなりましたが、日本民党《みんとう》、日本国民党《こくみんとう》、日本民主党《みんしゅとう》以下、日本勤労大衆党《きんろうたいしゅうとう》、在日本朝鮮《ざいにほんちょうせん》人連盟《じんれんめい》、青年自由党《じゆうとう》、大日本革命党《かくめいとう》、立憲青年進歩党《りっけんしんぽとう》、生活党《とう》、新日本建設同志会《けんせつどうしかい》、世界平和《へいわ》党《とう》、自治皇民党《こうみんとう》、国民大衆審判《たいしゅうしんぱん》会、日本民主同盟《どうめい》など、全部で三十三政党《せいとう》を数えました。これらがいよいよ新しい議会で、戦後日本をリードしていこうとしたのです。

同じ頃《ころ》、ジャーナリズムの世界でも、秋ぐちから準備《じゅんび》がはじまって次々と新しい雑誌《ざっし》が創刊《そうかん》されました。なかでも昭和二十年十一月号創刊《そうかん》の雑誌《ざっし》「新生《しんせい》」はものすごく売れました。いっぽう、戦争末期に弾圧《だんあつ》されて出版《しゅっぱん》を停止《ていし》していた「中央公論《こうろん》」「改造《かいぞう》」なども、GHQの命令もあり、昭和二十一年一月号をもって、つまりその前年末に復刊《ふっかん》されます。ほかに、今も続く岩波の「世界」や、「人間」、「展望《てんぼう》」、「潮流《ちょうりゅう》」、また後にエロ雑誌《ざっし》になる「りべらる」も当初は堂々《どうどう》たる論説誌《ろんせつし》として、同じ頃《ころ》にスタートしました。こうして昭和二十年末から翌《よく》二十一年はじめにかけて、政党《せいとう》と同様に雑誌《ざっし》も山ほど生まれ、新しい時代をつくり出していったのです。

ちなみに私《わたし》のいました「文藝春秋《ぶんげいしゅんじゅう》」は戦前からの雑誌《ざっし》で、いち早く昭和二十年十月から復《ふっ》刊《かん》しました。ところが当時は紙がなく、雑誌《ざっし》を毎月出してゆくのはたいへんなことでした。なにせ配給ですから、毎号の分を確保《かくほ》するだけで必死、しかも紙を押《お》さえる団体《だんたい》ができ、そこに睨《にら》まれると紙が手に入りません。ですから今と違《ちが》って、編集者《へんしゅうしゃ》が相当に確固《かっこ》たる信念をもって雑誌《ざっし》づくりに臨《のぞ》まなければなりませんでした。そんな折、「文藝春秋《ぶんげいしゅんじゅう》」は「戦前からけしからんことをやっているんじゃないか」というので紙が手に入らなくなり、また社長の菊池寛《きくちかん》さんが戦犯《せんぱん》に擬《ぎ》せられたのに嫌気《いやけ》をさして辞《や》めてしまい、文藝春秋《ぶんげいしゅんじゅう》そのものがいったん解散《かいさん》となります。当時、同じビルに「新生《しんせい》」編集部《へんしゅうぶ》があって、夜遅《よるおそ》くまで煌々《こうこう》と電気をつけて活況《かっきょう》を呈《てい》している時に、文藝春秋《ぶんげいしゅんじゅう》の真っ暗な部屋ではむなしく電話だけがリーンリーンと鳴っていたとか……。「新生《しんせい》」が、文藝春秋《ぶんげいしゅんじゅう》を買ってあげようか、なんて話さえあったそうです。栄枯《えいこ》盛衰《せいすい》と言いますか、いろんなことがあったんですね。

ともかく日本は、さまざまな面で、昭和二十年の秋ごろにはもうかなり元気を取《と》り戻《もど》し、動き出したのです。

◆アメリカさまさまの「思想改造《かいぞう》」

とはいうものの、ここから先が、じつは問題なのです。

前回から、GHQがいかに次から次へと占領政策《せんりょうせいさく》の指令を発し続け、対していかに日本は唯々諾々《いいだくだく》としてこれを受け入れてきたかをお話ししました。先の選挙制度《せいど》や教育改革《かいかく》も含《ふく》め、それらはいわゆる制度的《せいどてき》なもの、国家の構造《こうぞう》やかたちに関することでした。ところが問題はこの辺りからなんです。政治《せいじ》、経済《けいざい》、農業など、制度《せいど》の改革《かいかく》に関わる手段《しゅだん》の指示《しじ》がたいてい終わったGHQは、次に何をするか。簡単《かんたん》に言えば、日本人の精神構造《せいしんこうぞう》、つまり思想、大きな意味で文化に対する改革《かいかく》、革新《かくしん》に向けた指示《しじ》を発しはじめたのです。

今から考えると、なるほど生活手段《しゅだん》は活発になり、それに伴《ともな》って精神面《せいしんめん》でもなんとなしに落ち着いてきたように見えましたが、日本人は戦争に敗《ま》けたことによる精神的打撃《せいしんてきだげき》がかなり大きく、どうもGHQが言ってくることをすべて正しいと鵜呑《うの》みにして受け入れていたふしがあり

銀座４丁目交差点。
いまだ焼ビル状態の三越前で、MPが日本人の交通整理をする風景

ます。アメリカさまさまというわけです。実はそうでなくてもよかったのではないか。もう少し批判的《ひはんてき》でもよかったのではないか——そう思えないでもないんです、という話をこれから少しいたします。

　十二月八日といえば、当時の私《わたし》たちにとっては対米英戦争がはじまった日で、毎年「大詔奉戴日《たいしょうほうたいび》」としてお祝いしていましたから、永遠《えいえん》の記憶《きおく》に残る日付でした。昭和二十年のまさにその日から、ＧＨＱは新聞に「太平洋戦争史《せんそうし》」を載《の》せるよう命じ、連載《れんさい》がはじまりました。この「太平洋戦争史《せんそうし》」とはどういうものか——日本は侵略《しんりゃく》戦争を行ない、アジアや世界の国々の人びとに対して次々に残虐《ざんぎゃく》行為《こうい》をした。つまり、満洲《まんしゅう》事変以来、日本人はあらゆるところで侵略《しんりゃく》を繰《く》り返《かえ》して世界を動乱《どうらん》に導《みちび》き、これら軍国主義《しゅぎ》の横暴《おうぼう》によって国民はひどい目にあった——そういったことが、毎日の新聞連載《れんさい》に綴《つづ》られたのです。詩人の岡本潤《おかもとじゅん》さんの当時の日記です。

「大詔奉戴日《たいしょうほうたいび》であった今日、新聞は増《ぞう》ページして、連合軍司令部提供《ていきょう》の『太平洋戦争史《せんそうし》』を掲載《けいさい》している。満洲《まんしゅう》事変から大東亜《だいとうあ》戦の開戦まで、日本軍閥《ぐんばつ》の罪悪史《ざいあくし》が、連合軍的立場から開陳《かいちん》されたわけだ」

連合軍的立場、とだけ記してそれ以上のことは書いていませんが、それは要するに日本は侵略《しんりゃく》国家であるという立場に尽《つ》きるのです。また東大教授《きょうじゅ》だった矢部貞治《やべていじ》さんの日記では、

「米の司令部は満洲《まんしゅう》事変以後の太平洋戦争史《せんそうし》を新聞に発表している。宣戦《せんせん》記念日の宣伝《せんでん》だ。大体の筋道《すじみち》は正しいとしても、世界史《せかいし》の背景《はいけい》を除《のぞ》いての一方的議論《ぎろん》だ」

さすがに理屈《りくつ》をこねていますが、つまりは一方的な押《お》しつけであると言っているのです。また当時大学生の山田風太郎《やまだふうたろう》さんは、九日付の日記で触《ふ》れています。

「このごろ連合軍提供《ていきょう》の大東亜戦争史《だいとうあせんそうし》しきりに発表さる。ことごとく嘘《うそ》ではないであろうが、戦争中の軍部の宣伝《せんでん》と逆《ぎゃく》の意味で大同小異《だいどうしょうい》なるべし」（傍点《ぼうてん》筆者）

戦争中、日本国は聖《せい》なる戦《いくさ》をやっている、ＡＢＣＤ包囲陣《ほういじん》に圧迫《あっぱく》された「自衛《じえい》戦争」である、という一つの立場しかなかったのを、ちょうどひっくり返した言い分で、日本のやってきたことはすべて侵略《しんりゃく》戦争であり残虐行為《ざんぎゃくこうい》であると、一方的な論述《ろんじゅつ》で、それは結局は大同小《だいどうしょう》

異《い》だというわけです。

「太平洋戦争史《せんそうし》」は、ＧＨＱの民間情報《じょうほう》教育局（ＣＩＥ）が作成し、東大助教授《じょきょうじゅ》の中屋健《なかやけん》一《いち》さんが訳《やく》したもので、今はなかなか手に入りませんが、この日本人に与《あた》えた影響《えいきょう》は、かなり痛烈《つうれつ》で深刻《しんこく》だったのではないでしょうか。

ただ、連載《れんさい》を読んで「本当にこんなことをしてたのかいな」というような中学三年の私《わたし》たちにはむしろ、翌《よく》十二月九日からはじまった、同じＣＩＥ制作《せいさく》の教育ラジオ番組「真相はかうだ」を、なにか義務《ぎむ》のように聴《き》いた覚えがありまして、いや、聴《き》かなきゃ話にならないんじゃないかといった気分というか、ラジオのスイッチをつけると流れてくるもんですから否応《いやおう》なしに聴《き》かされたのかもしれません。ともかく、今ならなんてことないかもしれませんが、ダダダダダーンと効果音《こうかおん》をたくさん使って、まあ非常《ひじょう》によくできたドキュメンタリー・ドラマで、そのなかで南京大虐殺《なんきんだいぎゃくさつ》とか、バターン半島死の行進とか、私《わたし》たちにとってはまったくはじめての日本軍によるさまざまな残虐行為《ざんぎゃくこうい》が、次々にドラマとして語られたわけです。これも今はなかなか聴《き》けないでしょうが、かつて「週刊新潮《しゅうかんしんちょう》」がその一部を誌面《しめん》に載《の》せ、後に『マッカーサーの日本』という本に収録《しゅうろく》されました。こういった調子です。

アナウンサー「太郎《たろう》くん、今述《の》べたのは、死の行進で日本人が行なった残虐行為《ざんぎゃくこうい》の、ほんのごく一部なんだよ」

太郎《たろう》「とても信じられない。そんなことをした日本兵は、もちろん軍紀《ぐんき》できびしく罰《ばっ》せられたんでしょうねぇ」

アナウンサー「ところがそうではない。こうした残虐行為《ざんぎゃくこうい》こそが日本の軍紀《ぐんき》で、これはしょっちゅう繰《く》り返《かえ》された事実なのだよ」

ダダダダーン！

といった調子なんですよね。エッ⁉　と思いながら聴《き》いていたものです。

とにかく「太平洋戦争史《せんそうし》」にしろ、「真相はかうだ」にしろ、満洲《まんしゅう》事変以来の日本の歴史《れきし》は恥《は》ずべき歴史《れきし》である、たとえば日中戦争は南京《なんきん》での悪虐大暴行《あくぎゃくだいぼうこう》である、日米交渉《こうしょう》ではアメリカの調停《ちょうてい》に応《おう》じようともせず、日本は大陸への侵略《しんりゃく》だけを考えていた、また太平洋戦争がはじまれば、バターンの捕虜《ほりょ》の死の行進、ニューギニアへの強引《ごういん》な侵略《しんりゃく》……しかもそれらは非道《ひどう》な軍国主義者《しゅぎしゃ》たちがやったことだ。一般《いっぱん》の日本人は徹底的《てっていてき》にこの軍国主義者《しゅぎしゃ》の横暴《おうぼう》によって支《し》配《はい》されていたのであって、何も知らない国民はなんと哀《あわ》れであったか、そんな図式で貫《つらぬ》かれていました。逆《ぎゃく》にいうと、その図式を押《お》しつけられることで、日本国民は、「そうか、おれたちは悪くなかったのか。軍国主義者《しゅぎしゃ》たちのせいであって、おれたちには罪《つみ》はないんだ」と、何となしに免罪符《めんざいふ》をもらったような気にもなったんです。

本当は、われわれはここで、きちんと歴史《れきし》を踏《ふ》まえ、それに学び、自分たちの主張《しゅちょう》、やってきたことを立ち止まって考えてみなければいけなかったんです。ところがそうはならなかった。簡単《かんたん》に言えば、敗戦国はどこであれそうですが、「過去《かこ》の自国は悪かったのだ、申《もう》し訳《わけ》なかった」とその伝統《でんとう》や文化を全否定してしまう、日本もまさにこの敗戦コンプレックスに陥《おちい》りました。ですから日本人は、アメリカがここで、じつは戦争が終わった後の「大思想戦」、自分たちの思想を改造《かいぞう》するための大宣伝《だいせんでん》をしているとは思わなかった。ただただこういったものを見せられ聞かされしているうちに、日本人がやってきたのはすべて侵略《しんりゃく》戦争だったのかと、免罪符《めんざいふ》と同時に新たなるコンプレックスをあわせもつようになったといえるのではないでしょうか。

そうしたなかで十二月十五日、ＧＨＱは最後の指令を出してきます。いわゆる国家神道《しんとう》の全否定です。過去《かこ》の日本の思想、精神《せいしん》は全部間違《まちが》いであり、もう信じてはいけないというものです。そして日本人は、これも唯々《いい》諾々《だくだく》と受け入れたのです。神道《しんとう》指令の内容《ないよう》を少し申しますと、

「公文書において『大東亜《だいとうあ》戦争』『八紘一宇《はっこういちう》』なる用語ないしその他の用語にして、日本語としてその意味の連想が、国家神道《しんとう》、軍国主義《しゅぎ》、過激《かげき》なる国家主義《しゅぎ》と切り離《はな》し得《え》ざるものはこれを使用することを禁止《きんし》する。而《しこう》してかかる用語の即刻停止《そっこくていし》を命令する」

つまり、戦前から僕《ぼく》らがこれぞ日本の精神《せいしん》として教《おし》え込《こ》まれていた神国、大東亜共栄圏《だいとうあきょうえいけん》、アジア解放《かいほう》などの概念《がいねん》が全否定され、これらを使ってはならないと命じられたのです。

もちろん日本人の中には、反発する人もたくさんいました。ひとつ挙げますと、山田風太郎《やまだふうたろう》さんの十二月十六日の日記です。大きな問題ですから、号外が出ました。

「号外飛ぶ。……一枚《いちまい》は近衛文麿《このえふみまろ》公けさ午前五時自殺《じさつ》との報《ほう》。一枚《いちまい》は国家神道禁止《しんとうきんし》のマッカーサー命令。……神道禁止《しんとうきんし》は、日本の『神国』なることを払拭《ふっしょく》するものにして、……こ

れ知性《ちせい》ある日本人のいいしことにあらず征服者《せいふくしゃ》の強要なり。……マッカーサー、『天皇制《てんのうせい》』の城に刃《やいば》を一太刀《ひとたち》切り込《こ》みぬ。その波及《はきゅう》するところを憂《うれ》うるならば、国民はここで抵抗《ていこう》する必要あり。さなくばマッカーサーさらに一歩を進めん。されど国民は今や天皇《てんのう》や天照《あまてらす》大神《おおみかみ》よりも一片《いっぺん》の食を求むるに狂奔《きょうほん》す」

神国、というのは、知性《ちせい》のある日本人が言ったことではなくて、侵略主義者《しんりゃくしゅぎしゃ》の言葉であると。そして最後は厳《きび》しく、アメリカはまさに日本人の思想の問題に強引《ごういん》に斬《き》りつけてきたのだから、心ある日本人はなんとか踏《ふ》ん張《ば》らなくてはならない、なのに、そうする人はほとんどいない、そんなことを考えているよりも、一片《いっぺん》のパンを得《え》ることに汲々《きゅうきゅう》としているようだと。

敗戦の八月十五日から十二月までの四カ月ちょっとの間に、日本という国はすっかり変わったと言ってもいいでしょう。人びとは食うことに精一杯《せいいっぱい》で、他のことを考えているひまもなかったということかもしれません。さらにこの年は寒気が非常《ひじょう》に厳《きび》しく、前年もそうでしたが、その翌年《よくねん》にかけても大変に寒かった。僕《ぼく》の住んでいた新潟などは二年続けての豪雪《ごうせつ》で、十一月の終わりぐらい、厚《あつ》ぼったい雲に〝雪おろしの雷《かみなり》〟がごろごろ鳴り出すと、雪に埋《う》もれた家のなかでしーんとして、「真相はかうだ」を聴《き》き、「太平洋戦争史《せんそうし》」を読まされていたわけです。ほかに何をしていたかといえば、畳《たたみ》に寝転《ねころ》がって天井《てんじょう》を見つめ、毎日「腹《はら》がへった」「腹《はら》がへった」と言いながら、あまり真面目なことを考えると頭がすぐ飯のほうへいっちゃうんで、とにかくどうでもいいようなこと、たとえば月の世界に行くにはあの道を通ってどこを曲がって……なんて、くだらないことばかり考えていました。

作家の海野十三《うんのじゅうざ》さんの大晦日《おおみそか》の感慨《かんがい》があります。

「ああ、昭和二十年——凶悪《きょうあく》な年なりき。言語道断《ごんごどうだん》、死中に活を拾い、生中に死に追われ、幾度《いくど》か転々。或《あるい》は生ける屍《しかばね》となり、或《あるい》は又断腸《まただんちょう》の想《おも》いに男泣きに泣く。而《しか》も敗戦の実相は未《いま》だ展開《てんかい》し尽《つく》されしにあらず、更《さら》に来《きた》るべき年に延《の》びんとす。生きることの難《むずか》しさよ！」

この方は、八月十五日に死ぬつもりだったのが、なんとなしに生きてしまったので、生ける屍《しかばね》となり、断腸《だんちょう》の想《おも》いで男泣きするようなことになった。それから四カ月半たち、昭和二十年も終わる。ではこれですべてが終わりかと思ったらそうじゃない、これからますます厳《きび》しい何かが続くんだろう、と言っているのです。おそらく、ほとんどの日本人が同じ思いをもっていたんじゃないでしょうか。事実そうで、またこの後、憲法《けんぽう》の問題を含《ふく》めた新しい展開《てんかい》がはじまるのです。

＊1——『そよかぜ』　佐々木康《ささきやすし》監督《かんとく》、上原謙《うえはらけん》・並木路子《なみきみちこ》主演《しゅえん》の松竹映画《えいが》。
＊2——赤尾敏《あかおびん》　一八九九—一九九〇。無政府主義《しゅぎ》活動を経《へ》て昭和十七年（一九四二）の翼賛《よくさん》選挙で当選して国会議員に。戦後の公職《こうしょく》追放解除《かいじょ》後、昭和二十六年には大日本愛国党《とう》を結成した。

第三章

憲法《けんぽう》改正問題をめぐって右往左往《うおうさおう》

「松本《まつもと》委員会」の模索《もさく》

この章の

ポイント

GHQから憲法《けんぽう》改正を突《つ》き付《つ》けられた日本政府《せいふ》は混乱《こんらん》に陥《おちい》ります。日本の指導者《しどうしゃ》たちは一丸《いちがん》となって憲法《けんぽう》改正に向き合うことができず、近衛文麿《このえふみまろ》を中心としたグループと、松本烝治《まつもとじょうじ》を中心とした内閣主導《ないかくしゅどう》の調査《ちょうさ》委員会という別々の動きが起こり、GHQは戦犯《せんぱん》でもあった近衛文麿《このえふみまろ》側を外します。残った松本《まつもと》委員会による議論《ぎろん》は白熱しますが、天皇《てんのう》の地位に関する条項《じょうこう》に触《ふ》れたくないため、憲法《けんぽう》改正に尻込《しりご》みしてしまいます。

キーワード

ポツダム宣言《せんげん》／憲法《けんぽう》改正／幣原喜重郎《しではらきじゅうろう》／トルーマン／近衛文麿《このえふみまろ》／木戸幸一《きどこういち》／松本烝治《まつもとじょうじ》／佐々木惣一《ささきそういち》／憲法《けんぽう》問題調査《ちょうさ》委員会（松本《まつもと》委員会）／松本《まつもと》四原則《げんそく》／天皇日蝕論《てんのうにっしょくろん》

◆ポツダム宣言《せんげん》は無《む》条件《じょうけん》降伏《こうふく》か？

今日は憲法《けんぽう》、いわゆる「新憲法《けんぽう》」の話になるわけですが、その前におさらいとして、少し前に戻《もど》って確認《かくにん》をしておきたいことがあります。それはポツダム宣言《せんげん》です。私《わたし》たちは簡単《かんたん》に「ポツダム宣言《せんげん》を受諾《じゅだく》した」と、その中身をよく読まずに論《ろん》じがちなのですが、一度きちんと読んで整理しておいたほうがいいと思うんですね。といっても、十三項目《こうもく》あるうち、最初の四項目《こうもく》は「日本は早く降伏《こうふく》せよ」という勧告《かんこく》なので、外してもいいでしょう。ですから五項目《こうもく》めの「吾等《われら》の条件《じょうけん》は左の如《ごと》し」以降《いこう》が、具体的な降伏《こうふく》の条件《じょうけん》となります。そこに続いて「吾等《われら》は右条件《じょうけん》より離脱《りだつ》することなかるべし右に代る条件存在《じょうけんそんざい》せず吾等《われら》は遅延《ちえん》を認《みと》むるを得《え》ず」、要するに、こちらが出した条件《じょうけん》以外は認《みと》めない、ぐずぐずしていることも許《ゆる》さない、とまず釘《くぎ》をさしておいて十三項目《こうもく》まで条件《じょうけん》を挙げるわけです。ひとつずつ見ていきます。

「六、吾等《われら》は無責任《むせきにん》なる軍国主義《しゅぎ》が世界より駆逐《くちく》せらるるに至《いた》る迄《まで》は平和、安全及正義《およびせいぎ》の新秩序《ちつじょ》が生じ得《え》ざることを主張《しゅちょう》するものなるを以《もっ》て日本国国民を欺瞞《ぎまん》し之《これ》をして世界征服《せいふく》の挙に出《い》づるの過誤《かご》を犯《おか》さしめたる者の権力及勢力《けんりょくおよびせいりょく》は永久《えいきゅう》に除去《じょきょ》せられざるべからず」

読むとなんだかよくわかりませんが、簡単《かんたん》に言うと、国民をだまして世界を征服《せいふく》しようとした奴《やつ》らは許《ゆる》さない、ということです。ただ、この「権力及勢力《けんりょくおよびせいりょく》」が天皇制《てんのうせい》のことだとすると、それを許《ゆる》さないということは、日本の国柄《くにがら》、国体《こくたい》を変更《へんこう》するぞと言っているともとれるのです。

つまり「日本の国体《こくたい》を永久《えいきゅう》に除去《じょきょ》する」という宣言《せんげん》であったかもしれない。そこで、当時の鈴《すず》木貫太郎内閣《きかんたろうないかく》が「権力及勢力《けんりょくおよびせいりょく》」は何を指すのかと連合国側に照会をしたのです。次に、

「七、右の如《ごと》き新秩序《ちつじょ》が建設《けんせつ》せられ且《かつ》日本国の戦争遂行能力《すいこうのうりょく》が破砕《はさい》せられたることの確証《かくしょう》あるに至《いた》るまでは連合国の指定すべき日本国領域内《りょういきない》の諸地点《しょちてん》は吾等《われら》の茲《ここ》に指示《しじ》する基本的《きほんてき》目的の達成を確保《かくほ》するため占領《せんりょう》せらるべし」

ひとことで言えば、連合国が日本の国を軍事占領《せんりょう》するぞ、ということです。

「八、『カイロ』宣言《せんげん》の条項《じょうこう》は履行《りこう》せらるべく又《また》日本国の主権《しゅけん》は本州、北海道、九州及《および》四国並《ならび》に吾等《われら》の決定する諸小島《しょしょうとう》に局限《きょくげん》せらるべし」

朝鮮《ちょうせん》、台湾《たいわん》、樺太《からふと》——これに千島《ちしま》が入るかどうかの問題が出てきますが、それらをすべて没収《ぼっしゅう》し、日本の領土《りょうど》は本州、北海道、九州、四国、そしてこちらが指定するたとえば沖縄県諸島《しょとう》、佐渡島《さどがしま》や対馬《つしま》など、小さな島に限《かぎ》るということです。

「九、日本国軍隊は完全に武装《ぶそう》を解除《かいじょ》せられたる後各自の家庭に復帰《ふっき》し平和的且《かつ》生産的の生活を営《いとな》むの機会を得《え》しめらるべし」

要するに、外地の軍隊をすべて日本内地に撤収《てっしゅう》し、一兵たりとも外地に置くことは許《ゆる》さんということです。

「十、吾等《われら》は日本人を民族として奴隷《どれい》化せんとし又《また》は国民として滅亡《めつぼう》せしめんとするの意図を有するものに非《あら》ざるも吾等《われら》の俘虜《ふりょ》を虐待《ぎゃくたい》せる者を含《ふく》む一切《いっさい》の戦争犯罪人《はんざいにん》に対しては厳《げん》

重《じゅう》なる処罰《しょばつ》加へらるべし日本国政府《せいふ》は日本国国民の間に於《お》ける民主主義《しゅぎ》的傾向《けいこう》の復活《ふっかつ》強化に対する一切《いっさい》の障礙《しょうがい》を除去《じょきょ》すべし。言論《げんろん》、宗教《しゅうきょう》及《および》思想の自由並《ならび》に基本的人権《きほんてきじんけん》の尊《そん》重《ちょう》は確立《かくりつ》せらるべし」

日本民族を奴隷《どれい》にしたり抹殺《まっさつ》したりはしないが、戦争犯罪人《はんざいにん》はすべて裁判《さいばん》によって処罰《しょばつ》する、そして日本の国にしっかりと民主主義《しゅぎ》的傾向《けいこう》が根づくまで、言論《げんろん》、宗教《しゅうきょう》、思想の自由、基本《きほん》的人権《てきじんけん》は尊重《そんちょう》しますよ、ということです。

「十一、日本国は其《そ》の経済《けいざい》を支持《しじ》し且《かつ》公正なる実物賠償《ばいしょう》の取立を可能《かのう》ならしむるが如《ごと》き産業を維持《いじ》することを許《ゆる》さるべし但《ただ》し日本国をして戦争の為再軍備《ためさいぐんび》を為《な》すことを得《え》しむるが如《ごと》き産業は此《こ》の限《かぎり》に在《あ》らず右目的の為《ため》原料の入手（其《そ》の支配《しはい》とは之《これ》を区別す）を許可《きょか》さるべし日本国は将来《しょうらい》世界貿易《ぼうえき》関係への参加を許《ゆる》さるべし」

日本における巨大《きょだい》産業はいっさい許可《きょか》しないが、日本人が生きていくために必要な貿易《ぼうえき》などは、将来《しょうらい》は許《ゆる》されるということです。

「十二、前記諸目的《しょもくてき》が達成せられ且《かつ》日本国国民の自由に表明せる意思に従《したが》ひ平和的傾向《けいこう》を有し且責任《かつせきにん》ある政府《せいふ》が樹立《じゅりつ》せらるゝに於《お》ては連合国の占領軍《せんりょうぐん》は直《ただち》に日本国より撤収《てっしゅう》せらるべし」

以上六〜十一項目《こうもく》の目的が達せられ、こちらが望むようなきちんとした政府《せいふ》が日本にできれば連合国は撤収《てっしゅう》しますよ、ということです。

「十三、吾等《われら》は日本国政府《せいふ》が直《ただち》に全日本国軍隊の無条件降伏《むじょうけんこうふく》を宣言《せんげん》し且《かつ》右行動に於《お》ける同政府《せいふ》の誠意《せいい》に付適当且充分《てきとうかつじゅうぶん》なる保障《ほしょう》を提供《ていきょう》せんことを同政府《せいふ》に対し要求す右以外の日本国の選択《せんたく》は迅速且完全《じんそくかつ》なる壊滅《かいめつ》あるのみとす」

日本国軍隊は無条件降伏《むじょうけんこうふく》せよ、それ以外は許《ゆる》さない。これを破《やぶ》るようならば、迅速《じんそく》にして完全な壊滅《かいめつ》しか道はないと。

つまりここではじめて〝無条件降伏《むじょうけんこうふく》〟という言葉が出てくるわけです。すると、ポツダム宣《せん》言《げん》は日本の軍隊に対してのみ無条件降伏《むじょうけんこうふく》を要求しているのであるから、これを受諾《じゅだく》しても「日本国としては」無条件降伏《むじょうけんこうふく》ではない、という論理《ろんり》が一見、成り立つわけです。しかしよーく考えてみると、軍事占領《せんりょう》し、領土《りょうど》を没収《ぼっしゅう》し、外地の軍隊はすべて日本に帰され、戦犯《せんぱん》は裁判《さいばん》を受け、巨大《きょだい》産業は許《ゆる》されず……となると、日本の国を完璧《かんぺき》にぐちゃぐちゃにしてしまうような内容《ないよう》です。ですから、やはりポツダム宣言《せんげん》は、日本にほぼ無条件降伏《むじょうけんこうふく》に近い要求をしていることになりますし、これまで三回にわたってGHQのいろんな要求について話しましたが、それらはすべてこれに基《もと》づいてなされていたわけです。

ただ領土《りょうど》、戦犯《せんぱん》、巨大《きょだい》産業などは、目に見えるものです。ところが実際《じっさい》は、それを越《こ》えて、GHQの指令はわれわれ日本人の精神構造《せいしんこうぞう》のなかにまで及《およ》び、日本の国柄《くにがら》そのものに破壊《はかい》の、といいますか、猛烈《もうれつ》な斧《おの》をガツンと振《ふ》り下《お》ろしてきたと言えるんじゃないでしょうか。

◆無視《むし》された国体護持《こくたいごじ》の条件《じょうけん》

さて、今日はこのポツダム宣言《せんげん》の六項目《こうもく》が問題となります。

先の「権力《けんりょく》と勢力《せいりょく》」とはどの範囲《はんい》を指すのか——日本政府《せいふ》はポツダム宣言《せんげん》を受諾《じゅだく》する際《さい》に、「国体《こくたい》つまり日本の国柄《くにがら》が変更《へんこう》されないことを条件《じょうけん》として降伏《こうふく》する」と主張《しゅちょう》しました。これに対して連合国は、検討《けんとう》はしたものの、結果的には返事を寄越《よこ》しませんでした。そして、十二項《こう》目《もく》の「日本国国民の自由に表明せる意思に従《したが》ひ平和的傾向《けいこう》を有し且責任《かつせきにん》ある政府《せいふ》が……」をもう一度、言ってきたのです。要するに、「新しい国柄《くにがら》をどうつくるかは、日本国民の自由意思に任《まか》せる」というのですから、国内は混乱《こんらん》が起こりました。その際《さい》、昭和天皇《てんのう》は、「連合国の要求はそれほど過酷《かこく》でむちゃくちゃなことではないと思う、自分は国体護持《こくたいごじ》に自信があるから、この際《さい》、ポツダム宣言《せんげん》は受諾《じゅだく》しよう」と言われたので、ようやく降伏《こうふく》となったわけです。

ですから、戦争が終わった時点で日本のリーダーたちが抱《かか》えていた大問題は——食糧《しょくりょう》問題が緊急《きんきゅう》の課題でしたが——「果たして国体《こくたい》は本当に守り切れるのか」ということだったのです。

ではその国体《こくたい》とは何か——簡単《かんたん》に言えば、明治憲法《けんぽう》にある天皇《てんのう》の国家統治《とうち》の大権《たいけん》のことです。即《すなわ》ち、「第一条《じょう》　大日本帝国《ていこく》ハ万世一系《ばんせいいっけい》ノ天皇之《てんのうこれ》ヲ統治《とうち》ス」、そして「第三条《じょう》　天皇《てんのう》ハ神聖《しんせい》ニシテ侵《おか》スベカラズ」「第四条《じょう》　天皇《てんのう》ハ国ノ元首ニシテ統治権《とうちけん》ヲ総攬《そうらん》シ此《こ》ノ憲法《けんぽう》ノ条規《じょうき》ニ依《よ》リ之《これ》ヲ行フ」、そしてこの三カ条《じょう》を中心にして、立法（第五条《じょう》）、司法（第六条《じょう》）、行政《ぎょうせい》（第十条《じょう》）、軍事（第十一条《じょう》、第十二条《じょう》）、宣戦《せんせん》・講和《こうわ》（第十三条《じょう》）などが規定《きてい》されていて、その全体をひっくるめたのが日本の国柄《くにがら》でありました。

そして戦争に敗《ま》けてからもこれがそのまま許《ゆる》されるのだろうか？　その点を抜《ぬ》きにしてGHQからどんどん出される「男女同権《どうけん》」だの「労働組合をつくれ」だのさまざまな要求をとりあえず唯々諾々《いいだくだく》とのみながら、皆《みな》は「根本の問題はどうなるのか」と、お濠端《ほりばた》の第一生命相互《そうご》ビル（GHQ本部）をじーっと見つめていたわけです。いったいどんな意向が出てくるのか、われわれはどうすればいいのか……そんな中で、天皇《てんのう》がマッカーサーに会いにいけばいいのでは、という話も出てきたんですね。

そういう状況《じょうきょう》下で、敗戦からひと月もたたない九月九日、連合国軍最高司令官のマッカーサーが「日本管理方針《ほうしん》」を発表します。これが憲法《けんぽう》問題のすべてのスタートと言っていいでしょう。

「天皇陛下《てんのうへいか》および日本政府《せいふ》は、マッカーサー元帥《げんすい》の指令を強制《きょうせい》されることなく実施《じっし》するためのあらゆる機会を提供《ていきょう》される。日本の軍国主義《しゅぎ》および軍国的国家主義《しゅぎ》の根絶《こんぜつ》は、戦後の第一の目的であるが、占領軍《せんりょうぐん》の一の目的は自由主義的傾向《しゅぎてきけいこう》を奨励《しょうれい》することである」

これはポツダム宣言《せんげん》の第六番目、第十番目、第十二番目を組み合わせたもので、冷静にみると、連合国が要求しているのは日本の根本的な政治改革《せいじかいかく》であり、ということは必然的に、日本の国柄《くにがら》の根基《こんき》にある憲法《けんぽう》の改正が浮《う》かび上《あ》がってくることが予想できるのです。したがって、ポツダム宣言受諾《せんげんじゅだく》の際《さい》に日本がお願いした国体護持《こくたいごじ》という条件《じょうけん》は、この時にあっさり「そんなの知らないよ」と無視《むし》されたと言ってもいいんじゃないでしょうか。なのに日本政府《せいふ》はそう思いたくないものだから、まだまだ日本の国体《こくたい》（立憲天皇制《りっけんてんのうせい》）つまり天皇家《てんのうけ》は安泰《あんたい》だろうと、例によって期待を込《こ》めながら希望的観測《かんそく》をしていたのです。憲法《けんぽう》の改正などということは、これっぱかりも思おうとしてなかったんです。

その一番わかりやすい証拠《しょうこ》といいますか、九月十八日、東久邇宮稔彦首相《ひがしくにのみやなるひこしゅしょう》が外人記者会見でこう発言しています。

「現下《げんか》、内閣《ないかく》はGHQからくる次々の要求の処理《しょり》に追われて、内政面《ないせいめん》においてどんな改革《かいかく》を行なうべきかなど、考えている余裕《よゆう》などありません」

つまり憲法《けんぽう》改正など考えている余裕《よゆう》はない、GHQからの指令を処理《しょり》するだけで精一杯《せいいっぱい》なのだ、と。内閣《ないかく》ははじめから、憲法《けんぽう》改正なんてやる気はなかったんですね。

いっぽうマッカーサーの「日本管理方針《ほうしん》」を丁寧《ていねい》に読めば、憲法《けんぽう》改正の必要にまで辿《たど》りつくわけですから、真面目に検討《けんとう》している新聞社などは「東久邇《ひがしくに》さんがごまかそうとしても、そんなもんじゃないんじゃないか」というので、三日後の二十一日、朝日新聞は社説で「重臣責任《せきにん》論《ろん》」と題し、戦後日本が抱《かか》えているもっとも重大にして微妙《びみょう》な部分として憲法《けんぽう》改正問題をきちんと扱《あつか》ったのです。要点を引きますと、

「民主主義《しゅぎ》政治《せいじ》運営《うんえい》の基本《きほん》方式は、如何《いか》になさるべきか。統帥権《とうすいけん》に関する憲法《けんぽう》十一条《じょう》、十二

条《じょう》も今は空文《くうぶん》的存在《そんざい》となった。これ等《ら》の問題は当然、国家基本法《きほんほう》の再検討《さいけんとう》にまで発展《はってん》していくであろう」

先に話した明治憲法《けんぽう》のうち、軍事に関する第十一条《じょう》「天皇《てんのう》ハ陸海軍ヲ統帥《とうすい》ス」と第十二条《じょう》「天皇《てんのう》ハ陸海軍ノ編制及常備《へんせいおよびじょうび》兵額《へいがく》ヲ定ム」の内容《ないよう》について、軍隊そのものがポツダム宣言《せんげん》によって完全否定《ひてい》されたいま、なくなった軍隊を統帥《とうすい》するとはそもそもおかしな話です。だから少なくとも第十一、十二条《じょう》は空文《くうぶん》化しているわけです。いくら格好《かっこう》のいいことを言っても、条《じょう》項《こう》二つがすっ飛んじゃっている憲法《けんぽう》をそのままにしておくのは変ではないか——とじつに常識《じょうしき》的《てき》な考えでもって、当然、問題は国家基本法《きほんほう》つまり憲法《けんぽう》の再検討《さいけんとう》にまで発展《はってん》していくであろう、と述《の》べたのです。

これにただちに反応《はんのう》したのが内大臣の木戸幸一《きどこういち》さんです。彼《かれ》は優秀《ゆうしゅう》な官僚《かんりょう》ですから、「このままじゃいけない」というので、日記によると「十二時半、松平康昌《まつだいらやすまさ》秘書《ひしょ》官長に憲法《けんぽう》改正問題について調査《ちょうさ》を依頼《いらい》す」となりました。

ところが、ここで再《ふたた》びポツダム宣言《せんげん》をよく読めば、第十項目《こうもく》に「民主主義《しゅぎ》的傾向《けいこう》の復活《ふっかつ》強化」とあるんですね。ということは、戦前の日本にはそもそも民主主義《しゅぎ》的傾向《けいこう》があったのだ、それが一時の軍部の横暴《おうぼう》によって消えたけれども、また復活《ふっかつ》できるというのであれば、連合国として日本の国柄《くにがら》を全面否定《ひてい》して新しいものを押《お》しつけてくることはないんじゃないか、という希望的議論《ぎろん》になってくるわけです。そういうところ、日本人は「苦しい時の神頼《かみだの》み」といいますか、戦争中もそうでしたが、都合のいい考えを持《も》ち込《こ》んで「あっちゃ困《こま》ることはないことにしよう」をこの時もまたやっているわけです。したがって、憲法《けんぽう》の改正など急ぐ必要はない、もともと日本にあった民主主義《しゅぎ》的傾向《けいこう》が憲法《けんぽう》に盛《も》り込《こ》まれているのだから、都合の悪い項目《こうもく》だけ削《けず》ったり、解釈《かいしゃく》の変更《へんこう》や追加などの処理《しょり》で間に合う、と考える人たちが実際《じっさい》は非常《ひじょう》に多かったのです。

その具体的な例として、近衛文麿《このえふみまろ》と親しかった東久邇《ひがしくに》内閣《ないかく》の国務《こくむ》大臣、小畑敏四郎《おばたとしろう》――覚えてますか、かつての皇道派《こうどうは》の雄《ゆう》で、永田鉄山《ながたてつざん》とやり合った元軍人です――が登場して、こんなことを言っています。

「憲法《けんぽう》より急を要する問題がほかにもたくさんある。ＧＨＱが、日本の内情《ないじょう》を全然知らずに占領政策《せんりょうせいさく》をやるとなると間違《まちが》いが起こる。すべては、占領政策《せんりょうせいさく》の基本方針《きほんほうしん》が何か、アメリカがいったい日本に何を要求してくるのか、それを確《たし》かめてからでいい。こっちから急いで憲法《けんぽう》改正などをいうよりは、まずそっちのほうが大事だと思う」

戦前の陸軍きっての優秀《ゆうしゅう》な人物が、戦後国務《こくむ》大臣になってこういう発言をするくらいですから、たいていの人が「憲法《けんぽう》改正などというものはなくていい、ちょっとした手直しくらいでＯＫだろう」と考えていたんでしょう。

◆行《い》き違《ちが》った近衛《このえ》・マッカーサー会談

そういった考えに基《もと》づいて、これも国務《こくむ》大臣だった近衛文麿《このえふみまろ》が十月四日、寒い雨の降《ふ》るなか、マッカーサーを訪《たず》ねました。その際《さい》、通訳《つうやく》として奥村勝蔵《おくむらかつぞう》さん――天皇《てんのう》とマッカーサーの第一回会談で通訳《つうやく》を務《つと》めた方ですね――が同行しています。というのも、近衛《このえ》さんの盟友《めいゆう》である政《せい》治評論家《じひょうろんか》の岩淵辰雄《いわぶちたつお》さんが「これからは何かとGHQと交渉《こうしょう》することもあろうけれど、記録を残しておくように。でないと、相手が何を言ったか、頭だけで覚えていても埒《らち》があかない。いざという時はそれを突《つ》きつけるくらいのつもりでいないとだめだ」と助言したためです。それで、この会見は記録が残っているのです。

それによると、マッカーサーは近衛《このえ》さんに向かっていきなりこう言ったというのです。

「第一に、憲法《けんぽう》は改正を要する。改正して自由主義的要素《じゆうぎてきようそ》を十分にとり入れねばならぬ。第二に、議会は反動的である。しかし、解散《かいさん》しても、現行《げんこう》選挙法の下では顔ぶれは変わっても、同じタイプの議員が出てくるだろう。それを避《さ》けるためには選挙権《せんきょけん》を拡大《かくだい》し、婦人参政権《ふじんさんせいけん》と労働者の権利《けんり》を認《みと》めることが必要である」

議会が反動的、というのは昭和十七年（一九四二）の翼賛《よくさん》選挙後に成立したままやっているからですね。だから、頭の旧《ふる》い奴《やつ》が出てこないような選挙法に変えろ、というわけです。

「日本政府《せいふ》が合理的な手続きで、必要な処置《しょち》を講《こう》ずることを希望する。しかもできるだけ早くしなければならない。でないと、摩擦《まさつ》を覚悟《かくご》しても、われわれがこれをやらねばならなくなる」

要するに、憲法《けんぽう》改正、選挙法改正をできるだけ早くやれ、もたもたしているならGHQが若《じゃっ》干《かん》の摩擦《まさつ》を覚悟《かくご》しても乗り出していくぞ、というのです。腰《こし》を抜《ぬ》かさんばかりに驚《おどろ》いた近衛《このえ》さんは、二《に》の句《く》も継《つ》げなかったようで、帰りの車中で、

「いやぁー、えらいことを言われたね……」

と、奥村《おくむら》さんにつぶやいたそうです。

これが日本に公的文書として残っている最初のマッカーサーからの要求となるのですが、降《こう》伏《ふく》の際《さい》に日本がつけた例の条件《じょうけん》、「天皇《てんのう》の国家統治《とうち》の大権《たいけん》を変更《へんこう》するの要求を包含《ほうがん》し居《お》らざることの了解《りょうかい》の下に」など、マッカーサーはさながら知らぬ存《ぞん》ぜぬが如《ごと》きでした。

ところが、です。『東京旋風《せんぷう》』＊1という本を著《あらわ》したアメリカの記者H・E・ワイルズさんが、妙《みょう》なことを書いているのです。もしこれが本当だとすると、「えっ⁉　そんなことで⁉」という話になるのですが、いやもしかしたら本当かも……と思わないでもない話なんです。どういうことかと言うと、マッカーサーに会った近衛《このえ》さんがまず、

「政府《せいふ》の構成《こうせい》について何か意見がございますか」

と尋《たず》ねたらしいのです。陸海軍大臣がいなくなるのですから、政府《せいふ》の構成《こうせい》は変わらざるを得《え》ませんよね。ただ、近衛《このえ》さんは全部がなくなるとは思っていなくて、縮小《しゅくしょう》されるのか、アメリカの陸海軍長官のように文官制《せい》になるのか、それとも……といったつもりで聞いたようなの

です。ところが、通訳《つうやく》がこの「構成《こうせい》」という語を〝constitution〟と訳《やく》したんですね。〝constitution〟はたしかに「構成《こうせい》」に違《ちが》いないんですが、これをConstitutionと大文字にしたり、固有名詞《めいし》として使うと、「憲法《けんぽう》」を意味するのです。つまり、日本としては「政府《せいふ》の〝constitution〟」というつもりで通訳《つうやく》が言ったのを、マッカーサーは「憲法《けんぽう》」の意に理解《りかい》し、「第一に、憲法《けんぽう》は改正を要する」という答えになったのだと。

とまあ、ワイルズさんの本を読むと、誤訳《ごやく》のために憲法《けんぽう》改正がパァーッと浮《う》かび上《あ》がった……と考えられなくもないのです。そういえば開戦前の日米交渉《こうしょう》でも、「Chinaから日本の軍隊は撤退《てったい》せよ」というハル・ノートの要求を、アメリカはそのつもりもないのに、日本は満洲《まんしゅう》も含《ふく》むと思《おも》い込《こ》んだばかりに「そんなことはとてもできない！」と戦争に突入《とつにゅう》した。また、終戦の時の〝subject to〟もある。とにかく翻訳《ほんやく》の問題ではこれまでも揉《も》めてきていますから、難《むずか》しいもんだなあとは思うのですが。

さらにワイルズさんによると、

「(マッカーサーの頭の中では)明治憲法《けんぽう》を新しい憲法《けんぽう》に置《お》き換《か》えなくてはならないなどという考えには、ほとんど注意は払《はら》われていなかったのであるが、マッカーサーはconstitution changeはお説のとおり必要だと答えた。……」

それを近衛《このえ》さんはさらに誤解《ごかい》して、

「えっ!?　憲法《けんぽう》を変えろと!?」

……いや、本当かどうかはわからないのですよ。ただワイルズ本によると、「新しい基本《きほん》の草案をつくり、民主主義《しゅぎ》にのっとる新しい政党《せいとう》を結成し」なくてはならないと近衛《このえ》さんは受け取ったはずが、「しかし、そんなことはなにもマッカーサーの頭にはなかった。しかし近衛《このえ》は、自分がその委任《いにん》を受けたという印象《いんしょう》をもって席を立った」ということになるのです。つまり近衛《このえ》さんは、「お前が憲法《けんぽう》改正をしっかりやれ」とマッカーサーから委任《いにん》されたと思《おも》い込《こ》んだらしいのです。そういうわけで、日本の憲法《けんぽう》改正は、なにかそのスタートからしてボタンのかけ違《ちが》いがあったような感もあるのです。

◆松本《まつもと》委員会の発足《ほっそく》

さて、近衛《このえ》さんがマッカーサーと会った同じ十月四日、ＧＨＱは日本政府《せいふ》に、またものすごい指令を出してきました。「人権《じんけん》に関する四項《こう》の覚書《おぼえがき》」といいます。

①政治犯《せいじはん》（まだ留置場《りゅうちじょう》に入っていた日本共産党員《きょうさんとう》などのこと）を十月十日までに釈放《しゃくほう》せよ

②思想警察《けいさつ》（特別高等警察《とくべつこうとうけいさつ》＝特高《とっこう》のこと）などいっさいの類似《るいじ》機関を廃止《はいし》せよ

③内務《ないむ》大臣および警察《けいさつ》関係の首脳部《しゅのうぶ》、弾圧《だんあつ》活動に関係のある官吏《かんり》を罷免《ひめん》せよ

④市民の自由を弾圧《だんあつ》するいっさいの法規《ほうき》（治安維持《いじ》法など言論《げんろん》を抑《おさ》えているもの）を停止《ていし》せよ

これには東久邇《ひがしくに》内閣《ないかく》はひっくり返ってしまいました。政治犯《せいじはん》の釈放《しゃくほう》、思想警察《けいさつ》の廃止《はいし》などはまだいいとしても、③の内務《ないむ》大臣をクビにせよ、とは即《すなわ》ち内閣不信任《ないかくふしんにん》ということになる。さ

らに、警察《けいさつ》関係や弾圧《だんあつ》に少しでも従事《じゅうじ》したことのある官吏《かんり》をすべてクビにするとなると、計算すれば四千人に及《およ》びます。とても黙《だま》って受け入れるわけにはいかない、というわけで、東久邇《ひがしくに》内閣《ないかく》は翌日《よくじつ》に総辞職《そうじしょく》してしまいました。

だから国務《こくむ》大臣として新憲法《けんぽう》を作るよう委任《いにん》されたと思って近衛《このえ》さんが帰ってくるのと同じ頃《ころ》に、内閣《ないかく》がＧＨＱの指令で大騒《おおさわ》ぎになって総辞職《そうじしょく》を決めている、すると近衛《このえ》さんはとたんに国務《こくむ》大臣でなくなってしまう——とまあ、じつに不思議な事態《じたい》になったのです。

さて近衛《このえ》さんです。マッカーサーから憲法《けんぽう》改正を委任《いにん》されたと思《おも》い込《こ》んだ裏側《うらがわ》には、自分が戦犯《せんぱん》から免《まぬが》れるには、こういった大事な仕事をするのは有利に働く、という思惑《おもわく》がいくらか、いやかなりあったんじゃないでしょうか……とにかく大臣を辞《や》めようが自分はこれに専念《せんねん》するのだといって、近衛《このえ》さんは木戸《きど》内大臣を訪《たず》ねます。そして、「日本側できちんとした憲法《けんぽう》改正案をつくっておかないと、ＧＨＱから強引《ごういん》な改正案を突《つ》きつけられる恐《おそ》れがある、早いとこ手をうっておく必要がある」と、悪くいえば脅《おど》したんですね。

すると木戸《きど》さんも、「マッカーサーがそこまで考えているのならしょうがない」と十月十日、近衛《このえ》さんを内大臣府御用掛《ごようがかり》に任命《にんめい》しました。ついで木戸《きど》さんの御膳立《おぜんだ》てのもと、天皇陛下《てんのうへいか》が近《この》衛《え》さんを呼《よ》びつけ、

「憲法《けんぽう》改正が必要か否《いな》か、もし必要ならばその範囲《はんい》についての研究調査《ちょうさ》をしっかりやるように」

　と言いました。そこで近衛《このえ》さんは張《は》り切《き》って、とにかくGHQが余計《よけい》なことを言ってくる前に、全面的ではなくても憲法《けんぽう》の改正案を作ってしまおうと、自分の出身大学である京大の佐々《さ さ》木惣一《きそういち》元教授《きょうじゅ》にお願いし、これを佐々木《さ さ き》さんも喜《よろこ》んで引き受けました。

……という話が進んでいった前日の十月九日、東久邇《ひがしくに》内閣《ないかく》が倒《たお》れたあと少しごたごたしましたが、元外交官の幣原喜重郎《しではらきじゅうろう》さんが首相《しゅしょう》となって内閣《ないかく》が成立しました。その閣僚名簿《かくりょうめいぼ》をもって幣原《しではら》さんが宮中へやってきたところ、木戸《きど》さんが「ちょうどいいから」というので先の近衛《このえ》さんの一連の話を伝えます。すると幣原《しではら》さんは、ものすごい勢《いきお》いで突《つ》っぱねました。

「大日本帝国憲法《ていこくけんぽう》を改正する要などありません。マッカーサーがそんなことを日本政府《せいふ》に命令するなんて、とんでもないことです」

　木戸《きど》さんは、これはものすごい、降伏《こうふく》・占領《せんりょう》という現実《げんじつ》にうとい人が首相《しゅしょう》になってしまった――と驚《おどろ》いたでしょう。

　そして十月十一日、幣原《しではら》さんが閣議《かくぎ》で「どうも宮内省《くないしょう》では憲法《けんぽう》改正などということを考えて、近衛《このえ》さんを御用掛《ごようがかり》にして調査《ちょうさ》研究をはじめているらしい」と報告《ほうこく》すると、商法の権威《けんい》かつ法《ほう》律家《りっか》でもあり東大の教授《きょうじゅ》だった国務《こくむ》大臣の松本烝治《まつもとじょうじ》がカンカンに怒《おこ》りました。

「なにっ⁉　宮内省《くないしょう》で新憲法《けんぽう》の準備《じゅんび》をしている⁉　憲法《けんぽう》を改正することはもっとも重要な国《こく》務事項《むじこう》じゃありませんか。宮内省《くないしょう》や内大臣、いわんや御用掛《ごようがかり》なんかが取《と》り扱《あつか》ってはいけない問題です。筋違《すじちが》いも甚《はなは》だしい。改正するならもっぱらわれわれ内閣《ないかく》の輔弼《ほひつ》においてなされるべ

松本烝治（1877 - 1954）

きであって、それこそが立憲的《りっけん》なのです」

これに元外交官の芦田均《あしだひとし》ら、閣僚《かくりょう》がすべて賛同《さんどう》し、「憲法《けんぽう》を改正せねばならないのならわれらの手で」と内閣一致《ないかくいっち》のもと、松本烝治博士《まつもとじょうじはかせ》を中心に「調査《ちょうさ》委員会」をつくろう……と、内閣《ないかく》は内閣《ないかく》でやりはじめたのです。

これを受けて幣原《しではら》さんは、すぐに近衛《このえ》さんを呼《よ》んで経過《けいか》を説明し、手を引くよう引導《いんどう》を渡《わた》します。しかし「とんでもない、私《わたし》は天皇陛下《てんのうへいか》に委嘱《いしょく》されたのだから、最大の仕事として憲法《けんぽう》改正をきちんとやります」と強気の近衛《このえ》さん、引き下がるつもりなど毛頭ありません。すると「それは立憲《りっけん》的ではない！」と叫《さけ》ぶ松本烝治《まつもとじょうじ》さんと大げんかになります。

そこで近衛《このえ》さん、京都から佐々木惣一博士《ささきそういちはかせ》を呼《よ》び寄《よ》せて彼《かれ》にも御用掛《ごようがかり》の職《しょく》を与《あた》え、十月十三日夜、箱根の温泉宿《おんせんやど》に部屋を取って「さあどうぞはじめてください」と段取《だんど》りをつけたわけです。「わかりました」と快諾《かいだく》した佐々木博士《ささきはかせ》は、さらにこう言います。

「この憲法《けんぽう》改正の大事は、陛下《へいか》のご意思により、日本人の自由な立場で、日本人の憲法《けんぽう》を考えることなのですね」

これには近衛《このえ》さんも喜《よろこ》んで意気投合、二人は俄然《がぜん》、張《は》り切《き》るのです。

そんなこととはつゆ知らぬ内閣《ないかく》側は、松本《まつもと》委員長が中心になって十月二十五日「憲法《けんぽう》問題調《ちょう》査《さ》委員会」（通称松本《つうしょうまつもと》委員会）を発足《ほっそく》させます。メンバーは委員長に松本烝治《まつもとじょうじ》、そして顧問《こもん》に清水澄《しみずとおる》（枢密院《すうみついん》副議長・学士院《がくしいん》会員）、美濃部達吉《みのべたつきち》（学士院《がくしいん》会員・東大名誉教授《めいよきょうじゅ》）――戦前の天皇機関説《てんのうきかんせつ》問題で大問題となった方ですね、野村淳治《のむらじゅんじ》（東大名誉教授《めいよきょうじゅ》）がなります。以下、委員に宮沢俊義《みやざわとしよし》（東大教授《きょうじゅ》）、清宮四郎《きよみやしろう》、河村又介《かわむらまたすけ》、石黒武重《いしぐろたけしげ》、楢橋渡《ならはしわたる》、入江俊郎《いりえとしお》、佐《さ》藤達夫《とうたつお》、これにもう少し若《わか》い人たちが補助員《ほじょいん》としてつきます。さらに仕事が非常《ひじょう》に忙《いそが》しくなるため、枢密院《すうみついん》や貴族院《きぞくいん》からも参加者がありました。

だいたいにおいて松本《まつもと》さんが自分の仲間を集めたんで、見れば分かるようにたいてい東大系《けい》の憲法《けんぽう》学者です。それで「京大からも入れよう」と佐々木惣一《ささきそういち》さんにおうかがいを立てたものの、とんでもない、佐々木《ささき》さんはすでに近衛《このえ》さんと一緒《いっしょ》にやってますから、お断《ことわ》りしたようです。

そして十月二十七日、第一回総会《そうかい》が開かれ、松本《まつもと》委員長がこう言います。

「憲法《けんぽう》問題調査《ちょうさ》委員会という名称《めいしょう》をつけたのは、明治憲法《けんぽう》を改正するとか、しないとかいうことではなしに、ただそういうことの問題を研究する委員会という意味にすぎない。それに調《ちょう》査《さ》を充分《じゅうぶん》にするためには、たっぷり時間をかけたほうがいい。あまり早くやろうとすれば、どうしても行きすぎのようなことが起こる」

つまり、第一回の最初っから、憲法《けんぽう》改正を前提《ぜんてい》にしていないのです。明治の気骨《きこつ》ある、というのか、頑固《がんこ》というのか、委員長その人に国体《こくたい》を改変する考えなど、はなからなかったわけです。

◆白熱する憲法《けんぽう》草案論議《ろんぎ》

さて憲法《けんぽう》改正の動きが同時に両方ではじまりましたから、事あるごとに角突《つのつ》き合わせることになります。近衛《このえ》さんが記者会見すれば、内閣《ないかく》もなにかしら発表する。新聞記者は戸惑《とまど》いながらも、角突《つのつ》き合《あ》いが表面化するものだから両者の情勢《じょうせい》を書くわけです。

これを読んで「ちょっとまずいぞ」と思ったのはGHQでしょう。さらにもう一つ重要な問題は、そろそろ中国やソ連やオランダなどが、戦犯《せんぱん》問題やその名指しを強く主張《しゅちょう》する声を上げはじめたことです。当然、そこには元首相《しゅしょう》の近衛《このえ》さんの名が出てきます。その近衛《このえ》さんが、なんだかわからないうちに「GHQの委嘱《いしょく》によって」憲法《けんぽう》改正という大事な問題をやっているなんてことになるとまずいわけです。そこで十一月一日、こういうところは冷たいといいますか、突然《とつぜん》のようにGHQは声明を出し、近衛《このえ》さんを放り出してしまいます。

「日本憲法《けんぽう》改正に関し近衛《このえ》公が演《えん》じつつある役割《やくわり》については、大きな誤解《ごかい》があるように思われる。近衛《このえ》公は連合軍当局によって、この目的のために選任《せんにん》されたのではない」

憲法《けんぽう》改正の問題を近衛《このえ》さんに言ったのは、当時、彼《かれ》が東久邇《ひがしくに》内閣《ないかく》の副総理の立場だったからで、総辞職《そうじしょく》して浪人《ろうにん》となった人とはすでに無関係ですよ、と明言し、憲法《けんぽう》改正に関して近衛《このえ》さんとの関係は、今や皇室《こうしつ》との関わりにとどまっていて、連合国総《そう》司令部としては彼《かれ》をまったく支持《しじ》していない、つまり「おれたちは知ったこっちゃないよ」と見放したわけです。これには近衛《このえ》さんも腰《こし》が抜《ぬ》ける想《おも》いを味わったことでしょう。のちに彼《かれ》は、前回お話したように自決《じけつ》することになったんですね……。

ただ、ここで長々と近衛《このえ》さんの話をしたのは、この時、佐々木博士《ささきはかせ》がかなりがんばって憲法《けんぽう》草案をまとめたからなんです。松本《まつもと》委員会がはじめからのろのろやっている間に、こっちはやる気十分なんですから。近衛《このえ》さんはＧＨＱにも顔がききますし、要人と話せば何を要求しているのか情報《じょうほう》も得《え》られます。佐々木《ささき》さんはそれを伝え聞いてうまく加味しつつ、いわゆる近衛《このえ》憲法《けんぽう》改正大綱《たいこう》の案を作り上げたのです。ある意味で、もしこれがより具体化すれば、ことによったらことによったかな、という印象《いんしょう》もなくはないんです。その近衛大綱案《このえたいこうあん》の主要な部分だけ引きますと、

「一、天皇《てんのう》の統治権《とうちけん》を行なうは万民《ばんみん》の翼賛《よくさん》による旨《むね》を特に明《あきらか》にす」

つまり天皇陛下《てんのうへいか》に全部の統治権《とうちけん》があるというのではなく、それには国民全体の助けがある、だから天皇絶対主義《てんのうぜったいしゅぎ》ではないということです。

「二、天皇《てんのう》の憲法《けんぽう》上の大権《たいけん》を制限《せいげん》する（……）」

先にも上げました、天皇陛下《てんのうへいか》のもつものすごい大権《たいけん》を制限《せいげん》するということです。

「三、軍の統帥及編制《とうすいおよびへんせい》も国務《こくむ》なることを特に明《あきらか》にす（……）」

軍隊があったとしても、天皇《てんのう》の軍隊ではなく、国民の軍隊にするために内閣《ないかく》がそれを統制《とうせい》する、つまり文民統制《とうせい》を明確《めいかく》にするということです。

「四、臣民の自由を尊重《そんちょう》する（……）」

「臣民」なんて言葉を使ってることがちょっと古臭《ふるくさ》いんですが、佐々木博士《ささきはかせ》も明治の人ですから ね、要するに国民の自由を十分に尊重《そんちょう》するということです。

……といった項目《こうもく》がずらずらっと並《なら》んでいるんです。佐々木博士《ささきはかせ》は「日本人の憲法《けんぽう》を作るのだ」というつもりで、明治憲法《けんぽう》の基本線《きほんせん》はある程度《ていど》守りながらも、GHQの意向を考慮《こうりょ》しつつ、急いで、しかし熱心に作ったのです。もしもこれが具体化していれば、後に押《お》しつけなどといわれる、つまりマッカーサーが最初に表明したような、「お前たち何もやってないじゃないか、それならこっちで作る」とGHQから出たものを押《お》しつけられる事態《じたい》になったかどうか……歴史《れきし》に「もしも」はないとはいえ、少し残念な気持ちは残るのです。

こうして近衛《このえ》さん側の憲法《けんぽう》改正はなくなって、松本《まつもと》委員会のみに絞《しぼ》られました。ところが先ほど申しましたとおり、このメンバーは大学者ばかりです。そして顧問《こもん》といえば気骨《きこつ》ある明治の男ばかりで、「占領軍《せんりょうぐん》など知ったこっちゃない」の域《いき》に達している人たちです。たとえば、十一月八日に美濃部達吉博士《みのべたつきちはかせ》が委員会に提出《ていしゅつ》した意見書があります。これによると、憲法《けんぽう》の部分的改正など考えないほうがよい、やるなら全面改正だ、すなわち新憲法《けんぽう》をつくるのだ、と主《しゅ》張《ちょう》しています。本当にそんなつもりなのか、と思うと、次にこうあります。

「若《も》シ現在《げんざい》ノ状態《じょうたい》ヲ基礎《きそ》トスベシトセバ、陸海軍、外交、戒厳《かいげん》、兵役《へいえき》ニ関スル各条項《じょうこう》ヲ削除《さくじょ》スルヲ要スルト共ニ、第一条《じょう》ヲモ『日本帝国《ていこく》ハ連合国ノ指揮《しき》ヲ受ケテ天皇之《てんのうこれ》ヲ統治《とうち》ス』トイフガ如《ごと》キ趣旨《しゅし》ニ修正《しゅうせい》スル必要アルベシ」

「寧《むし》ロ現在《げんざい》ノ状態《じょうたい》ハ一時的ノ変態《へんたい》トシテ考慮《こうりょ》ノ外ニ置キ、独立国《どくりつこく》トシテノ日本ノ憲法《けんぽう》タラシムベキニ非《あら》ズヤ」

要するに、「全面改正だ」というのは、手足を縛《しば》られた今の状況《じょうきょう》下で憲法《けんぽう》をこちょこちょいじるよりも、全部変えてそれを連合国の命令によるものとしてしまったほうがいい。やむを得《え》ずやるなら、むしろ今の状態《じょうたい》を一時的な変態《へんたい》と考え、やがて占領《せんりょう》がすんで独立国《どくりつこく》になった時、もう一度、日本の憲法《けんぽう》を作り直せばいい——というわけです。とりあえずアメリカの気に入るようなインチキ憲法《けんぽう》でもなんでも作っておいて、奴《やつ》らが帰ってしまえば「やり直しー！」とすればいい、とまあ、スタートからして破天荒《はてんこう》な考え方だったんですね。

こうして憲法《けんぽう》改正問題がどんどん新聞などで目立ちはじめると、当然、「自分はこう考える」といろいろな草案が出てきます。たとえば十一月十二日の朝刊《ちょうかん》に日本共産党《きょうさんとう》の「新憲法《けんぽう》案骨《こっ》子《し》」が発表されます。

一、主権《しゅけん》は人民にあり。

二、民主議会は主権《しゅけん》を管理す。（……）

三、政府《せいふ》は民主議会に責任《せきにん》を負《お》う。（……）〔四、は省略《しょうりゃく》〕

五、人民は政治的《せいじてき》、経済的《けいざいてき》、社会的に自由であり、かつ議会および政府《せいふ》を監視《かんし》し、批判《ひはん》する自由を確保《かくほ》する。（以下略《いかりゃく》）

これなどは天皇制《てんのうせい》の真《ま》っ向《こう》からの批判《ひはん》ですね。そういったものがいくつも出てきました。

◆案じられた天皇制《てんのうせい》のゆくえ

さて、憲法《けんぽう》の議論《ぎろん》が盛《さか》んになってくると、最初に戻《もど》って、国体《こくたい》――その基本《きほん》にある天皇陛下《てんのうへいか》の身柄《みがら》――はどうなるのかの問題が改めて浮上《ふじょう》してきます。本当に明治憲法《けんぽう》をちょっと手直しするだけで、天皇《てんのう》の身柄《みがら》はこのまま安泰《あんたい》なのだろうか……。

そんな折、十月十八日の各新聞に、アメリカ大統領《だいとうりょう》トルーマンの記者会見談話が掲載《けいさい》されました。

「天皇《てんのう》の運命は、日本人民の選挙によって決定すると故《こ》ルーズベルト大統領《だいとうりょう》がいったということは、自分は聞いていない。しかし自分の考えは、この案に賛成《さんせい》である。日本人民が自由な選挙で、天皇《てんのう》の運命を決定する機会を与《あた》えられるのはいいことである」

すると「天皇《てんのう》の運命はわれわれが決めればいいんだ」と共産党《きょうさんとう》や社会党《しゃかいとう》などがハッスルし、新聞はまた一斉《いっせい》に「天皇制《てんのうせい》の運命はまさに選挙に問うのも一案」などの大見出しで書き立てます。こうして、松本《まつもと》委員会が憲法《けんぽう》の議論《ぎろん》をはじめた頃《ころ》、国民の間では「天皇陛下《てんのうへいか》をどうするか」

がたいそう話題となりました。それはもう、あの頃《ころ》の新聞を見れば本当によく論議《ろんぎ》されてますし、投書欄《とうしょらん》などにはのべつ出てきます。当時のことを、天皇《てんのう》の一番の側近であった藤田侍従《ふじたじじゅう》長《ちょう》は、戦後に書いた回想録でこう記しています。

「このころは新聞を開いて〝天皇《てんのう》〟という字を見るのが、何となく心重《こころおも》かったものだ。何が書かれているか、読み終えるまで軽い焦燥《しょうそう》をおぼえた。しかし、陛下《へいか》は一言も天皇制《てんのうせい》や戦争責任論《せきにんろん》について、私《わたし》たち側近にも仰《おお》せにならなかった。新聞やラジオの論調《ろんちょう》にも気をくばっておいでになることは、私《わたし》たちにも分ったが、それについて具体的な反応《はんのう》をお示《しめ》しになったことはない」

「早く天皇《てんのう》を退治《たいじ》せよ」なんてことまで、十月から十一月にかけて本当にいろいろ書かれたのですが、昭和天皇《てんのう》はじーっと沈黙《ちんもく》を守っていたようです。

先ほどのトルーマンの談話に関してひとつだけ、「なにくそーっ」という思いを書いた、山田《やまだ》風太郎《ふうたろう》さんの十一月十二日の日記を紹介《しょうかい》します。

「今や日本がまる裸《はだか》となってから『われらは天皇制《てんのうせい》を支持《しじ》すると曾《かつ》て言明《げんめい》したことはない』と（トルーマンは）放言しようとしている。日本みずから進んで欺《あざむ》かれたのだとも云《い》えるが、敵《てき》も進んで欺《あざむ》いたのである。……／しかし、余《よ》思うに、日本人に天皇《てんのう》は必要である。われわれは八月十五日に於《お》ける天皇《てんのう》に対する戦慄《せんりつ》的な敬愛《けいあい》の念を忘《わす》れることは出来ない。／いずれにせよ、敵《てき》が天皇制《てんのうせい》を認《みと》めようと否定《ひてい》しようと、それは米国自身の都合による。そしてまた絶対廃止《ぜったいはいし》とまで（アメリカ側が）自信のないことは、終戦時の『沈黙《ちんもく》』及《およ》び今の小姑《こじゅうと》的な言動から推《お》しても明らかである。われわれは心をひきしめて敵《てき》を見すえ、『日本の珠玉《しゅぎょく》』（天皇陛下《てんのうへいか》のこと）を護《まも》りぬかなくてはならない。ひとたびこの珠壊《たまくだ》けんか、それは永遠《えいえん》に返らない。われわれの時代にこの取返しのつかぬ失態《しったい》をしてはならない」

まる裸《はだか》、これは軍隊がなくなったことですね。敵《てき》も進んで欺《あざむ》いた、というのは、例の「国《こく》体変更《たいへんこう》なきことを条件《じょうけん》にポツダム宣言《せんげん》を受諾《じゅだく》したのだ」との思いがやっぱり頭に浮《う》かぶんですねえ。いい加減《かげん》にごまかしやがったんだ、という思いが。終戦の時にもろくな返事を寄越《よこ》さなかった連合国側が、今になっても小姑《こじゅうと》みたいに「おれたちは知らないよ」なんて言ってるのは自信がない証拠《しょうこ》であると――それにしても、山田風太郎《やまだふうたろう》さんは愛国者ですねえ、天皇陛下《てんのうへいか》をお好きなんですねえ。僕《ぼく》ら中学生はここまで考えてませんから、「どうなっちゃうんだろう、天ちゃんは」くらいの会話しかしてませんでしたけど。

とにかくその頃《ころ》は、いっぽうで憲法《けんぽう》の論議《ろんぎ》をし、いっぽうで天皇《てんのう》の運命について論議《ろんぎ》をする……腹《はら》が減《へ》ってしょうがない時によくまあ、えらいものでした。

さて新聞の論調《ろんちょう》を受けて、十一月から第89議会がはじまります。何度も申しますが、昭和十七年（一九四二）の翼賛《よくさん》選挙で選ばれた人たちですから、発言も勇ましいんです。十一月二十九日、これまで何度も出てきました斎藤隆夫《さいとうたかお》議員が登壇《とうだん》します。

「いかに憲法《けんぽう》を改正するとも、これによってわが国の国体《こくたい》を侵《おか》すことはできない。統治権《とうちけん》の主体に指をふるることは許《ゆる》されない」

要するに、天皇陛下《てんのうへいか》に指を触《ふ》れることは許《ゆる》されない、とこの人まで叫《さけ》ぶのです。これに合わせて鳩山一郎《はとやまいちろう》さんが出てきます。

「天皇《てんのう》が統治《とうち》したまうということが、国民の血肉となっている信念である。日本は族長的国家の典型的《てんけいてき》なもので、一大家族的集団《しゅうだん》である。この美しさを土台として発展《はってん》してきた日本の中心は天皇《てんのう》である。われわれは国家の中心を失うことは絶対《ぜったい》にできないのである」

議会そのものは天皇制護持《てんのうせいごじ》で、憲法《けんぽう》改正などとんでもない、といった勢《いきお》いです。議場の外では、もちろん共産党《きょうさんとう》はこれに反対し、社会党《しゃかいとう》は、むしろイギリスの王室のように民主化された天皇制《てんのうせい》にすればいいんじゃないか、などとごちゃごちゃ議論《ぎろん》はありましたが。

いっぽう政府側《せいふがわ》は断固《だんこ》として天皇制護持《てんのうせいごじ》です。幣原首相《しではらしゅしょう》は、

「もし憲法《けんぽう》の若干《じゃっかん》の条規《じょうき》を改正することによって、将来《しょうらい》の疑義《ぎぎ》を閉《と》ざし、濫用《らんよう》のおそれを断《た》ち、国運の伸張《しんちょう》に貢献《こうけん》し得《え》らるるものがあると認《みと》める場合には、この方向に歩を進めることが望ましい」

つまり、若干《じゃっかん》の項目《こうもく》をいじることで少しでも日本の国が進歩していくならば、その程度《ていど》の改正はしてもよろしい――これも大幅《おおはば》な改正などはまったく考慮《こうりょ》していないことを言外に表明しているわけです。

さらに十二月八日の予算委員会で、松本烝治《まつもとじょうじ》委員長が、質問《しつもん》に答えて、いわゆる「松本《まつもと》四

原則《げんそく》」を打ち出します。これは発表のかたちでしたから、広く知られるようになります。

①天皇《てんのう》が統治権《とうちけん》を総攬《そうらん》せらるる原則《げんそく》に変更《へんこう》がない。——明治憲法《けんぽう》の第一、三、四条《じょう》をさします。

②議会の権限《けんげん》を拡充《かくじゅう》し、従来《じゅうらい》のいわゆる大権事項《たいけんじこう》を制限《せいげん》する。——根本は変わらないけれども、大権《たいけん》のほんの少しは制限《せいげん》する、といってもこれはごく自然な程度《ていど》です。

③国務《こくむ》大臣の輔弼《ほひつ》の責任《せきにん》を国務全般《こくむぜんぱん》にし、それ以外のものの介在《かいざい》する余地《よち》なからしめる。国務《こくむ》大臣は議会にたいして責任《せきにん》をもつ。——それ以外のもの、とはつまり国務《こくむ》大臣の仕事を邪魔《じゃま》し続けてきた軍部のことで、もうそういうことはさせない、内閣《ないかく》のみがきちんと責任《せきにん》をもってこの国をリードしていくと。

④臣民の自由、権利《けんり》を保護《ほご》し、国家の保障《ほしょう》を強化する。——ここも「臣民」ではありますが、民衆《みんしゅう》を自由にするというのは連合国側の要請《ようせい》ですから。

これが、「改正はこの程度《ていど》で進める」という松本《まつもと》委員会の基本《きほん》となるわけです。

さて国民はこれをどう思っていたのでしょうか。当時は皆《みな》が食うために走り回っていますから、今のようにすぐ世論調査《よろんちょうさ》をする余裕《よゆう》はありません。ただ、面白《おもしろ》い資料《しりょう》が残っていて、十二月に東大社会学研究所が行なった調査《ちょうさ》です。ただし千百三十一人の対象《たいしょう》は東大生に限《かぎ》られていました。それによると、「天皇制否定《てんのうせいひてい》」が六パーセントだったのに対し、「天皇制支持《てんのうせいしじ》」は七五パーセントにのぼりました。でもこのままでいいというのではなく、「一部改革《かいかく》すべき」がうち四〇パーセント、もっと「根本的に改革《かいかく》すべき」が三五パーセントでした。要するに、ごまかしの憲法《けんぽう》改正による改革《かいかく》はだめだ、ある程度《ていど》きちんと手直しせよ、と多くの人が思っていたのです。もちろん東大生の意見なのですが、ごく普通《ふつう》にみて、おそらく一般《いっぱん》国民も同じような考えだったのではないでしょうか。

◆尻込《しりご》みしたメンバーたち

こんなふうに昭和二十年の秋から暮《く》れにかけて、憲法《けんぽう》改正問題に天皇制《てんのうせい》の運命も絡《から》んでなにかごちゃごちゃしていたのですが、そんな暮《く》れも押《お》し詰《つ》まった十二月二十一日、マッカーサーがというのではなく、ＧＨＱが当局談として次の新聞発表を行ないました。これはちょっと「えっ!?」と驚《おどろ》くような内容《ないよう》で、問題を起こすことになります。

「ポツダム宣言《せんげん》の主張《しゅちょう》する『日本国民の自由に表明した意思に基《もと》づく』（日本側の要求に対する連合国側の回答ですね――半藤注、以下カッコ内同じ）最終的政府形態《せいふけいたい》の樹立《じゅりつ》を促進《そくしん》するため、直接間接《ちょくせつかんせつ》に悪影響《あくえいきょう》を及《およ》ぼす一切《いっさい》の障害《しょうがい》を除《のぞ》くべく、総《そう》司令部はこれまで日本政府《せいふ》にたいし幾多《いくた》の指令を行なった（前回までにたくさんお話したとおりです）。神道《しんとう》に関する指令は、政府《せいふ》がいかなる形態《けいたい》をとるべきかという新たな問題について、最後の推進《すいしん》を与《あた》えるものである。日本の民主化に関する基本的《きほんてき》指令は一応《いちおう》出つくした。今後は日本の民主的再建《さいけん》は日本自体の問題となっている」

つまり、ＧＨＱとしてはもう指令は出さない。だから新しい政府《せいふ》の形態《けいたい》、すなわち天皇制《てんのうせい》をどうするかは、日本自身が決めることだ。さあ、おまえたちの問題なのだから早く（最後に残った新憲法《けんぽう》を）決めてこい、というわけです。

これを読んだ松本《まつもと》委員長はショックというのか、「何？　そんなに急《せ》かすというのか」と俄然《がぜん》ハッスルして、「ならば年内に審議《しんぎ》を終え、天皇制《てんのうせい》と国体《こくたい》の護持《ごじ》を憲法《けんぽう》的にしっかり決めて、安定の基礎《きそ》を固めたうえでＧＨＱに突《つ》きつけてしまおう」と考えたんです。

そして十二月二十二日、松本《まつもと》委員会は総会《そうかい》を開きました。この時の議論《ぎろん》がちょっとおもしろいんですよ。児島襄《こじまのぼる》さんが著書《ちょしょ》『史録《しろく》日本国憲法《けんぽう》』で紹介《しょうかい》しているものや他の史料《しりょう》なども参考に、議論《ぎろん》を私《わたし》流に一部を再現《さいげん》してみますと、まず美濃部達吉《みのべたつきち》先生の提案《ていあん》です。

「国称《しょう》の大日本帝国《ていこく》についてだが、敗戦国が〝大〟というのは適当《てきとう》ではないようだ。〝帝国《ていこく》〟も語感があまりよろしくない。ただの〝日本国〟としてはどうだろうか。で、第一条《じょう》の『大日本帝国《ていこく》は万世一系《ばんせいいっけい》の天皇之《てんのうこれ》を統治《とうち》す』を『日本国は君主制《くんしゅせい》とし万世一系《ばんせいいっけい》の天皇《てんのう》を君主とす』とすることを提案《ていあん》する。また、第四条《じょう》の『天皇《てんのう》は国の元首にして……』の〝元首にして〟を削《けず》ってはどんなものか」

これに対して宮沢俊義《みやざわとしよし》東大教授《きょうじゅ》――私《わたし》はこの人に憲法《けんぽう》を習ったんですが、ごっつい先生でした――が答えます。

「そこまではっきりさせるならば、第一条《じょう》に『統治《とうち》は臣民の輔翼《ほよく》によりて行なう』とつけ加えて、民主主義《しゅぎ》を表明するのがよいと思われます」

今度は河村又介《かわむらまたすけ》九州大教授《きょうじゅ》が言います。

「いや、臣民という言葉には封建的《ほうけんてき》な響《ひび》きが感じられます。国民としたほうがよろしいのではないですか」

これを聞いた美濃部《みのべ》先生は突然《とつぜん》、怒《おこ》り出しました。

「臣民は臣民でいいじゃないですか。御詔勅《ごしょうちょく》には『汝《なんじ》臣民』とある。これを変えるということは、国体《こくたい》を変革《へんかく》することにもつながりかねない」

これに野村淳治《のむらじゅんじ》東大名誉《めいよ》教授《きょうじゅ》が加勢《かせい》します。

「臣民が当然だと私《わたし》も思いますな。イギリスでも国王に対するサブジェクト、すなわち臣民となっています。国民にあたる言葉となればシティズンでしょうが、シティズンは共和国民でありますしね」

美濃部《みのべ》さんは勢《いきお》いづいて、

「そうそう、それに宮沢《みやざわ》君の言う『輔翼《ほよく》』も納得《なっとく》ができん。『輔翼《ほよく》』と『協賛《きょうさん》』はどう違《ちが》うのか、全然はっきりしないではないか」

……最後の段階《だんかい》になって、こういうことを議論《ぎろん》してるんですねえ。これでは日本人の手による憲法《けんぽう》ができるはずないんですよね。

続いて、問題は第三条《じょう》の「天皇《てんのう》は神聖《しんせい》にして侵《おか》すべからず」に移《うつ》ります。大方の意見としては、ＧＨＱからの「日本は神がかりの国」という批判《ひはん》を受け、「神聖《しんせい》」の言葉は訂正《ていせい》することで一致《いっち》しましたが、では具体的にどうするかとなると、また紛糾《ふんきゅう》します。野村《のむら》先生が、

「これは立憲《りっけん》君主の政治的無答責《せいじてきむとうせき》の規定《きてい》でありますから（要するに、立憲《りっけん》君主は政治的責任《せいじてきせきにん》は問われないことを表すための条文《じょうぶん》だから）、はっきりと『天皇《てんのう》は統治権《とうちけん》の行使につき責任《せきにん》を負わず』とすればいいのではないでしょうか」

すると松本《まつもと》委員長が、

「ではありますが、日本の天皇《てんのう》の神聖《しんせい》なるところも残しておきたい。で、条文《じょうぶん》を二つに分けて、第一項《こう》に無答責《むとうせき》を明示《めいじ》し、第二項《こう》で天皇《てんのう》の『尊厳《そんげん》は侵《おか》すべからず』としたらどうだろうか」

これに野村《のむら》さんが答えます。

「ウム、しかし『尊厳《そんげん》』とはすなわちディグニティで、名誉《めいよ》だけを意味する。生命身体は侵《おか》してもいいのかということになりかねない。むしろ『天皇《てんのう》は至尊《しそん》にして』とするほうがよろしい」

すると清宮四郎《きよみやしろう》東北大教授《きょうじゅ》が言います。

「いっそのこと、『天皇《てんのう》は国の元首にして侵《おか》すべからず』と明確《めいかく》に規定《きてい》してはどうか」

これに美濃部《みのべ》先生が反対します。

「いやいや、『天皇《てんのう》の身位は侵《おか》すべからず』とすべきだ」

――この議論《ぎろん》を丹念《たんねん》に追っていくと、いやぁ大学の先生とはたいへんなというのか、なんというのか、とにかく細かいところまで規定《きてい》したがる……こうして意見はなかなかまとまらず、結

局、第一条《じょう》から第四条《じょう》は決定保留《ほりゅう》、つまり触《さわ》らないことになったんです。なんのために最後の総会《そうかい》を開いたんだか、要するに皆《みな》が天皇《てんのう》の地位に関する条項《じょうこう》には触《ふ》れたくないんです。ただ〝民主的な味付け〟をする修正《しゅうせい》にとどめたいがために各先生方が思《おも》い悩《なや》んだということだけは明瞭《めいりょう》で、「ここで何としても決める」という意欲《いよく》にはまったく欠けていて、ほとんどの人が憲《けん》法《ぽう》改正には積極的でないどころか、尻込《しりご》みしていたんです。

ここで余談《よだん》をひとつ。議会開催《かいさい》中、いろんな委員会で憲法《けんぽう》問題と同時に、天皇陛下《てんのうへいか》についても論《ろん》じられるわけですが、なかにこういう傑作《けっさく》な話もありました。

まだ松本《まつもと》委員会総会《そうかい》が開かれる前ですが十二月十一日、社会党《しゃかいとう》の水谷長三郎《みずたにちょうざぶろう》議員が、先ほどの明治憲法《けんぽう》第一条《じょう》から第四条《じょう》をそのまま残しておいたのでは憲法《けんぽう》すなわち日本の民主化は不可能《ふかのう》であるとして追及《ついきゅう》したのです。これに対して松本烝治《まつもとじょうじ》大先生が、

「天皇制《てんのうせい》と民主主義《しゅぎ》とが両立しないとか、天皇制《てんのうせい》がなくなれば民主主義《しゅぎ》になり得《え》るとか、そんなふうに考えるのは絶対《ぜったい》に間違《まちが》いである」

と突《つ》っぱねたんです。すると、池田正之輔《いけだまさのすけ》議員が、

「国家が滅《ほろ》んだのだから、あらゆる法規《ほうき》は御破算《ごはさん》にしてかからねばならない。もちろん最高法《ほう》規《き》であるところの憲法《けんぽう》においても然《しか》り。全面改正すべきである」

と真《ま》っ向《こう》からぶつかってきました。その時の松本《まつもと》さんの答弁《とうべん》がまことに愉快《ゆかい》というのか、おかしいというのか……ともかくしゃあしゃあとこう言ったのです。

「日蝕《にっしょく》があるがゆえに太陽がなくなっているというのは、間違《まちが》っている。……太陽はなくなっておらないのである」

太陽（天皇《てんのう》）はなくなったのではなく、影《かげ》に隠《かく》れて見えなくなっているだけなんだ——この話は新聞にも出ますから、「天皇日蝕論《てんのうにっしょくろん》」として当時ものすごく話題になりました。これを聞いた連合国側は、「うーむ、松本《まつもと》はその太陽の光を弱めようとしているのか、強めようとしているのか」と、その後の委員会の成り行きを懸念《けねん》をもって眺《なが》めたとか。

　これで今回の話は終わりでいいのですが、ひとつだけ付け加えておきますと、松本《まつもと》委員会とは全然別に当時、民間の有識者《ゆうしきしゃ》の間でも憲法論議《けんぽうろんぎ》がなされていまして、なかで十二月二十六日、民間最初の憲法《けんぽう》草案が発表されました。前にも出ました近衛《このえ》さんの盟友《めいゆう》である岩淵辰雄《いわぶちたつお》さんをはじめ、杉森孝次郎《すぎもりこうじろう》、鈴木安蔵《すずきやすぞう》、高野岩三郎《たかのいわさぶろう》、馬場恒吾《ばばつねご》、室伏高信《むろぶせこうしん》、森戸辰男《もりとたつお》の各氏ら、在野《ざいや》の政治評論家《せいじひょうろんか》や学者でつくる「憲法《けんぽう》研究会」による独自《どくじ》の作成案です。その一部をあげますと、

一、日本国の統治権《とうちけん》は日本国民より発す。

二、天皇《てんのう》は国民の委任《いにん》により専《もっぱ》ら国家的儀礼《ぎれい》を司《つかさど》る。

当時は知られませんでしたが、ＧＨＱがこの案に強い関心をもったようです。つまり天皇《てんのう》は二のようなかたちで存続《そんぞく》させるのがいい、というサジェスチョンにもなったわけです。

いずれにしろ、皆《みな》が腹《はら》がへってそれどころじゃないよ、という時代に、誰《だれ》に頼《たの》まれることな

く自らこうして真面目に研究している方々がいて、結果的に後の憲法《けんぽう》に影響《えいきょう》を与《あた》えた事実があるということです。

これで昭和二十年がようやく終わります。そして問題の昭和二十一年を迎《むか》えます。いよいよ松本《まつもと》委員会の、論議《ろんぎ》しているんだかいないんだかわからないのろのろした歩みに業《ごう》を煮《に》やしたＧＨＱが「ならばおれたちがやる」と乗り出してきます。それについては次回以降《いこう》ということにいたします。

＊1――『東京旋風《せんぷう》――これが占領軍《せんりょうぐん》だった』一九五四年、時事通信社（井上勇《いのうえいさむ》訳《やく》）。

第四章

人間宣言《せんげん》、公職《こうしょく》追放《ついほう》

そして戦争放棄《ほうき》

共産党《きょうさんとう》人気、平和憲法《けんぽう》の萌芽《ほうが》

この章の

ポイント

一九四六（昭和二十一）年一月一日、天皇《てんのう》による人間宣言《せんげん》が発表されました。これはマッカーサーによる天皇《てんのう》の戦争責任《せきにん》を免《まぬが》れさせるためのアイデアでした。そして一月四日には「公職追放《こうしょくついほう》」の指令が出されます。対象《たいしょう》は広く、軍人、官僚《かんりょう》はもちろん、経済界《けいざいかい》や言論界《げんろんかい》にも及《およ》びました。また一月二十四日には幣原首相《しではらしゅしょう》がマッカーサーを訪問《ほうもん》。この時の会話の中で、現在《げんざい》の憲法《けんぽう》九条《じょう》の基《もと》となる「日本は軍隊をもたない、戦争をしない」ということが話されたと言われています。

キーワード

人間宣言《せんげん》／教育勅語《ちょくご》／修身《しゅうしん》／公職追放《こうしょく》／日本共産党《きょうさんとう》／野坂参三《のさかさんぞう》／極東国際《こくさい》軍事法廷《ほうてい》（東京裁判《さいばん》）／A級戦犯《せんぱん》／共同謀議／天皇《てんのう》の戦争責任《せきにん》

◆天皇陛下《てんのうへいか》、「人間」になる

幣原内閣《しではらないかく》で、松本《まつもと》委員会が中心になって憲法《けんぽう》を改憲《かいけん》しよう、いや明治憲法《けんぽう》のままでいいんだ、と議論《ぎろん》をしている時、ＧＨＱには、諸外国《しょがいこく》から「天皇《てんのう》の戦争責任《せきにん》をどうしても放っておくことはできない」という声が突《つ》きつけられてきました。そのつもりはまったくないマッカーサーも、さすがに「そんな意見は聞かん」とひとことで抑《おさ》えてしまうわけにいきません。もっともアメリカ国務省《こくむしょう》内ではまだ、やはり天皇《てんのう》の戦争責任《せきにん》を追及《ついきゅう》すべきではないかという意見と、いや天皇《てんのう》は別人格《べつじんかく》である、なにより戦争を止める時にどれほど天皇《てんのう》の力が大きかったか、絞首刑《こうしゅけい》にするなんてことになると日本国民は黙《だま》っていないだろうという意見とがあって揉《も》めている最中で、マッカーサーは、なんとか天皇《てんのう》を法廷《ほうてい》に引き出さないようにするいい手段《しゅだん》はないかと考えていました。

そんなある時、マッカーサーがつぶやくように、侍医《じい》のエグバーグ中佐に次のようなことを言いました。「天皇《てんのう》の戦争責任《せきにん》を免《まぬが》れさせるためには、日本人の言う『天皇《てんのう》は神である』、つまり現人神《あらひとがみ》であるという信仰《しんこう》を、天皇《てんのう》自らが否定《ひてい》すれば、連合国も歓迎《かんげい》し、その戦争責任《せきにん》を追及《ついきゅう》する声もいくらかやわらぐのではないか」

これをエグバーグ中佐が、同僚《どうりょう》や民間情報《じょうほう》教育局（ＣＩＥ）のハロルド・ヘンダーソン中佐に話しました。するとヘンダーソン中佐は「いいアイデアかもしれない、日本側でこれについて考えてもらえれば」と、友人でもある学習院大学の英文学教授《きょうじゅ》レジナルド・ブライスさんに意向を伝えました。つまり、天皇《てんのう》が自らの神格否定《しんかくひてい》を詔書《しょうしょ》で発表できないだろうか。GHQもそれを期待している、というように話したのです。

ブライスさんは、その経緯《けいい》を学習院の山梨勝之進《やまなしかつのしん》院長——覚えていますか。ロンドン軍縮《ぐんしゅく》条約《じょうやく》（一九三〇）で艦隊派《かんたいは》と条約派《じょうやくは》がもめた時の条約派《じょうやくは》の旗頭《はたがしら》ともいえる元海軍次官です。のちに艦隊派《かんたいは》が天下を取ったため早めに海軍を予備役《よびえき》（現役《げんえき》を終えた常備兵役《じょうびへいえき》）となり、戦後は学習院の院長を務《つと》めていました——に話しました。それからはトントンと話が具体化していき、アメリカがまず原案を作りました。この英文があまりうまくなかったので、英語練達《れんたつ》の幣《しで》原首相《はらしゅしょう》が手を入れ、さらにそれを翻訳《ほんやく》する際《さい》に山梨《やまなし》さんらが体裁《ていさい》を整えて詔勅《しょうちょく》が出来上がりました。

ただし、これがいかにもひどい日本語なんですね。アメリカ人が書いた、関係代名詞《だいめいし》をいくつも使った文章をそのまま訳《やく》したものだから、何が何だかわからない日本語になった典型的《てんけいてき》な例なんです。肝心要《かんじんかなめ》の箇所《かしょ》を読み上げてみます。

「朕《ちん》と爾等《なんじら》国民との間の紐帯《ちゅうたい》は、終始相互《そうご》の信頼《しんらい》と敬愛《けいあい》とに依《よ》りて結ばれ、単なる神話と伝説とに依《よ》りて生ぜるものに非《あら》ず。天皇《てんのう》を以《もっ》て現御神《あきつみかみ》とし、且《かつ》日本国民を以《もっ》て他の民族に優越《ゆうえつ》せる民族にして、延《ひい》て世界を支配《しはい》すべき運命を有すとの架空《かくう》なる観念に基《もと》くものにも非《あら》ず」

いっぺん読んだだけでは、何を言ってるんだかさっぱりわかりませんが、要するに、天皇陛下《てんのうへいか》は神ではない、日本民族が世界に冠《かん》たる優秀《ゆうしゅう》民族であり世界を支配《しはい》する資格《しかく》をもっているというのも嘘《うそ》である、ということです。

昭和天皇《てんのう》自身は、山梨《やまなし》さんや幣原《しではら》さん、側近の石渡荘太郎《いしわたそうたろう》宮内《くない》大臣らがもってきたものについては承知《しょうち》したものの、これに前文として、明治天皇《てんのう》が制定《せいてい》した「五箇条《ごかじょう》の御誓文《ごせいもん》」*1をくっつけてほしいと強く希望し、結局そうなりました。だから人間宣言《せんげん》には、なんのためだかよくわからない「五箇条《ごかじょう》の御誓文《ごせいもん》」がいきなり出てくるんです。ＧＨＱも「何だこれは？」と思ったでしょうが、近代日本の精神《せいしん》を記したものと説明して納得《なっとく》させたようです。

こうして昭和二十年（一九四五）十二月三十一日、閣議《かくぎ》の決定を経《へ》て英文訳《えいぶんやく》の詔書《しょうしょ》がＧＨＱにもたらされたのですが、折り返しまさにその日、ＧＨＱからある指令が届《とど》きました。それは、今後教育において、日本の歴史《れきし》、地理、修身《しゅうしん》を教えてはいけない、これらの三課目を廃止《はいし》せよという命令です。

私《わたし》は今でも記憶《きおく》によく残っていて、一月一日に天皇《てんのう》人間宣言《せんげん》の詔勅《しょうちょく》が発表されて新聞に載《の》ったのは、読んでもさっぱりわかりませんし、気になりませんでしたが、同時に、ＧＨＱの指令により修身《しゅうしん》と日本歴史《れきし》と地理の三課目をただちに廃止《はいし》するという記事がどーんと出た時、「えっ⁉　じゃあ日本人はこの先、歴史《れきし》というものを教えてもらえないのか。自分の国の歴史《れきし》を全否定《ひてい》されて、それを教わらないまま学校を卒業する生徒が出てくるのか」とびっくりした覚えがあります。現実《げんじつ》に以降《いこう》、この三課目は教えられなくなります。その指令は次のようなものでした。

「去る十二月十五日命令された国家神道《しんとう》の廃止《はいし》にかんする指令の主旨《しゅし》に基《もと》づき、また日本政府《せいふ》がこれまで軍国主義《しゅぎ》、極端《きょくたん》な国家主義《しゅぎ》鼓吹《こすい》のため、それらの教科書をもって教育をおこなってきた実情《じつじょう》にかんがみ、左のとおり命令する。

①一切《いっさい》の教育機関における修身《しゅうしん》、日本歴史《れきし》、地理の三課目を直《ただ》ちに廃止《はいし》し、総《そう》司令部より許可《きょか》あるまでは再開《さいかい》を許《ゆる》さない」

以下、②三課目にかんする文部省の法令などを全部廃止《はいし》する、③教科書と先生の持っている教本を全部回収《かいしゅう》する、④日本政府《せいふ》が希望するのなら代案を提出《ていしゅつ》せよ――と続きます。こうして突然《とつぜん》降《ふ》ってわいたような指令によって、戦前の教育の基本《きほん》であった修身《しゅうしん》はじめ、日本の子供《こども》たちを教える基本《きほん》となっていた教育勅語《ちょくご》が全否定《ひてい》されたわけです。いや、じつはこの時はまだご真影《しんえい》と教育勅語《ちょくご》は禁止《きんし》されていなかったものの、教えてはいけないのですから全否定《ひてい》と言っていいでしょう。そしてこれをまた、当時の政府《せいふ》は唯々諾々《いいだくだく》として受けたのです。

ちなみに修身《しゅうしん》というのは、親孝行《おやこうこう》しなさい、友人と仲良くしなさい、一所懸命《いっしょけんめい》勉強しなさい、などの道徳教育です。人間としての生き方、日本人がもっていなくてはならない徳目、たとえば祖先《そせん》を敬《うやま》いなさい、年上の人を大切にしなさい、礼儀《れいぎ》正《ただ》しくしなさい、といったことを、中《なか》江藤樹《えとうじゅ》[*2]が母親を非常《ひじょう》に大事にした、二宮金次郎《にのみやきんじろう》[*3]が働きながら一所懸命《いっしょけんめい》勉強した、などおもに過《か》去《こ》のお話から具体例で教える教科書のことです。また教育勅語《ちょくご》は、そうした人として守らねばならない徳目に、さらに、いったん緩急《かんきゅう》あれば義勇《ぎゆう》公に奉《ほう》ず、つまり戦争の際《さい》には我《わ》が身《み》を捨《す》てて喜《よろこ》んで国のために戦死せよという教えなどを小中学生にさとしたものです。われわれは「夫婦相和《ふうふあいわ》し……朋友相信《ほうゆうあいしん》じ……」と暗記させられたものですが、暗唱できないようではよき少国民ではありませんでした。ようするに、明治以降《いこう》の日本人をつくりあげる基本《きほん》が、教育勅語《ちょくご》と修身《しゅうしん》にあったわけです。

　というわけで、人間宣言《せんげん》にしてもそうですが、連合国や世界の国々が「日本は戦前の軍国主《しゅ》義《ぎ》をまったく否定《ひてい》して、新しい国になろうとしているのだなあ」と理解《りかい》したように、明治以来、日本の国をつくってきた「国体《こくたい》」はここに全否定《ひてい》され、天皇陛下《てんのうへいか》を中心とする一種の信仰《しんこう》のような、日本人を支《ささ》えてきた精神構造《せいしんこうぞう》はすべてここで吹《ふ》っ飛《と》んだと言っていいでしょうね。

　では代わりに何が日本人の精神《せいしん》を支《ささ》えるのか。それはアメリカ式民主主義《しゅぎ》ということになる。これからの日本は、アメリカ式民主主義《しゅぎ》によって再建《さいけん》されなければならないわけです。

　もっとも当時は、修身《しゅうしん》・歴史《れきし》・地理の教育がなくなる、「課目が減《へ》って万歳《ばんざい》！」なんて喜《よろこ》んだ怠《なま》け者《もの》もいたんです。確《たし》かに、考えれば暗記物がなくなるのですからラクになる。でも実はこれ、由々《ゆゆ》しきことですよね。神話ももちろん教えられなくなって、日本の国がよってきたるところの淵源《えんげん》が全部すっ飛ばされたんですから。こうした無から新しい日本人が生まれなきゃならないことになる。さて、根元を喪失《そうしつ》していてどういう日本人が生まれたのか。それが、これからの話になるのです。

ところで、山田風太郎《やまだふうたろう》や漫談家《まんだんか》で随筆家《ずいひつか》の徳川夢聲《とくがわむせい》など、今私《わたし》たちが読める当時の日記を見ても、一月一日の人間宣言《せんげん》の詔勅《しょうちょく》についての感想はあまりありません。今さら天皇《てんのう》は神じゃないと言われても当たり前だと思ったのか、日本人はそうびっくりしなかったみたいですね。かえってアメリカや連合国の人たちの方が驚《おどろ》いたようです。作家の高見順《たかみじゅん》が、わずかに日記で触《ふ》れています。

「かようなことを、敗戦前にもし私《わたし》がいったら、私《わたし》は不敬罪《ふけいざい》として直《ただ》ちに獄《ごく》に投ぜられたであろう。さような言を天皇《てんのう》自らいう。驚《おどろ》くべき変りようである」

そりゃ戦前に「天皇陛下《てんのうへいか》は神じゃねえ、俺《おれ》たちと同じだ」なんて言ったら、たちまち憲兵《けんぺい》かおまわりさんが来たでしょう。

面白《おもしろ》いのは、一月十一日の東京新聞に、天皇陛下《てんのうへいか》も人間になったのだから言いたいことがあったら国民も投書ができますよ、という記事が載《の》ってるんです。

「元旦《がんたん》に昭示《しょうじ》せられた詔書《しょうしょ》にもあるがごとく、天皇御躬《てんのうおんみずか》ら民主主義《しゅぎ》に率先《そっせん》せられ、民主主義《しゅぎ》に徹《てっ》せられたのであるから、国民は過去《かこ》日本の軍国主義的威圧《しゅぎてきいあつ》を払拭《ふっしょく》して、食糧《しょくりょう》問題の解決《かいけつ》に、民主主義道義《しゅぎどうぎ》の維持《いじ》に、敗戦による犠牲者《ぎせいしゃ》すなわち生活苦のどん底にあえぐ民衆《みんしゅう》の救済《きゅうさい》に、各自《かくじ》の意見を〈天皇陛下《てんのうへいか》に〉開陳《かいちん》して社会国家のため、一刻《いっこく》も速《すみや》かに新生日本建設《けんせつ》に邁進《まいしん》しなければならない」

腹《はら》がへって腹《はら》がへってどうしようもないという窮状《きゅうじょう》も、天皇陛下《てんのうへいか》に「なんとか解決《かいけつ》してください」と手紙で訴《うった》えるチャンスができましたよ、という話です。さて実際《じっさい》に書いた人が何人いたのでしょうか、以前調べてみたんですが、どうも記録に残っていませんでした。手紙が来たら、天皇《てんのう》も驚《おどろ》いたでしょうねえ。当時の皇居《こうきょ》は「丸の内一丁目一番地」ですが、「天皇陛下《てんのうへいか》様」と書いて出すんでしょうか……と、いま話すと馬鹿話ふうになってしまいますが、戦争に敗《ま》ける、軍事的に敗北するということは、精神《せいしん》文化の敗北でもある。つまり日本人がもっていた根本の原理そのものが全否定《ひてい》され、雲散霧消《うんさんむしょう》してしまうことだというのが、人間宣言《せんげん》そして修身《しゅうしん》・歴史《れきし》・地理の全廃《ぜんぱい》といった話によく表れていると思います。以来、日本人は歴史《れきし》を習わない、知らない人がどんどん増《ふ》えてしまいました。

◆「愛される共産党《きょうさんとう》」

天皇《てんのう》の人間宣言《せんげん》にはあまり驚《おどろ》かなかった日本人の、今度はほとんどが腰《こし》を抜《ぬ》かすような指令が一月四日、再《ふたた》びGHQより届《とど》けられました。「公職《こうしょく》追放」という言葉で残っていますが、正式には「公務従事《こうむじゅうじ》に適《てき》せざる者の公職《こうしょく》よりの除去《じょきょ》に関する覚書《おぼえがき》」という長ったらしい名前のものです。これはとにかくすごいんです。翌《よく》一月五日の新聞は、「政界《せいかい》を粛正《しゅくせい》し、日本を戦争に駆《か》り立《た》てた人物を官、公職《こうしょく》より追放すべき旨《むね》の画期的な重大指令」と大きく報《ほう》じています。早い話が、日本の戦前のリーダーたちは、この公職《こうしょく》追放によって全部クビになりました。

もともとポツダム宣言《せんげん》の中に、戦争責任《せきにん》を追及《ついきゅう》された人は公職《こうしょく》につけないといったことは書かれてありましたから、寝耳《ねみみ》に水《みず》というわけではないんです。いずれそういう措置《そち》がなされるのはある程度予測《ていどよそく》していたのですが、いきなりだったのと、規模《きぼ》の大きさが予想を超《こ》えていたんですね。

マッカーサーの回想録を読むと、必ずしも彼《かれ》は公職《こうしょく》追放に賛成《さんせい》ではなかったものの、連合諸《しょ》国《こく》が強硬姿勢《きょうこうしせい》でもあり、とにかく天皇陛下《てんのうへいか》が裁判《さいばん》にかけられたりすることのないよう、すべてはその身の安泰《あんたい》と引《ひ》き換《か》えの取引として承認《しょうにん》したと書いています。ただ、彼《かれ》も本音では、日本の民主化の邪魔《じゃま》になる余計《よけい》な者はみんなクビにしてしまえ、という意思が強くあったんじゃないでしょうか。

追放の内容《ないよう》ですが、ＡＢＣＤＥＦに分かれていまして、Ａ項《こう》＝戦争犯罪人《はんざいにん》。Ｂ項《こう》＝職業《しょくぎょう》陸海軍軍人、陸海軍省などに勤《つと》めていた職員《しょくいん》など。Ｃ項《こう》＝極端《きょくたん》なる国家主義者《しゅぎしゃ》。Ｄ項《こう》＝大政翼《たいせいよく》賛《さん》会、翼賛政治《よくさんせいじ》会などの有力者。Ｅ項《こう》＝日本の（東南アジアや朝鮮《ちょうせん》や満洲《まんしゅう》などへの）膨張《ぼうちょう》に関係した金融《きんゆう》機関・開発機関の職員《しょくいん》――満洲《まんしゅう》国の職員《しょくいん》なども全部これにあてはまります。Ｆ項《こう》＝占領地《せんりょうち》の総督《そうとく》や行政《ぎょうせい》長官などの官吏《かんり》――東南アジアなどの国々に日本から占領地支配《せんりょうちしはい》のため派遣《はけん》されていた職員《しょくいん》など全部です。

ということは、軍部はもとより、とにかく日本の政界《せいかい》官界経済界《けいざいかい》の主な人物は総退陣《そうたいじん》といってもいい、嵐《あらし》というのか旋風《せんぷう》というような出来事でした。

当然、幣原内閣《しではらないかく》の閣僚《かくりょう》にもこれにあてはまる人がいるわけですから、内閣崩壊《ないかくほうかい》に近い事態《じたい》になってきます。宮中もまた然《しか》りです。たとえば天皇《てんのう》側近の藤田《ふじた》尚徳《ひさのり》侍従長《じじゅうちょう》は、海軍軍人ですからB項《こう》にあてはまります。しかも、海軍時代は次官まで務《つと》めましたから当然追放です。

また政党《せいとう》では、「日本のこれからの政治《せいじ》はおれたちが担《にな》うのだ」と新しく結党《けっとう》して意気込《いきご》んでいた人たちが、次から次へと追放になってしまいます。日本進歩党《しんぽとう》は二百七十四名の議員のうち二百六十二名、ほとんどです。また日本自由党《じゆうとう》は四十五名のうち三十名が、日本社会党《しゃかいとう》でも十七名のうち十一名が追放されるのですから、もうそれぞれ解散《かいさん》に近いですね。

文壇《ぶんだん》で言えば、私《わたし》が後に勤《つと》めることになる文藝春秋《ぶんげいしゅんじゅう》の菊池寛《きくちかん》社長も、雑誌《ざっし》そのものの記事内容《ないよう》のほかにもいろいろと戦争に協力したということで、当然のことながら「ご追放」なんです。佐佐木《ささき》茂索《もさく》副社長も「ご追放」です。新聞社でも、トップクラスのクビは軒並《のきな》み飛んでしまいました。いずれにしろ各界《かっかい》のトップはばったばったと追放を喰《くら》いました。

しかしながら、後の話になりまして、日本を改革《かいかく》するためがんがんとウムをいわせぬ指令を出していたGHQの占領方針《せんりょうほうしん》が、昭和二十四年（一九四九）あたりからくるっと変わり、追放された人たちもたちまち復帰《ふっき》するんです。一番よく知られている例で言えば岸信介《きしのぶすけ》さんで、満洲《まんしゅう》国の官僚《かんりょう》で、東条内閣《とうじょうないかく》の閣僚《かくりょう》でしたから当然追放されたものの、復帰《ふっき》してやがて総理《そうり》大臣になるのですね。

昭和二十二年（一九四七）九月にGHQが発表した「占領《せんりょう》二カ年報告《ほうこく》」にはこう書かれて

います。

「（追放は）二十年十月にまず教育と警察《けいさつ》の部門で開始され、二十一年一月四日の指令にもとづいて、最初の一カ年には一六一七名が処分《しょぶん》を受けた。二十二年一月四日にこの追放を拡大《かくだい》した結果、その年の七月十五日まで一六八一名が追放となった。なお、（公職《こうしょく》追放令以前の）はじめの追放指令によって職業《しょくぎょう》軍人、憲兵《けんぺい》、諜報《ちょうほう》部員などの追放は一八万三〇〇〇名にのぼった」

最初の二回で三千人以上、主な人はほとんど追放されたわけです。また職業《しょくぎょう》軍人たちはその前にポツダム宣言《せんげん》に基《もと》づいてすでに追放されていますから、総計《そうけい》十八万三千人とすごい数になっています。そういえば、かのインパール作戦で名を馳《は》せた宮崎繁三郎《みやざきしげざぶろう》元中将《ちゅうじょう》は、追放されて下北沢《しもきたざわ》で「みのや」という瀬戸物《せともの》売りの店をやっていました。

もっとも「お前は追放だ」と直接《ちょくせつ》に決定するのは日本政府《せいふ》の役目ですから、この時、日本人の浅ましさがものすごくよく出ました。つまり「あの人は戦争中、これこれこういうことをやってました。追放に該当《がいとう》するんじゃないですか」と裏《うら》から刺《さ》す（密告《みっこく》する）んです。互《たが》いに刺《さ》しっこして、昨日の友は今日の敵《てき》、どんどん追放されました。考えればこの追放劇《げき》は、ほんとうに日本人を情《なさ》けないものにしてしまったというか、戦後日本人のだらしなさ、御身大事《おんみだいじ》、卑《ひ》怯《きょう》未練《みれん》さでなんでもやるという姿《すがた》を露呈《ろてい》したわけです。

そういうわけで、あっちも追放、こっちも追放、疑心暗鬼《ぎしんあんき》にとらわれながらも、とにかく親玉がいなくなっちゃうんですから、会社ならば残った者が引き受けて経営《けいえい》をしていかなくちゃいけない。一等、二等は追放されて、残った力のない連中がポーンと頭に立ったというので源《げん》氏鶏太《じけいた》さんの「三等重役」という小説が登場し、流行《はやり》言葉にもなりました。

そういった状況《じょうきょう》下、一月十三日に、日本共産党《きょうさんとう》の大物でのちに党《とう》を率《ひき》いた野坂参三《のさかさんぞう》さんが、中国の延安《えんあん》から帰国しました。この時の騒《さわ》ぎはものすごいものでした。徳田球一《とくだきゅういち》とともに党《とう》の二枚看板《まいかんばん》だった野坂《のさか》さんは、中国共産党《きょうさんとう》の毛沢東《もうたくとう》や周恩来《しゅうおんらい》もかつていた延安《えんあん》で、戦中戦後とずっと反日活動を続けていたんです。その人が大手を振《ふ》って（といっても鞄《かばん》とこうもり傘《がさ》一本を持って）日本に戻《もど》ってくる。帰路の車中、詰《つ》め掛《か》けた新聞記者に言ったせりふが、

「これからは、人民から愛される共産党《きょうさんとう》でなければならない」

そこで「愛される共産党《きょうさんとう》」というのがドーンと新聞に出たんですね。

いっぽう世の中とは面白《おもしろ》いもんで、その野《の》坂《さか》さんが帰国したちょうど一月十三日、閣《かく》僚《りょう》が続々追放されてしまい総辞職《そうじしょく》の声が上がっていた内閣《ないかく》は、幣原首相《しではらしゅしょう》が病気だったりで決断《けつだん》できないままぐだぐだした挙句《あげく》、閣《かく》

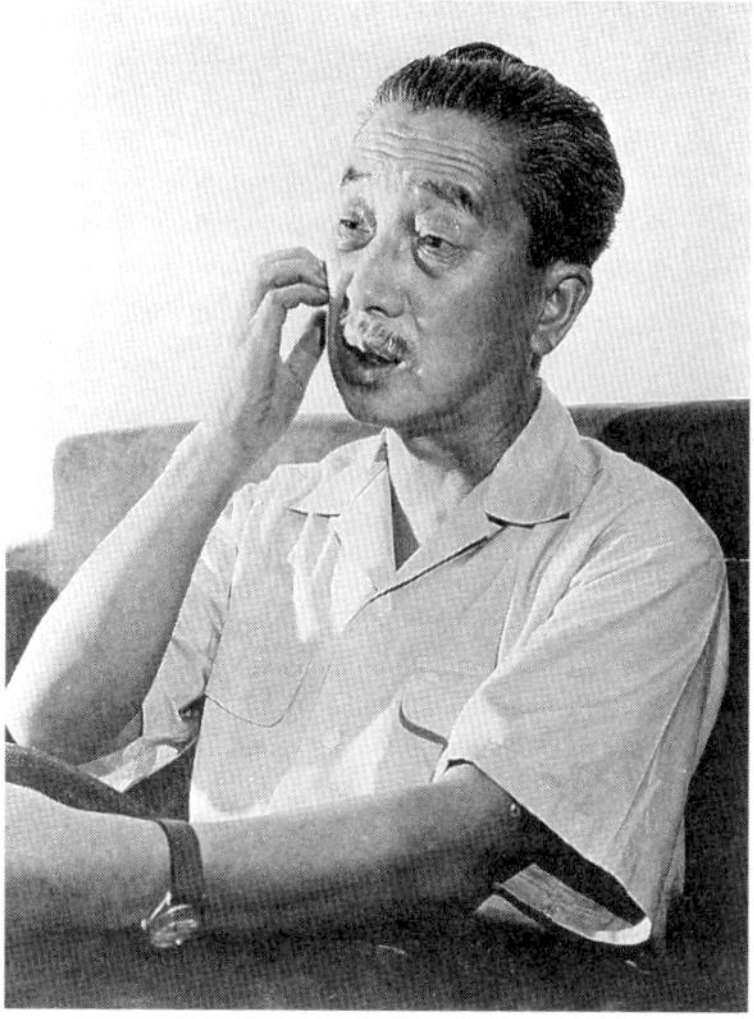

野坂参三（1892 - 1993）

僚《りょう》を入《い》れ替《か》えて幣原《しではら》さんが続行することになり、この日に改造内閣《かいぞうないかく》の就任式《しゅうにんしき》を行ないました。ですが、首相官邸《しゅしょうかんてい》での記念撮影《さつえい》中にも集まった報道陣《ほうどうじん》は寥々《りょうりょう》たるもので、記者たちは皆《みな》、野《の》坂《さか》さん大歓迎《だいかんげい》を取材しに代々木《よよぎ》に行ってしまったんですね。記事にも書かれています。

「日本の政治《せいじ》の胎動《たいどう》は永田町《ながたちょう》から代々木《よよぎ》に移《うつ》ったの観があった」

確《たし》かに日本人というのはそういうところがあって、人気者のほうに群がり集まっていくんです。一月十六日の朝日新聞は、今も社会面の隅《すみ》にある「青鉛筆《あおえんぴつ》」というコラム欄《らん》でこう書いています。

「アメリカ兵とお手々つないで歩く少女を〝道義《どうぎ》の頽廃《たいはい》〟などと嘆《なげ》く男もあるが必ずしも当らず、野坂《のさか》氏の帰った共産党本部《きょうさんとう》の前には洋装《ようそう》、和装《わそう》の美しい娘《むすめ》さん達《たち》が、楽屋《がくや》入りのターキー（水《みず》の江瀧子《えたきこ》＝松竹歌劇《かげき》の大スター）を垣間見《かいまみ》るように見物に来ている。……神《かみ》風《かぜ》号が欧州《おうしゅう》から帰れば一にも二にも飯沼《いいぬま》、土俵《どひょう》で連勝すればなんでもかんでも双葉山《ふたばやま》、アメリカ軍が堂々進駐《どうどうしんちゅう》すればその進駐《しんちゅう》兵、そして野坂参三《のさかさんぞう》が日本の注目を浴びて帰国すれば忽《たちま》ち野坂《のさか》ファンになるというところが、移《うつ》り気《ぎ》な乙女気質《おとめかたぎ》？　ともいうべきか」

日本人の付和雷同《ふわらいどう》、軽薄《けいはく》さを皮肉っていますが、代々木《よよぎ》には新聞記者だけでなく、今のヨン様おばさまのような「野坂《のさか》様おばさま」まで集まったようです。飯沼操縦士《いいぬまそうじゅうし》というのは、塚越《つかごし》機関士《きかんし》とともに昭和十二年（一九三七）、「神風《かみかぜ》号」で長駆《ちょうく》ヨーロッパ訪問《ほうもん》への飛行に成功し、女性《じょせい》からキャーキャー声を浴びた人です。ここでは女性《じょせい》ばかりをあげつらっていますが、なに男どもも同じように野坂《のさか》さん詣《もう》でをしたわけで、彼《かれ》らが万歳万歳《ばんざいばんざい》やってる光景は、日本はいまに共産主義《しゅぎ》国家になるんじゃないかと言わんばかりのある種の勢《いきお》いでした。

それを傍目《はため》で見ていて、「たいへんだ、こんな状態《じょうたい》が続けば日本はとんでもない方へ動いていってしまう」と俄然《がぜん》ハッスルしたのが、かの松本烝治《まつもとじょうじ》博士《はかせ》です。このままでは日本の将来《しょうらい》が危《あや》ぶまれる、早く改正憲法《けんぽう》をつくって土台を固めてしまわねば、と張《は》り切《き》りまして、その憲《けん》法《ぽう》の話は後にまた触《ふ》れます。

◆マッカーサーを動かした日本人からの手紙

さて公職《こうしょく》追放や野坂《のさか》さんの帰国などで戦後日本が流動している時、さらにもうひとつ、日本人に鉄槌《てっつい》を食《く》らわせるというか、ショックを与《あた》えたのが「極東国際《こくさい》軍事法廷《ほうてい》」、いわゆる「東京裁判《さいばん》」でした。一月二十二日に条例《じょうれい》が公布《こうふ》され、裁判《さいばん》がどのように行なわれるかの全容《ぜんよう》が発表されたのです。それを見ますと、ABC各《かく》クラスに分けて戦争犯罪人《はんざいにん》を摘発《てきはつ》し、裁判《さいばん》にかける。Aにあたるのは軍事指導者《しどうしゃ》で、平和に対する罪《つみ》を裁《さば》く――こんな罪《つみ》はそれまでの国際法《こくさいほう》にはないんですが。Bは通例の戦争犯罪人《はんざいにん》で、捕虜《ほりょ》を虐待《ぎゃくたい》した、武器《ぶき》を持たない一般《いっぱん》市民を殺戮《さつりく》した、強姦《ごうかん》したなど、国際法《こくさいほう》で禁止《きんし》された犯罪《はんざい》です。さらにCは人道に対する罪《つみ》――当時の日本人にはよくわからなかったのですが、要するに、捕虜《ほりょ》を無理やり歩かせた（バターン死の行進など）とか、南京《なんきん》での虐殺《ぎゃくさつ》などがこれにあたります。その実行者です。こうしてABC級の各《かく》戦犯《せんぱん》に分けられましたが、実際《じっさい》はB級戦犯《せんぱん》とC級戦犯《せんぱん》はごく似《に》た部分もありますので、BC級戦犯《せんぱん》として一緒《いっしょ》に裁判《さいばん》されたと言っていいでしょう。

さて、A級の「平和に対する罪《つみ》」です。これには、日本が野望を遂《と》げようと戦争を計画し、強引《ごういん》にそれを実行した、しかもそれは一人や二人による仕事ではなく、何人かが共同して計画を練って世界戦争にもっていった、という「共同謀議《ぼうぎ》」の概念《がいねん》が適用《てきよう》されました。ですが、戦前の昭和史《しょうわし》で話したとおり、日本にはそんな計画性《けいかくせい》をもった指導者《しどうしゃ》はおらず、たいてい行き当たりばったりのやってしまえ式で進んできたのであって、共同謀議《ぼうぎ》などあり得《え》ませんでした。たしかにナチス・ドイツにおいては、ヒトラーを中心とした共同謀議《ぼうぎ》的な戦争計画のもと、オーストリア、ポーランドを併合《へいごう》しソ連に侵攻《しんこう》しましたから、ニュルンベルク裁判《さいばん》ではこれが表立《おもてだ》って糾明《きゅうめい》されたのです。しかし日本の場合は、そんなことはなかったにも拘《かか》わらず、この新法令を適用《てきよう》するとGHQが発表したものですから、またここで大騒動《おおそうどう》になります——共同謀議《ぼうぎ》の中に、天皇《てんのう》が入ってくるのではないか。「天皇《てんのう》だけは関係なかった」とは言えないんじゃないか。人間宣言《せんげん》やいろんな取引で懸命《けんめい》にその安泰《あんたい》を図《はか》ってきたのに、こうなると天皇《てんのう》の身が一番危《あぶ》なくなるのではないか、と危惧《きぐ》されたのです。

また、この昭和二十一年一月頃《ごろ》の日本の社会は、追放令や戦犯摘発《せんぱんてきはつ》などで、本当に殺伐《さつばつ》としていました。追放で泣く人、戦犯《せんぱん》として牢獄《ろうごく》に繋がれる人……騒然《そうぜん》たる中で、日本人の気分もかなり荒《あら》っぽくなっていったようです。次第《しだい》に「天皇《てんのう》の戦争責任《せきにん》は免《まぬが》れない」などと言う人が現《あらわ》れ、「天皇《てんのう》も軍事法廷《ほうてい》に引《ひ》っ張《ぱ》り出《だ》せ」という声が強まっていきました。

当然、この雰囲気《ふんいき》を、連合国の強硬派《きょうこうは》は察知します。そして「ヒロヒトを吊《つ》るせ」、つまり裁判《さいばん》にかけて絞首刑《こうしゅけい》にしろ、という声が澎湃《ほうはい》として出てきました。たとえば、二十二日付ワシントンに届《とど》けられたロンドン駐在《ちゅうざい》米大使からのメッセージ「当地の戦争犯罪《はんざい》委員会は、主要戦《せん》犯《ぱん》として天皇裕仁《てんのうひろひと》のほか六十一名の日本の指導者《しどうしゃ》を告発《こくはつ》し、その名簿《めいぼ》を作成すべきであるとの提案《ていあん》が、同委員会のオーストラリア代表から出されている。……」などなどです。こういった声はなかなか収《おさ》まりませんから、これにはマッカーサーも困《こま》り果《は》ててしまいます。

天皇《てんのう》を裁判《さいばん》にかけたり、いわんや絞首刑《こうしゅけい》の判決《はんけつ》が出たりしたら、これまでおとなしく占領政《せんりょうせい》策《さく》に応《おう》じてきた日本人は果たしてどういう動きに出るか。憤慨《ふんがい》して隠《かく》していた武器《ぶき》をとり、とんでもないゲリラ戦が始まるんじゃないか、そんな懸念《けねん》でマッカーサーは憂《うれ》い悩《なや》んだのです。

結果的には、マッカーサーは揺《ゆ》れる気持ちを引《ひ》き戻《もど》し、天皇《てんのう》に責任《せきにん》はないんだ、天皇《てんのう》をきちんと置いておかねばならない、という思いを新たにするのですが、そう改めて決意を固めさせたのが、日本人からのマッカーサー宛《あて》の手紙でした。

今もアメリカのマッカーサー記念館に、日本人からの膨大《ぼうだい》な手紙がきれいに整理されて残っていて、私《わたし》も何通か見たことがあります。政治《せいじ》学者の袖井林二郎《そでいりんじろう》さんがそれらを丹念《たんねん》に調べて書いた『拝啓《はいけい》マッカーサー元帥《げんすい》様』にたくさん紹介《しょうかい》されている中からいくつか挙げますと、

「近来新聞紙の報《ほう》ずる所によれば、戦争責任《せきにん》が上御一人《かみごいちにん》にまで波及《はきゅう》するのではないか、と

のことにて、全く事の意外に茫然《ぼうぜん》自失《じしつ》致《いた》したのであります。何としても之《これ》を防止《ぼうし》せなければならぬ。（……）上御一人《かみごいちにん》にもしもの事がありますれば、私共《わたくしども》国民は生き甲斐《いがい》を失います。（……）私《わたし》の一命が御必要《ごひつよう》となれば、喜《よろこ》んで私《わたし》の一身は差し上げます。なにとぞ私《わたし》の切なる願いをお聞《き》き届《とど》け下さいませ」

こういうのをマッカーサーは丁寧《ていねい》に読んだらしいんですね。さらに、

「陛下《へいか》を法廷《ほうてい》に立つるが如《ごと》き事あらば、私個人《わたしこじん》はもとよりの事、多くの日本人が歴史《れきし》と伝《でん》統《とう》により蓄積《ちくせき》されたる忠誠心《ちゅうせいしん》、というよりむしろ信仰心《しんこうしん》により、閣下個人《かっかこじん》のみならず米国人すべてにたいし、今後永久《えいきゅう》に一大憎悪《ぞうお》を抱《いだ》き、かつ不測《ふそく》の事態《じたい》の惹起《じゃっき》を必然にして、また我々現時《われわれげんじ》を生くる日本人としては憤死《ふんし》するとも、如何《いか》にして死孫《ママ》に顔向けできましようや」

天皇陛下《てんのうへいか》を裁判《さいばん》にかけたりしたら、われわれ日本人は生涯《しょうがい》お前たちを許《ゆる》さん、とすごい剣幕《けんまく》です。この手紙は、半紙一枚《いちまい》に、指を切って血文字で書かれていました。すでに黒ずんではいますが。さらに、

「天皇陛下《てんのうへいか》ハ我等《われら》日本人ノ生命デアリマス。我等《われら》ハ天皇《てんのう》ナクテハ生キテ行ケナイノデス。何卒陛下《なにとぞへいか》ヲ苦シメナイ様ニシテ下サイ、是《これ》レ我等《われら》日本人ノ至上《しじょう》ニシテ最モ切実ナル念願デアリマス」

またほかにも、小学生らしい、たどたどしい文字の、たった二行のものもあります。

「天皇陛下《てんのうへいか》をさいばんしてはいけません。

天皇陛下《てんのうへいか》にせきにんはありません」

このような手紙が、当時マッカーサーの元に殺到《さっとう》したわけです。

一方、小説家の武者小路実篤《むしゃのこうじさねあつ》さんが、戦後創刊《そうかん》された雑誌《ざっし》「新生《しんせい》」に「マッカーサー元帥《げんすい》に寄す」という、直接《ちょくせつ》の手紙ではなく寄稿《きこう》して発表したものがあります。

「……新しい日本を生む産婆《さんば》役をなさるあなたもやり甲斐《がい》があると思われます。大変ではありましょうが、新しい日本、西洋でない平和な日本が生れる。生甲斐《いきがい》のある日本が生れるのを、世話やくわけですから、うまくやって戴《いただ》ければ日本はいつまでもあなたに感謝《かんしゃ》するわけですし、世界中の人も喜《よろこ》ぶわけと思います。／しかし私《わたし》はそれには天皇制《てんのうせい》を認《みと》めることが一番まちがいない方法と思っているのです。陛下《へいか》さえいられれば、米国の軍隊は今後日本では武器《ぶき》をとる必要が決してないことを私《わたし》は信じて疑《うたが》わないものです。陛下《へいか》が居《お》られなかったら米国は日本から十年以上、兵を引きあげることは先《ま》ず不可能《ふかのう》と私《わたし》は信じています。それは理屈《りくつ》でなく事実と思います」

堂々《どうどう》たる作家の武者小路《むしゃのこうじ》さんも、なんだか国民の手紙と同じような文章を書いてますね。こういうふうに、日本のある部分ではいまにも共産主義革命《しゅぎかくめい》が起きるのではという大きな風潮《ふうちょう》がありながら、底の方では天皇陛下《てんのうへいか》のためにわれわれ日本人は何でもやる、というような声も高まっていった、これが昭和二十一年一月の状況《じょうきょう》でした。

◆「今後は平和日本に」

　さてその一月に、非常《ひじょう》に重要な一日があります。一月二十四日です。この日、GHQからもらったペニシリンのおかげで病から快復《かいふく》した幣原首相《しではらしゅしょう》が、そのお礼にマッカーサーを訪《たず》ねました。じつは、この時の幣原《しではら》さんとマッカーサーの会話の中で、今の憲法《けんぽう》第九条《じょう》の基《もと》になる、「日本は軍隊をもたない、戦争をしない」という平和への願いが話されたというのです。一説に、幣原《しではら》さんが「今後はこういう平和日本にしたい」ということをマッカーサーに言い、感動したマッカーサーが「それはすばらしい。原子爆弾《ばくだん》などという殺人《さつじん》兵器でもって戦争を続けていれば人類は滅亡《めつぼう》する。日本が率先《そっせん》して軍備《ぐんび》を全部捨《す》て、戦争をしないと世界中に宣言《せんげん》するのはたいへんすばらしいことだ」と賛同《さんどう》し、それを新しい憲法《けんぽう》の中に盛《も》り込《こ》んだ——とされています。いや、逆《ぎゃく》に、幣原《しではら》さんではなくマッカーサーから言い出したのだという説もあります。

　いずれにしろこの一月二十四日に二人が会い、これからの日本はどうあるべきか、そして憲《けん》法《ぽう》について話し合われたのはどうも確《たし》かなんです。幣原《しではら》さんは昭和三年（一九二八）、満洲《まんしゅう》事変が起こる前ですが、世界十五カ国の代表が集まって調印した不戦条約《じょうやく》——提唱《ていしょう》した二人の名をとってケロッグ・ブリアン条約《じょうやく》とも言います——の日本全権《ぜんけん》を務《つと》めました。その条約《じょうやく》の第一条《じょう》にはこうあります。

「条約国《じょうやく》は、各《おのおの》その人民の名において、国際紛争解決《こくさいふんそうかいけつ》のため戦争に訴《うった》えることを罪悪《ざいあく》と認《みと》め、かつその相互《そうご》の関係において国策《こくさく》の手段《しゅだん》として戦争を放棄《ほうき》することを厳粛《げんしゅく》に宣言《せんげん》す」

国際紛争《こくさいふんそう》の解決《かいけつ》として戦争に訴《うった》えることは罪悪《ざいあく》であり決してしない、国策《こくさく》を実現《じつげん》するための手段《しゅだん》としての戦争は放棄《ほうき》する――これを十五の国が集まって調印したわけです。ただし日本は「人民の国」ではなく「天皇《てんのう》の国」なのだから、「各《おのおの》その人民の名において」調印するのは国柄《くにがら》に反する、とすったもんだの議論《ぎろん》があったものの、これは国際的《こくさいてき》な儀礼《ぎれい》としての言葉と認《みと》めて調印そして批准《ひじゅん》しました。満洲《まんしゅう》事変、日中戦争、対米英戦争は、要するに調印していながらこの不戦条約《じょうやく》を日本が踏《ふ》みにじったので、不正義《ふせいぎ》とされたんです。

幣原喜重郎（1872 - 1951）

それはともかく、幣原《しではら》さんはこの時の全権《ぜんけん》ですから、「戦争をしない」という言葉を、非常《ひじょう》に崇高《すうこう》で尊《とうと》いものとして大事に胸《むね》に収《おさ》めたとは言えると思うのです。その幣原《しではら》さんが、マッカーサーに会った時にそれを思い出し、これからの日本は国際紛争解決《こくさいふんそうかいけつ》のために戦争に訴《うった》えることはしない、国策《こくさく》の手段《しゅだん》として戦争を放棄《ほうき》すると明言した、という観測《かんそく》が当然出てくるわけです。でも、それが正しいかどうか。

幣原《しではら》さんが語った言葉を、秘書《ひしょ》として働いていた大平《おおだいら》さん（結婚《けっこん》して羽室《はむろ》さん）が記録したものが残っています。それによると、

「〔幣原《しではら》は〕かねて考えた世界中が戦力をもたないという理想論《りそうろん》を始め、戦争を世界中がしなくなるようになるには、戦争を放棄《ほうき》するということ以外にはないと考えると話し出したところが、マッカーサーは急に立ち上って両手で手を握《にぎ》り、涙《なみだ》を目にいっぱいためて、その通りだといいだしたので、幣原《しではら》は一寸《ちょっと》びっくりした。しかしマッカーサーも、長い悲惨《ひさん》な戦争を見つづけているのだから、身にしみて戦争はいやだと思っていたのだろう」

ということからみれば、幣原《しではら》さんは確《たし》かに言ってるんですね。すると、今私《わたし》たちが手にしている平和憲法《けんぽう》の基本精神《きほんせいしん》となった九条《じょう》は、幣原《しではら》さんが言い出したものとも思えるんです。

一方で、昭和二十五年（一九五〇）春頃《はるごろ》、朝鮮《ちょうせん》戦争の直前ですが、マッカーサーは来日したアメリカの出版《しゅっぱん》業者を迎《むか》えた昼食会の席で、こう得意気《とくいげ》に話したといいます。R・マーフィーという人がマッカーサーのことを書いた『軍人のなかの外交官』にあります。

「もしも将来《しょうらい》、アメリカで私《わたし》の銅像《どうぞう》が建てられるようなことがあるとしたら、それは太平洋戦争における勝利のためではなく、また日本占領《せんりょう》の成功のためでもなく、日本国憲法《けんぽう》第九条《じょう》を制定《せいてい》させたことによるであろう」

軍人でありながら、マッカーサーは回想録などで「これからの人類は滅亡《めつぼう》をもたらすだけの核戦争《かくせんそう》などすべきでない」といった非戦論《ひせんろん》的なことをかなりはっきり書いていますし、昭和二

十六年五月、トルーマンによって最高司令官をクビになってアメリカに帰った後も、上院の軍事外交合同委員会で、やはり憲法《けんぽう》について触《ふ》れて次のように話しています。

「日本人は世界中のどこの国民にもまして原子戦争がどんなものだか了解《りょうかい》しています。……彼《かれ》らは死体を数えそれを埋葬《まいそう》したのです。彼《かれ》らは自分の意見でその憲法《けんぽう》の中に戦争放棄《ほうき》の条項《じょうこう》を書きこみました。首相《しゅしょう》が私《わたし》のところに来て『私《わたし》は長い間考えた末、信ずるに至《いた》りました』と言いました。彼《かれ》はきわめて賢明《けんめい》な老人でした。……『長い間考えた末、この問題に対する唯一《ゆいいつ》の解決策《かいけつさく》は戦争をなくすることだと信じます』と言ったのです。さらにこう言いました。『軍人としてのあなたにこの問題を差し出すのは非常《ひじょう》に不本意です。なぜならあなたがそれを受《う》け容《い》れないものと信じているからです。しかし、私《わたし》は今われわれが起草中の憲法《けんぽう》にこのような条項《じょうこう》を挿入《そうにゅう》するように努力したいと思います』。そこで私《わたし》は立ち上がってこの老人と握手《あくしゅ》し、彼《かれ》に向かい、それこそはおそらく講《こう》じ得《え》る最も偉大《いだい》な建設的措置《けんせつてきそち》の一つだと考えると言わないではいられませんでした」

ですが、二人が会った一月二十四日の時点で、それまで病床《びょうしょう》で呻吟《しんぎん》していた幣原《しではら》さんは、松本《まつもと》さんらの憲法調査《けんぽうちょうさ》委員会が出した試案を詳《くわ》しく見てはいないのです。したがって、「私《わたし》は今われわれが起草中の憲法《けんぽう》にこのような条項《じょうこう》を挿入《そうにゅう》するように努力したいと思います」ということはあり得《え》ないんじゃないか、とも思えます。マッカーサーは千両役者ですから、言い出したのは自分のくせに、憲法《けんぽう》第九条《じょう》の責任《せきにん》をすべて幣原《しではら》さんに押《お》し付《つ》け、自分はそれにただ感動して握手《あくしゅ》をしただけだということにしているのかもしれません。

ではなぜマッカーサーが幣原《しではら》さんにすべてを押《お》し付《つ》けたのか。当初は憲法《けんぽう》第九条《じょう》を「今は誰《だれ》も納得《なっとく》しなくとも、五十年後百年後にはきっと人類すべてが納得《なっとく》するようになるであろう、世界のあらゆる国がもつべき大理想だ」と得意《とくい》にしていたマッカーサーその人が、昭和二十五年(一九五〇)、朝鮮《ちょうせん》戦争に際《さい》して日本に「軍隊を持て」と強く言ってきたのです。自ら理想を踏《ふ》み破《やぶ》ってしまったわけで、後から「あれは俺《おれ》の仕業《しわざ》じゃない」と責任転嫁《せきにんてんか》をしたと思われる節がある。とにかく彼《かれ》は役者ですからね。そういうわけで、結局どちらが言い出したのかは今もって霧《きり》の中、第九条《じょう》の源《みなもと》は、いろんな意味を含《ふく》みながら謎《なぞ》のまま、としておきましょう。

もう一つ面白《おもしろ》いのは、幣原《しではら》さん本人も側近も語っていることですが、マッカーサーと会って雑談《ざつだん》的にいろんな話をするうち、英語が得意《とくい》でシェイクスピアを愛読する幣原《しではら》さんは、どの作品が好きかと問われて、たとえば『ヴェニスの商人』だと答え、法廷《ほうてい》でシャイロックを相手にポーシャ姫《ひめ》が行なう演説《えんぜつ》を、英語で朗々《ろうろう》と暗唱したのです。次の箇所《かしょ》です。

「慈悲《じひ》は強《し》いらるべきものではない。恵《めぐ》みの雨のごとく、天よりこの下界に降《ふ》りそそぐもの。そこには二重の福がある。与《あた》えるものも受けるものも、共にその福を得《え》る。これこそ、最も大いなるものの持ちうる最も大いなるもの、王者にとって王冠《おうかん》よりもふさわしき徴《しるし》となろう。手に持つ笏《しゃく》は仮《かり》の世《よ》の権力《けんりょく》を示《しめ》すにすぎぬ。畏怖《いふ》と尊厳《そんげん》の標識《ひょうしき》でしかない。そこに在《あ》るのは王にたいする恐《おそ》れだけだ。が、慈悲《じひ》はこの笏《しゃく》の治める世界を超《こ》え、王たるものの心のうちに座《ざ》を占《し》める。いわば神そのものの表象《ひょうしょう》だ。単なる地上の権力《けんりょく》が神のそれに近づくのも、その慈悲《じひ》が正義《せいぎ》の風味を添《そ》えればこそ。……」（福田恆存訳《ふくだつねありやく》）

要するに、王者というのは慈悲《じひ》の心をもつことが一番大事だという話です。これはちゃんとした記録に残っているので間違《まちが》いないのですが、ここから先は、私《わたし》の仮説《かせつ》といいますか、推理《すいり》した話になります。

この翌《よく》二十五日、マッカーサーは重要な手紙をアメリカのアイゼンハワー参謀総長《さんぼうそうちょう》に送りました。これは、アメリカの陸軍省・海軍省・国務省《こくむしょう》の三省委員会で天皇《てんのう》を裁判《さいばん》にかけるかどうか議論《ぎろん》していたものの、ワシントンでは埒《らち》があかないので、マッカーサーに調査《ちょうさ》して報告《ほうこく》するよう依頼《いらい》していたものへの回答です。それまで延《の》ばしていた返事をこの日に書いた、というのがミソなんです。前の日に幣原《しではら》さんと会い、「慈悲《じひ》の心こそ王者にふさわしい」というポーシャ姫《ひめ》の名演説《めいえんぜつ》に感銘《かんめい》を受けたのが引き金となって、それまでとつおいつ考えていたことへの結論《けつろん》を出した、すなわち、天皇《てんのう》に戦争責任《せきにん》はないとする手紙を記した、という筋書《すじが》きです。国民は当時、その経緯《けいい》をもちろん一切《いっさい》知りませんでしたが、いまはいろいろな本にも出ている戦後日本におけるかなり有名な手紙です。

「もし天皇《てんのう》を裁《さば》くとなれば、占領《せんりょう》計画は大幅《おおはば》に変更《へんこう》しなければならないし、したがって実《じっ》際《さい》に訴訟《そしょう》を起こす前に然《しか》るべき準備《じゅんび》が戦備《せんび》面でも完了《かんりょう》していなければならない。天皇《てんのう》を告発《こくはつ》すれば、間違《まちが》いなく日本人の間に激《はげ》しい動揺《どうよう》を起こすであろうし、その反響《はんきょう》は計り知れないものがある。……天皇《てんのう》はすべての日本人を統合《とうごう》するシンボルである。彼《かれ》を滅《ほろ》ぼすことは国を崩壊《ほうかい》させることになる。……日本人は、連合国の天皇裁判《てんのうさいばん》を自国の歴史《れきし》にたいする背信《はいしん》とみなし、憎悪《ぞうお》と怒《いか》りを、予見しうるかぎり長期にわたって永続《えいぞく》させるであろう。……まず占領軍《せんりようぐん》を大幅《おおはば》に増大《ぞうだい》することが絶対《ぜったい》に必要となってくる。それには最小限《さいしようげん》百万の軍隊が必要となろうし、その軍隊を無期限《むきげん》に駐屯《ちゆうとん》させなければならないような事態《じたい》も十分あり得《う》る」

暴動《ぼうどう》が起きるかもしれないからまず準備《じゆんび》を完璧《かんぺき》にしなければならないと言っておいて、日本人は何をしでかすかわからない、それこそゲリラ戦が起こる可能性《かのうせい》もあると。ここで注意を引くのは、天皇《てんのう》は「すべての日本人を統合《とうごう》するシンボル」という言葉です。これは後の憲法《けんぽう》にそのまま出てくるもので、すでにこの時のマッカーサーの手紙に書かれていたことになります。そして、天皇《てんのう》を絞首刑《こうしゆけい》にすれば、日本の国を滅《ほろ》ぼすことになってしまう。戦争が終わり軍隊が解《かい》散《さん》した今、百万の軍隊を呼《よ》び集《あつ》めて日本に送《おく》り込《こ》むことなどできるだろうか——つまりこの時、マッカーサーは天皇《てんのう》を裁判《さいばん》にかけない、その身は安泰《あんたい》だということを明言し、ワシントンに通《つう》告《こく》したわけです。

このことがわかっていれば、日本はがたがた大騒《おおさわ》ぎしなかったのですが——というのも、憲《けん》法《ぽう》をつくる作業においても何にしても、当時の日本は内閣《ないかく》も宮内省《くないしよう》も、天皇《てんのう》の身柄《みがら》がどうなるかの心配が常《つね》に先にあり、ためにＧＨＱの強引《ごういん》な指令にも素直《すなお》に従《したが》っていたのです。わかっていれば「このやろー、お前たちの言うことばかり聞いてねえぞ」ぐらい言えたかもしれないのですが――残念ながら知らなかったために、憲法《けんぽう》作成においても天皇《てんのう》の身柄《みがら》が焦点《しょうてん》となり、すったもんだの議論《ぎろん》が起きるのです。

＊1――五箇条《ごかじょう》の御誓文《ごせいもん》　慶応《けいおう》四年（一八六八＝明治元）三月十四日、明治天皇《てんのう》が発表した明治新政《しんせい》の基本方針《きほんほうしん》。由利公正《ゆりきみまさ》が起草し、木戸孝允《きどたかよし》らが修正《しゅうせい》を加えた。「広く会議を興《おこ》し、万機公論《ばんきこうろん》に決すべし」にはじまる。「教育勅語《ちょくご》」「軍人勅諭《ちょくゆ》」とともに、昭和初期まで国民の指導《しどう》理念とされた。

＊2――中江藤樹《なかえとうじゅ》　慶長《けいちょう》十三（一六〇八）―慶安《けいあん》元（一六四八）、近江国《おうみのくに》（滋賀）出身の江戸《えど》時代初期の陽明学者。私塾《しじゅく》を開き、多くの門人を育てた。

＊3――二宮金次郎《にのみやきんじろう》　本名は二宮尊徳《にのみやそんとく》。天明七（一七八七）―安政《あんせい》三（一八五六）、江戸《えど》時代の篤農家《とくのうか》、思想家。寝《ね》る間も惜《お》しんで読書をしたなど数々の逸話《いつわ》を残し、かつては全国の小学校に薪《まき》を背《せ》負《お》って本を読みながら歩く姿《すがた》の銅像《どうぞう》が多く建てられた。

第五章

「自分は象徴《しょうちょう》でいい」と第二の聖断《せいだん》

GHQ憲法《けんぽう》草案を受け入れる

この章の

ポイント

一九四六（昭和二十一）年二月十三日、ＧＨＱの憲法草案《けんぽうそうあん》が日本政府《せいふ》に提出《ていしゅつ》されました。これには天皇《てんのう》は〝国家のシンボル〟で主権《しゅけん》は国民にあり、戦争を放棄《ほうき》することが書かれていたため、政府内《せいふない》で激《はげ》しい議論《ぎろん》が巻《ま》き起《お》こります。しかし天皇《てんのう》の「自分は象徴《しょうちょう》でいい」という「聖断《せいだん》」もあり憲法《けんぽう》改正はまとまりました。そして同年十一月三日、「日本国憲法《けんぽう》」が公布《こうふ》。翌年《よくねん》五月三日から施行《しこう》されました。この憲法《けんぽう》が戦後日本の機軸《きじく》となったのです。

キーワード

ホイットニー准将《じゅんしょう》／マッカーサー三原則《さんげんそく》／吉田茂《よしだしげる》／白洲次郎《しらすじろう》／主権在民《しゅけんざいみん》／国家のシンボル／戦争放棄《ほうき》／預金封鎖《よきんふうさ》・新円発行／日本国憲法《けんぽう》／地方巡幸《じゅんこう》

◆理想を欠いた憲法《けんぽう》草案

昭和二十一年（一九四六）一月の終わり、マッカーサーはワシントンのアイゼンハワー参謀《さんぼう》総長《そうちょう》に宛《あ》てて、天皇《てんのう》に戦争責任《せきにん》はないと伝える手紙を書きました。そのころ、極東委員会[*1]が発足《ほっそく》して事実上の活動をはじめたこともあり——この委員会はGHQのやり方を監視《かんし》したり牽制《けんせい》するような存在《そんざい》ですので——連中が活躍《かつやく》する前にとにかく早くケリをつけたいというマッカーサーの思惑《おもわく》もあったと思います。この手紙の結果、天皇《てんのう》の身柄《みがら》に関してワシントンからはまったく何の注文も出なくなります。天皇《てんのう》の有罪無罪《ゆうざいむざい》に関しては討議《とうぎ》の必要なし、ということで終止符《しゅうしふ》が打たれ、アメリカの「天皇《てんのう》の戦争責任《せきにん》を追及《ついきゅう》しない」方針《ほうしん》がほぼ確定《かくてい》しました。それをまったく知らなかった日本は、依然《いぜん》として、天皇陛下《てんのうへいか》の身柄《みがら》の安全をめぐって戦々恐々《せんせんきょうきょう》としていました。前回にお話したとおりです。

さて月が明けて二月一日、つまりマッカーサーの手紙からわずか三、四日後に、毎日新聞が一大スクープを報《ほう》じました。私《わたし》は、そのことはあまり記憶《きおく》がないんですが、二月一日で思い出すのは、ラジオから流れてきたいわゆる「カムカム英語」です。戦争中に青年あるいは少年時代を過《す》ごした人は皆《みな》覚えていると思いますが、「証城寺《しょうじょうじ》のたぬきばやし」のメロディに合わせて英語の歌詞《かし》を歌う、つまり英語の勉強がこの日はじまったんです。

“Come, come, everybody. How do you do and how are you? Won’t you have some candy?

One and two and three, four, five. Let's all sing a happy song. Sing trala, la, la, la."

今でも歌えるくらいで、平川唯一《ひらかわただいち》さんという先生が流暢《りゅうちょう》な英語を操《あやつ》って昭和三十年まで実に十年間、これがラジオから流れていたのです。一方、毎日新聞のスクープについてはほとんど記憶《きおく》がありません。ちなみに高見順《たかみじゅん》日記や山田風太郎《やまだふうたろう》さんの日記を見ても、まったく触《ふ》れていません。大スクープだったにも拘《かかわ》らず、世の中の人は関心がなかったのでしょうか。憲法《けんぽう》に関する話ですし、そんなこともなかったと思うんですが……。

さて、政治部《せいじぶ》の西山柳造《にしやまりゅうぞう》記者によるそのスクープとは、「第一条《じょう》　日本国は君主国とす」にはじまって、「第二条《じょう》　天皇《てんのう》は君主にして此《こ》の憲法《けんぽう》の条規《じょうき》に依《よ》り統治権《とうちけん》を行ふ」「第四条《じょう》　天皇《てんのう》はその行為《こうい》につき責《せき》に任《にん》ずることなし」――いわゆる松本《まつもと》委員会が作った「乙《おつ》案」の掲載《けいさい》でした。これがいったいどうして西山《にしやま》記者の手に渡《わた》ったのかは、今も謎《なぞ》のようです。

その「乙《おつ》案」ですが、松本《まつもと》委員会が作成した甲乙《こうおつ》二案のうち、GHQに提出《ていしゅつ》しようと考えていたのは「甲《こう》案」で、こちらはもっと明治憲法《けんぽう》そのままです。しかしそれよりずっと進んでいるはずの「乙《おつ》案」でさえ、読めばわかりますように、天皇主権《てんのうしゅけん》など明治憲法《けんぽう》の流れをそのまま汲《く》んでいる内容《ないよう》で、これを読んだマッカーサーをはじめとするGHQの改革派《かいかくは》の人たちは「なに!?」と思ったらしい。せっかく国を改革《かいかく》してゆく責任《せきにん》を与《あた》えたというのに、日本人どもはなんだ、まったく古い伝統的《でんとうてき》な原理や慣習《かんしゅう》に固執《こしつ》し、なんら改革《かいかく》への積極性《せっきょくせい》が見られないではないか。彼《かれ》らはわれわれにぺこぺこするけれど、言葉の見《み》せ掛《か》けとお辞儀《じぎ》だけで万事《ばんじ》を済《す》ませようとしている——そんなふうに受け取りました。そして「これではわれわれが満足するような、改革《かいかく》を盛《も》り込《こ》んだまともな憲法《けんぽう》案が出てくるはずはない」と判断《はんだん》せざるを得《え》なくなりました。

考えてみれば、「乙《おつ》案」でこれです。もし「甲《こう》案」がスクープされていたとしたら、どうなっていたことか。GHQでもとりわけ改革派《かいかくは》のホイットニー准将《じゅんしょう》は一気に考え方を硬化《こうか》させ、ただちにマッカーサー最高司令官に進言します。

「どうも反動的グループが（〝半藤《はんどう》的〟じゃないですよ。当時〝反動分子〟という言葉がはやりました）憲法《けんぽう》改正の主導権《しゅどうけん》を握《にぎ》っているようです。われわれがとうてい認《みと》めることができないような改正案を彼《かれ》らが決定してくるのは目に見えています。その前に、こちらからもっときちっとした指針《ししん》、あるべき憲法《けんぽう》の方向性《ほうこうせい》を与《あた》えるほうが時間の節約になります。日本の出してきた古臭《ふるくさ》い、昔通りの憲法《けんぽう》をひっくり返して一から直すのでは、時間ばかりかかってしまいます」

アメリカの改革派《かいかくは》がカンカンになるのは当然でしょうが、たとえば毎日新聞の当時のコラム欄《らん》「硯滴《けんてき》」も、翌《よく》二月二日、あきれ気味にこう書いています。

「憲法《けんぽう》改正《ママ》調査《ちょうさ》委員会の試案を見て、今更《いまさら》のことではないが、あまりに保守的《ほしゅてき》、現状維持《げんじょういじ》的のものにすぎないことを失望しない者は少ないと思う。つまり憲法《けんぽう》改正という文字に拘《こう》泥《でい》し、法律的《ほうりつてき》技師《ぎし》の性格《せいかく》を帯びた仕事しかできないで、新国家構成《こうせい》の経世《けいせい》的熱意と理想に欠けているからである。今日の憲法《けんぽう》改正は単なる法律的《ほうりつてき》の問題でない。それは最高の政治《せいじ》である」

つまり法律《ほうりつ》の範囲内《はんいない》でテクニックを駆使《くし》して文字だけをいじくり、同じことを少し変えて表現《ひょうげん》しているだけでしかない。松本《まつもと》委員会には、新しい日本をつくる熱意や、こういう国にしたいという理想が欠如《けつじょ》している。新憲法《けんぽう》は戦後日本の礎《いしずえ》であり、基本《きほん》の考えになるわけで、単なる法律《ほうりつ》ではなく、日本の国をどうするべきかという最高の政治《せいじ》であるのに、と。続けて、

「法律家《ほうりつか》の松本国務相《まつもとこくむしょう》を中心とし、恰《あたか》も民法とか商法とかの改正調査会《ちょうさかい》のようなものをつくって、これに原案をつくらせるという考え方が、すでに革命的《かくめいてき》の時代感覚とは凡《およ》そかけ離《はな》れたもので、現行憲法《げんこうけんぽう》〈明治憲法《けんぽう》〉でさえとにかく伊藤公《いとう》〈当時の首相《しゅしょう》・博文《ひろぶみ》〉を中心として作られたことを思うべし」

松本《まつもと》さんは商法の大家です。明治憲法《けんぽう》は、内閣総理《ないかくそうり》大臣が国家的事業として作った。それを商法の大家を頭に戴《いただ》いて原案を作らせるなどとは時代錯誤《じだいさくご》もいいところではないか。そう厳《きび》しく論評《ろんぴょう》したのです。

まあ、とにかくあまり評判《ひょうばん》がよくなかったんですね。だから高見順《たかみじゅん》や山田風太郎《やまだふうたろう》の日記にも出てこないのかとも思いますが、こんなことでは前と同じで一つも改正していないじゃないか、というのが一般的《いっぱんてき》な印象《いんしょう》だったのでしょう。

しかし、委員会は外からの批評《ひひょう》や悪口にはびくともせず、とくに松本《まつもと》委員長はとにかく早く

仕上げてＧＨＱに提出《ていしゅつ》を、と頑張《がんば》ります。前年十月二十七日の第一回総会《そうかい》以来、総会《そうかい》六回、小委員会十五回、力の限《かぎ》りを尽《つ》くして討議《とうぎ》してきたのだから、つべこべ言われる筋合《すじあ》いはないと言わんばかりにふんぞり返って二月二日、第七回総会《そうかい》をもって任務完了《にんむかんりょう》、ＧＨＱに提出《ていしゅつ》する憲法《けんぽう》案としてこれは冠絶《かんぜつ》し最高のものである、と全委員が胸《むね》を張《は》って解散《かいさん》したのです。

◆日本人には任《まか》せておけない

一方、ＧＨＱはカンカンです。翌日《よくじつ》の二月三日、マッカーサーはホイットニーを部屋に呼《よ》び、日本人には任《まか》せておけないので民政局《みんせいきょく》で憲法《けんぽう》を起草するよう伝え、その際《さい》には基本的《きほんてき》な三つの事を守ってほしい、と自らの考えを述《の》べます。マッカーサー三原則《さんげんそく》として知られたもので、これにのっとってホイットニー以下民政局《みんせいきょく》の人たちが憲法《けんぽう》草案を作り上げていくことになります。三原則《さんげんそく》とは次のようなものです。

一、天皇《てんのう》は国の元首の地位にある。

天皇家《てんのうけ》はつぶさずに、皇位《こうい》の継承《けいしょう》は世襲《せしゅう》とする。天皇《てんのう》は元首ではあるけれど、その職務《しょくむ》（仕事）および権能《けんのう》（権限《けんげん》）は憲法《けんぽう》に基《もと》づいて行使され、憲法《けんぽう》に示《しめ》された国民の基本的《きほんてき》意思に応《こた》えるものとする——ちなみにこれは、後でひっくり返ります。

二、国権《こっけん》の発動たる戦争は、廃止《はいし》する。

ふつう国家主権《しゅけん》が衝突《しょうとつ》した際《さい》、こちらの意志《いし》を押《お》し通《とお》すために、政治《せいじ》の延長《えんちょう》として戦争がはじまるわけですが、日本はそういった行動は廃止《はいし》する。また紛争解決《ふんそうかいけつ》のための手段《しゅだん》としての戦争、さらに自己《じこ》の安全を保持《ほじ》する自衛《じえい》のための手段《しゅだん》としての戦争をも放棄《ほうき》する。日本は、その防衛《ぼうえい》と保護《ほご》を、今や世界を動かしつつある崇高《すうこう》な理想、つまり国際連合《こくさいれんごう》に委《ゆだ》ねる――この時はまだ日米安全保障条約《ほしょうじょうやく》は結んでいませんから、アメリカに任《まか》せるということではありません。また、日本が陸海空軍をもつ権能《けんのう》は、将来《しょうらい》も与《あた》えられることなく、交戦権《こうせんけん》が与《あた》えられることもない。つまり軍隊をもたない、ということです。

三、日本の封建制度《ほうけんせいど》は廃止《はいし》される。

八月十五日以来、ＧＨＱが行なってきたさまざまな改革《かいかく》は、日本のあらゆる封建制度《ほうけんせいど》の破壊《はかい》でしたから、これは今さらでもありますが。貴族《きぞく》の権利《けんり》は、皇族《こうぞく》を除《のぞ》き、現在生存《げんざいせいぞん》する者一代以上には及《およ》ばない。貴族《きぞく》とは「公侯伯子男《こうこうはくしだん》」爵《しゃく》のことで、すでにもっている人は仕方ありませんが、世襲《せしゅう》はしない、すべて一代限《かぎ》りで終わりにする。また、皇族《こうぞく》の外側にいる華族《かぞく》の地位は、今後どのような国民的または市民的な政治権力《せいじけんりょく》も伴《ともな》うものではない。

これを受けてホイットニーは二月四日、すでに三八度線をめぐってソ連や朝鮮《ちょうせん》との話し合いがはじまっていた朝鮮《ちょうせん》部担当《たんとう》を外した民政局《みんせいきょく》の全員、二十五人を集めて大号令を出しました。

「これからの一週間、わが民政局《みんせいきょく》が憲法制定《けんぽうせいてい》の役割《やくわり》を担《にな》うことになった。ジェネラル・マッカーサーは、日本国民のために、新しい憲法《けんぽう》を起草するという歴史的意義《れきしてきいぎ》のある任務《にんむ》を、われら民政局《みんせいきょく》に委託《いたく》されたのである。もちろん、草案の基本《きほん》は、ジェネラル・マッカーサーの略《りゃく》述《じゅっ》された三原則《さんげんそく》にあることは申すまでもない。日本政府《せいふ》の係官と、日本政府提出《せいふていしゅつ》の憲法《けんぽう》草案についてのオフ・ザ・レコード（記録しない）の会合を予定している二月十二日までに、われわれは新憲法《けんぽう》草案を完成し、ジェネラルの承認《しょうにん》を受けておかなければならない」

日本から草案が出てきて討議《とうぎ》することが予定されている二月十二日の会合までに、とにかくこちらの新憲法《けんぽう》草案を完成させてマッカーサー元帥《げんすい》の承認《しょうにん》を受けておかねばならん、もたもたしていられない、と大演説《だいえんぜつ》をぶち、行政《ぎょうせい》課長チャールズ・L・ケーディス大佐、法規《ほうき》課長マイロ・E・ラウエル中佐、アルフレッド・R・ハッシィ・ジュニア海軍中佐がそれぞれ天皇制《てんのうせい》、戦争放棄《ほうき》、国民の権利《けんり》などの分野の責任者《せきにんしゃ》に指名されました。

さてこの二十五人をよく眺《なが》めますと、一人として憲法《けんぽう》の専門家《せんもんか》はいませんでした。GHQにはよくできる学者的な人がたくさんいましたが、軍人ですし、憲法《けんぽう》を大学などで専門的《せんもんてき》に勉強してきた人は見当たりません。ただし、皆若《みなわか》いんです。松本《まつもと》委員会の平均年齢《へいきんねんれい》が六十歳《さい》とすれば、それより三十歳《さい》ほども若《わか》い人たちがずらりと並《なら》びました。彼《かれ》らは、マッカーサーの命令で日本の民主化を完成させるための憲法《けんぽう》をつくるというので俄然興奮《がぜんこうふん》して、世界各国の憲法《けんぽう》などを猛勉強《もうべんきょう》するのです。ホイットニーは演説《えんぜつ》の最後に付け加えたといいます。

「私《わたし》は充分《じゅうぶん》な説得《せっとく》をとおして、日本側との合意を得《え》たいと思っているが、説得《せっとく》がどうしても（日本が同意せず）不可能《ふかのう》となったときには、力を用いる（GHQの権力《けんりょく》を行使する）と脅《おど》かすことによって同意させる覚悟《かくご》である。また、そうしてもよいという権限《けんげん》をジェネラル（マッカーサー元帥《げんすい》）から与《あた》えられているのである」

日本がなんと言おうとこちらの作った憲法《けんぽう》を受け取れと言うつもりだから、しっかり作れよ――これはいくらなんでもあんまりではないか、と思われなくもありませんが。

こうして翌《よく》二月五日からはじまった作業は、もうねじり鉢巻《はちまき》でシャカリキになって、なんとか十二日までに終了《しゅうりょう》しました。この一週間はすべて密室《みっしつ》です。誰《だれ》も入れず、三部会に分かれたメンバーが部屋に籠《こも》り、もちろんアメリカの憲法《けんぽう》も含《ふく》め、世界中の憲法《けんぽう》を必死で学び、真剣《しんけん》な討議《とうぎ》を経《へ》て草案作りに励《はげ》んだ、ということになっているのです。いや、事実はそうではなくて、それ以前から作業ははじめられていて、相当な時間がかかっているのだ、という説もあります。私《わたし》も、あるいはそうじゃないか、と思うのですが、事実は雲霧《うんむ》のかなたにあります。

◆〝衝撃《しょうげき》〟のGHQ案

さて、GHQが第一生命相互《そうご》ビルの中で憲法《けんぽう》草案を作っているとも知らない日本側は二月八日、にこにこしながら松本《まつもと》委員会の作った、まずは「甲案《こう》」をGHQに提出《ていしゅつ》しました。予定通りこれが十二日に討議《とうぎ》され、もしアメリカ側がごちゃごちゃ言うようなら「乙案《おつ》」を出そうじゃないか、そんなつもりでいたようです。

そして翌《よく》二月九日、松本国務大臣《まつもとこくむ》は天皇陛下《てんのうへいか》に御文庫《おぶんこ》*2でお目にかかり、憲法《けんぽう》草案提出《ていしゅつ》の報告《ほうこく》をしました。草案を見た天皇《てんのう》はいくつか質問《しつもん》をしたようです。これは当時の木下道雄《きのしたみちお》侍従次《じじゅう》長の『側近日誌《にっし》』に記録されています。ただし、木下《きのした》さんは列席したわけではなく、後で天皇《てんのう》から説明を聞いて日記に残したらしい。というのも二月九日は土曜日で、十日が日曜日、さらに十一日は、今の皆《みな》さんご存知《ぞんじ》ないかもしれませんが、昔は紀元節《きげんせつ》という祭日でお休み、つまり木下《きのした》さんが天皇《てんのう》から松本《まつもと》さんとの質疑応答《しつぎおうとう》について聞いたのは十二日ということになります。そしてこの日は、日本とアメリカが憲法《けんぽう》草案について話し合うその日であります。

天皇《てんのう》は草案をしっかり読み、問うています。まず天皇《てんのう》の地位について、明治憲法《けんぽう》の第一条《じょう》「大日本帝国《ていこく》は万世一系《ばんせいいっけい》の天皇之《てんのうこれ》を統治《とうち》す」、また第四条《じょう》「天皇《てんのう》は国の元首にして統治権《とうちけん》を総《そう》攬《らん》し此《こ》の憲法《けんぽう》の条規《じょうき》に依《よ》り之《これ》を行ふ」、この二つは甲《こう》案では手をつけていないんですね。天皇《てんのう》陛下《へいか》が戦後日本も統治《とうち》し、国の元首として国政《こくせい》、外交その他すべての統治権《とうちけん》を握《にぎ》り、新憲法《けんぽう》の条規《じょうき》によってそれらを行なう、つまり天皇主権《てんのうしゅけん》がそのまま残っていたのです。木下《きのした》さんの日記では、天皇《てんのう》が言っています。

「これは、むしろ簡明《かんめい》に『大日本帝国《ていこく》は万世一系《ばんせいいっけい》の天皇《てんのう》、此《こ》の憲法《けんぽう》の条《じょう》章により統治《とうち》す』としてはどうか。天皇《てんのう》が統治《とうち》す、といえば権の字を特に用いる必要はないのではないか」

第一条《じょう》と第四条《じょう》を合わせて簡単《かんたん》にしたほうがいいのではないか、そうすれば「権」の字をいちいち用いなくていいじゃないか、というわけです。すると松本《まつもと》さんは、いやいや恐《おそ》れながら……と答えます。

「仰《おお》せはごもっともにございますが、その観点からの議論《ぎろん》は、閣議《かくぎ》にても出なかったことでございまして、……また第四条《じょう》はもともとが外国憲法《けんぽう》の翻訳《ほんやく》でございますれば、……それに憲法《けんぽう》改正は陛下《へいか》のご発議によるものであります以上、第一ないし第四条《じょう》にふれますときは、議会でいろいろと論議《ろんぎ》を呼《よ》ぶ恐《おそ》れもございます」

要するに、第一条《じょう》と第四条《じょう》を変えようとすると、当然議会に諮《はか》らなければなりません、すると文句《もんく》ががんがん出て論議《ろんぎ》も多くあると思いますので、あえて手をつけないほうがよろしいんじゃないかと思います、というわけです。続けて、

「私《わたし》は、陛下《へいか》が統治権《とうちけん》を総攬《そうらん》せられる、という大原則《だいげんそく》には何ら変更《へんこう》を加える必要はないと考えております。従《したが》いまして『憲法《けんぽう》改正要綱《ようこう》』の第一条《じょう》は、『天皇《てんのう》は至尊《しそん》にして侵《おか》すべからず』といたしました。それで十分かと思われます」

明治憲法《けんぽう》の厳《おごそ》かさをなくしてもっと簡明《かんめい》にしたほうがいいのではという天皇《てんのう》の意見にも、松本《まつもと》さんは、そんなことはありません、われわれの方が正しいのですと言わんばかりに意気軒昂《いきけんこう》でした。これを天皇《てんのう》から聞いた木下《きのした》さんは、『側近日誌《にっし》』に感想を書いています。

「とにかく松本《まつもと》という人は、自己《じこ》の在任《ざいにん》中に憲法《けんぽう》改正を終了《しゅうりょう》してしまいたいという意思が非常《ひじょう》に強いようだ。これは総理《そうり》大臣の幣原《しではら》にも言おうと思うが、そんなに急がなくとも、改正の意思さえ表示《ひょうじ》しておけば足ることで、改正案は慎重《しんちょう》に論議《ろんぎ》をなさしむべきである」

とにかく、オレがオレがと自信満々、前にも申しましたが、松本《まつもと》さんは追放の身でありながら憲法《けんぽう》草案のために居残《いのこ》っているせいもあって、なにしろ国務《こくむ》大臣在任《ざいにん》中に草案を作ってしま

おうと闘志《とうし》を燃《も》やしているようすがありありだったのです。

天皇陛下《てんのうへいか》も松本《まつもと》さんの迫力《はくりょく》に納得《なっとく》したのか、まあよかろうということになったようです。

その日の夕方、ＧＨＱから、楢橋渡《ならはしわたる》書記官長——今の官房長官《かんぼうちょうかん》にあたります——に電話がありました。内容《ないよう》は、「本日に予定されていた会談を延《の》ばして、明日十三日にしたい。なお、憲《けん》法《ぽう》問題でこちらから重大な提案《ていあん》をするからそのつもりで会合の準備《じゅんび》をせよ」というもので、ここではじめてアメリカ側から重大な提案《ていあん》があることが内閣《ないかく》に示《しめ》されました。ただ内閣《ないかく》は、こちらの憲法《けんぽう》草案に対して若干《じゃっかん》の意見があるのだろう程度《ていど》に考えたようです。

そして翌《よく》十三日、戦後日本のもっとも面白《おもしろ》い一日と言っていいかと思いますが、麻布市兵衛《あざぶいちべえ》町《ちょう》の外務《がいむ》大臣官邸《かんてい》に午前十時、日本側は吉田茂《よしだしげる》外相《がいしょう》、松本国務《まつもとこくむ》大臣、終戦連絡《れんらく》中央事務局《じむきょく》次長の白洲次郎《しらすじろう》さん、そして外務省《がいむしょう》の通訳《つうやく》長谷川元吉《はせがわもときち》さんの四人が集まります。じつは当日、閣議《かくぎ》が行なわれていたため、このような少人数でした。一方アメリカ側は、ホイットニー准《じゅん》将《しょう》、ケーディス大佐、ハッシィ中佐、ラウエル中佐の四人が定刻《ていこく》に車で乗りつけました。寒い時季ですから少しでも暖《あたた》かいところでと、陽《ひ》のぽかぽかあたるサンルームに設《もう》けられた会場で、あいさつのあと会議がはじまりました。

そこでいきなり、ホイットニーが長々と演説《えんぜつ》をぶったのです。内容《ないよう》は、日本側に残っている記録とアメリカのそれでは少し違《ちが》っています。日本側の記録によると、

「（われわれはここに、わがＧＨＱが作成した憲法《けんぽう》草案を日本側に提出《ていしゅつ》する、として）本案

は内容《ないよう》形式共に決して之《これ》を貴方《きほう》に押付《おしつ》ける考《かんがえ》にあらざるも、実は之《これ》はマカーサ元帥《げんすい》が米国内部の強烈《きようれつ》なる反対を押切《おしき》り、天皇《てんのう》を擁護《ようご》申上げる為《ため》に、非常《ひじよう》なる苦心と慎重《しんちよう》の考《こう》慮《りよ》を以《もつ》て、之《これ》ならば大丈夫《だいじようぶ》と思う案を作成せるものにして、また最近の日本の情勢《じようせい》を見るに、本案は日本民衆《みんしゆう》の要望にも合するものなりと信ずと言えり」

つまり、天皇陛下《てんのうへいか》をお守りするために自分たちは非常《ひじよう》に慎重《しんちよう》にかつ苦心してこの草案を作った。またGHQの観察する日本人の今の精神状態《せいしんじようたい》に、これはもっとも合った内容《ないよう》であると思う、というわけです。

一方、アメリカ側の記録（『ラウエル文書』）では、

「御存知《ごぞんじ》かどうかわかりませんが、最高司令官は、天皇《てんのう》を戦犯《せんぱん》として取り調べるべきだという他国からの圧力《あつりよく》から、天皇《てんのう》を守ろうという決意を固く保持《ほじ》しています。これまで最高司令官は、天皇《てんのう》を護《まも》ってまいりました。それは彼《かれ》が、そうすることが正義《せいぎ》に合すると考えているからであり、今後も力の及《およ》ぶ限《かぎ》りそうするでありましょう。しかし皆《みな》さん、最高司令官といえども、万能《ばんのう》ではありません。けれども最高司令官は、この新しい憲法《けんぽう》の諸規定《しよきてい》が受《う》け容《い》れられるならば、実際《じつさい》問題として、天皇《てんのう》は安泰《あんたい》になると考えています。さらに最高司令官は、これを受《う》け容《い》れることによって、日本が連合国の管理から自由になる日がずっと早くなるだろうと考え、また日本国民のために連合国が要求している基本的《きほんてき》自由が、日本国民に与《あた》えられることになると考えております」

日本の記録に比《くら》べて具体的ですね。マッカーサーは天皇《てんのう》の身柄《みがら》を守ってきたけれども、後ろに極東委員会がいることを匂《にお》わせつつ、彼《かれ》も万能《ばんのう》ではない、しかし日本がこの案を受け入れるならば天皇《てんのう》は安全であるうえ、日本の占領《せんりょう》も早く終わって独立《どくりつ》国家になるだろう、またわれわれが日本に与《あた》えようとしている自由が、もっとはっきり国民に与《あた》えられることになろう、というのです。

いずれにしろ、まさか相手から憲法《けんぽう》草案が出てくるとは思っていなかった日本側四人は、この演説《えんぜつ》を呆然《ぼうぜん》と聞き、仰天《ぎょうてん》しました。その様子がアメリカ側の記録に残っています。

「はっきりと、茫然《ぼうぜん》たる表情《ひょうじょう》を示《しめ》した。白洲《しらす》氏は坐《すわ》り直して姿勢《しせい》を正し、松本博士《まつもとはかせ》は大きな息をつき、特に吉田《よしだ》氏の顔は、驚愕《きょうがく》と憂慮《ゆうりょ》の色を示《しめ》していた」

アメリカ側はいい気なもので、勝手なことを書いていますが、日本にすれば「こんな高飛車《たかびしゃ》な話はないじゃないか」という思いでしょう。ただ『ラウエル文書』のホイットニー演説《えんぜつ》をよく読めば、必ずしも憲法《けんぽう》を押《お》しつけているわけではないようにも思えます。微妙《びみょう》ではありますが、黙《だま》って言うことを聞いている方が日本のためになるんだよ、と匂《にお》わせてはいますけれど。

ただ、その場にいた日本側は、これはものすごいものを上から押《お》しつけられたぞという印象《いんしょう》だったのでしょう。いや、衝撃《しょうげき》かな。それを一番よく表しているのが、昭和二十九年（一九五四）七月七日、自由党憲法調査会《じゆうとうけんぽうちょうさかい》で松本博士《まつもとはかせ》が行なった講演《こうえん》です。この後三カ月ほどで松本《まつもと》さんは亡《な》くなりますから、ほぼ最後の演説《えんぜつ》ということになります。

「ホイットニー少将《しょうしょう》(ママ)が立ち、向こうの案をタイプしたもの八、九冊《さつ》ぐらい机《つくえ》の上に出して、極《きわ》めて厳格《げんかく》な態度《たいど》でこういうことをいいました。日本政府《せいふ》から提案《ていあん》された憲法《けんぽう》改正案は司令部にとって承認《しょうにん》すべからざるものである。この当方の出した提案《ていあん》〔十一章九十二条《じょう》〕は司令部にも米国本国も、また連合国極東委員会にも、いずれにも承認《しょうにん》せらるべきものである。マ元帥《げんすい》はかねてから天皇《てんのう》の保持《ほじ》について深甚《しんじん》の考慮《こうりょ》をめぐらしつつあったのであるが、日本政府《せいふ》がこの自分の出した対案のような憲法《けんぽう》改正を〔世界に〕提示《ていじ》することは、右の目的(天皇《てんのう》の保持《ほじ》)を達成するために必要である。これがなければ、天皇《てんのう》の身体の保障《ほしょう》をすることはできない。この提案《ていあん》と基本原則《きほんげんそく》および根本形態《けいたい》を同じくする改正案を、速《すみ》やかに作成し提出《ていしゅつ》することを切望する、と言われました。そして二十分くらい庭を見てくるからその間に読んでくれ、といって向こうの人たちは寒い時でしたが庭に出ていきました」

GHQ案を、そのままではなく草案として検討《けんとう》するとはいえ、根本形態《けいたい》はこれと同じ改正案を速《すみ》やかに提出《ていしゅつ》せよと言われた、つまり押《お》しつけられたことを強調しているわけです。このあたりは非常《ひじょう》に微妙《びみょう》ですが、四人の気持ちからすればこれに近かったのでしょう。

戦後日本をよく描写《びょうしゃ》しているマーク・ゲイン著《ちょ》『ニッポン日記』の中に、この日のやりとりがかなり詳《くわ》しく書かれています。たとえば、アメリカ側の四人が外に出て行った後、日本の四人が与《あた》えられた分厚《ぶあつ》い、英語によるタイプ印刷の草案を読んでいると、いきなりB25がウワーンと低空で外相官邸《がいしょうかんてい》の上を飛び、ガラス戸がびりびりがたがた鳴って四人を驚《おどろ》かせた。これとて、アメリカ側が計画的にやったのでは、「言うことを聞かないなら、いざとなったら一発やるぞ」という威嚇《いかく》ではないか、そんなふうに日本側は感じたようです。

こうして、わずか二十分ぐらいですが、読みながら四人が検討《けんとう》していると、天皇《てんのう》は〝国家のシンボル〟と書いてある。この〝国家のシンボル〟とは何ぞや、というわけで、松本国務大臣《まつもとこくむ》は「こんな文学的表現《ひょうげん》では法律《ほうりつ》にならん。それに〝主権在民《しゅけんざいみん》〟とは何だ、日本の国はもともと君民共治あるいは君臣一如《くんしんいちにょ》といって、天皇陛下《てんのうへいか》も国民もひとつのものである。それを離《はな》して主《しゅ》権《けん》を国民に与《あた》えるというのは、日本建国の精神《せいしん》にも外れている、根本的に日本の精神《せいしん》とは離《はな》れている」などぶつぶつ言っていました。

そうしてアメリカ側の四人が戻《もど》ると、おそらくホイットニーでしょう、こう言いました。

「いやア、アトミック・ヒート（原子力的な光）のなかで日向《ひなた》ぼっこしていたよ」

原子爆弾《ばくだん》の威力《いりょく》をここでちらっと見せて、いざとなれば……とこれまたすごい脅迫《きょうはく》であった、そんなふうに日本側は受け取ったと見る人もいます。

ようやく吉田外相《よしだがいしょう》が中心となって、ＧＨＱ草案は「日本の建国以来の慣習《かんしゅう》や伝統《でんとう》とはまったくそぐわず、余《あま》りにも非日本的《ひにほんてき》なものと思われる」というふうに反論《はんろん》すると、ホイットニーは厳然《げんぜん》として言い放ちました。

「最高司令官はこれ以外の案はいかなるものも考慮《こうりょ》に入れないと断言《だんげん》している。ただし、このアメリカ側の草案の精神《せいしん》に反せぬかぎりの些細《ささい》な修正《しゅうせい》には、喜《よろこ》んで応《おう》ずるであろうとも言っている。この草案を支持《しじ》する用意が、日本政府《せいふ》にないというならば、マッカーサー元帥《げんすい》は諸君《しょくん》の頭の上を越《こ》えて直接《ちょくせつ》に日本国民に訴《うった》えるであろう」（『ニッポン日記』）

要するに、何を言ってもだめ、ただし少しばかりの訂正《ていせい》は許《ゆる》してやろう。この草案をもとに成案を作る意思がどうしてもないのならお前たちは相手にしない。ＧＨＱが直接《ちょくせつ》、日本国民全体に、こういう憲法《けんぽう》を考えていますがどう思いますかと問いかけてもいい、ということです。

一方、『ラウエル文書』には、そんな脅《おど》かしはしていない、とあって、というのは会合の冒頭《ぼうとう》のホイットニー演説《えんぜつ》ですでに説明済《ず》みだからというわけです。それは、

「最高司令官は、……お望みなら、あなた方がこの案を最高司令官の完全な支持《しじ》を受けた案として、そのまま国民に示《しめ》されてもよい旨《むね》を伝えるよう、指示《しじ》されました。もっとも、最高司令官は、このことをあなた方に要求されているのではありません。しかし最高司令官は、この案に示《しめ》された諸原則《しょげんそく》を日本国民に示《しめ》すべきであると確信《かくしん》しております。最高司令官は、できればあなた方がそうすることを望んでおります。が、もしあなた方がそうなされなければ、当方でそれを行なうつもりでおります」

この案をあなた方が日本国民にお示《しめ》しになって判断《はんだん》を仰《あお》いだらいかがですか、いやだというのなら、われわれＧＨＱが直接《ちょくせつ》、国民の意見を問うつもりです、と。

このへんは言葉の微妙《びみょう》な記憶違《きおくちが》いもあると思いますが、いずれにしろそんないくつかのやり

とりを経《へ》て日本側は、草案をよく読んで検討《けんとう》して政府《せいふ》の考えをまとめたうえで申し上げますと、そのまま受け入れるとも返すとも言わずにとりあえず預《あず》かって帰ったのです。

◆インフレへの荒療治《あらりょうじ》

こうして吉田外相《よしだがいしょう》と松本国務大臣《まつもとこくむ》が首相官邸《しゅしょうかんてい》に戻《もど》ってくると、そんなこととはつゆ知らぬ閣僚《かくりょう》たちは、重大なる政策《せいさく》の大激論《だいげきろん》の最中でした。なにしろインフレがひどく国民生活が危殆《きたい》に瀕《ひん》している、ここは一番、国民のもっている預金《よきん》をすべて封鎖《ふうさ》し、新しいお札を作ってそれだけを使えるものとして出そうという「預金封鎖《よきんふうさ》・新円発行」案、要するに使えるお金はごくわずかにしてとにかくインフレを抑《おさ》えてしまおうというすごい案が、大蔵省《おおくらしょう》から出されて大激《だいげき》論《ろん》中でしたから、閣僚《かくりょう》たちには憲法《けんぽう》草案どころではなかったのです。

確《たし》かに昭和二十一年二月ごろは、寒くて物はない、闇《やみ》ばかりで物価《ぶっか》はどんどん上がる、お金を持っている人はぼかぼか使いますが、持ってない人はヒイヒイ言ってました。「空いているのは腹《はら》と米びつ。空いていないのは乗り物と住宅《じゅうたく》」なんてヤケクソの言葉が流行《はや》ったくらいです。そういう状態《じょうたい》のなかで、政府《せいふ》は強引《ごういん》に、法人・個人《こじん》の預金《よきん》、貯金《ちょきん》を全部封鎖《ふうさ》し、引き出しを禁止《きんし》するという。わが家もそうですが、焼け出されて預金《よきん》などない人たちは「政府《せいふ》はすごいことするなあ、金持ちは困《こま》るだろうなあ」なんて喜《よろこ》んだりもしましたが。

こうして、百万円の貯金《ちょきん》があろうが、毎月引き出せるのは世帯主が三百円（四月以降《いこう》は百円）、家族は一人につき百円だけ。月給は五百円までは新円、それ以上は封鎖《ふうさ》小切手、つまり使えません。さらに独身者《どくしんしゃ》は月に八百円（なぜでしょうかねえ?）、また結婚《けっこん》・葬儀《そうぎ》には特別に千円だけを許《ゆる》す、ということになりました。簡単《かんたん》に言えば、銀行に預金《よきん》がいくらあっても金が引き出せないのです。持っていても仕方がないから、法律《ほうりつ》ができる前に熱海《あたみ》でどんちゃん騒《さわ》ぎして使ってしまおう、なんて人もずいぶんいたようです。

ともかく日本は物価高騰《ぶっかこうとう》を抑《おさ》えるためこういう荒療治《あらりょうじ》をやろうとしました。当時の国務《こくむ》大臣、小林一三《こばやしいちぞう》さん――実業家で阪急《はんきゅう》の総大将《そうだいしょう》ですね――の日記を見ると、まさにGHQ草案が突《つ》き出《だ》された二月十三日、預金封鎖《よきんふうさ》の法案に大反対しています。

「……大蔵大臣《おおくらだいじん》（渋沢敬三《しぶさわけいぞう》）は依然《いぜん》として馬鹿の一つ覚えで財産税《ざいさんぜい》千億円、公債償却《こうさいしょうきゃく》五百億円の荒《あら》っぽい粗雑《そざつ》な財政策《ざいせいさく》の夢《ゆめ》をえがきつつある。国民こそ迷惑至極《めいわくしごく》である」

とにかく蛮勇《ばんゆう》をふるったような政策《せいさく》ですからね。続いて、

「……午後一時より臨時閣議《りんじかくぎ》。金融緊急措置法《きんゆうきんきゅうそちほう》、新紙幣引換法《しんしへいひきかえほう》、強制預金令《きょうせいよきんれい》、物資徴発《ぶっしちょうはつ》令など懸案《けんあん》の全部が可決《かけつ》された」（二月十四日）

「今朝の新聞は、いよいよ大蔵省《おおくらしょう》案を堂々《どうどう》と記載《きさい》した。……各方面の批判《ひはん》は『失敗せば破《は》滅《めつ》だ』という心持から、どうしても成功せしむべく国民の協力を強調しているのは実に嬉《うれ》しい。ただ問題は、旧券《きゅうけん》の預《あずけ》入《い》れが果してウマクゆくだろうか、混雑《こんざつ》と紛擾《ふんじょう》とに終る恐《おそ》れはないだろうか、闇取引《やみとりひき》を封《ふう》ずる結果として食糧《しょくりょう》買いあさりと、物資《ぶっし》の出廻《でまわ》りとが政《せい》

府《ふ》の思う通り静逸《せいいつ》に実行されるだろうか。実に危《あぶな》い芸当を演《えん》ぜざるを得《え》ない立場に、自ら好んでダラシナク暮《く》らして来た政府《せいふ》の責任《せきにん》は重大なことだと思う」（二月十七日）

新聞は批判《ひはん》一色でしたが、これを実行してもし失敗したら日本は破滅《はめつ》する、という思いから、結論的《けつろんてき》にはなんとか国民も協力すべきだと強調してくれているのは内閣《ないかく》としては非常《ひじょう》に嬉《うれ》しい。しかし、持っていても使えないならしょうがないと皆《みな》が一斉《いっせい》に旧円《きゅうえん》を預《あず》け入《い》れようとして混乱《こんらん》を招《まね》かないだろうか。敗戦以来、なすすべもなくほったらかしにしてきて、今になってどうしようもないからと、こういうことをする政府《せいふ》の責任《せきにん》は重大である、そう小林《こばやし》さんは書いていますが、いずれにしろ国民にとっては寝耳《ねみみ》に水《みず》、驚天動地《きょうてんどうち》な政策《せいさく》の実行でした。

そんな内閣《ないかく》のがたがたにどうやらケリがついた二月十九日、それまで「閣僚《かくりょう》たちは憲法《けんぽう》どころじゃないだろう」と自分たちだけで草案を検討《けんとう》していた松本国務《まつもとこくむ》大臣はようやく、午前十時からの閣議《かくぎ》でGHQの憲法《けんぽう》草案に関する詳《くわ》しい報告《ほうこく》をしました。

「彼《かれ》らの作成せる原案は、この憲法《けんぽう》は人民の名によって制定《せいてい》する、天皇《てんのう》には統治権《とうちけん》もなければ主権《しゅけん》もない、総理《そうり》大臣は議会が任命《にんめい》する、任命《にんめい》された総理《そうり》大臣は各大臣を任命《にんめい》して議会の承認《しょうにん》を得《え》ること、貴族院《きぞくいん》は廃止《はいし》されて衆議院《しゅうぎいん》の一院となること等、恰《あたか》もソビエットの言いそうな、また独逸《ドイツ》のワイマル憲法《けんぽう》のような、主権《しゅけん》は人民にありというので、現行憲法《げんこうけんぽう》を改正せんとするにあらずして、寧《むし》ろ、革命的《かくめいてき》に連合軍司令部よりこの憲法《けんぽう》によって民主政治《せいじ》を樹立《じゅりつ》すべしと命令せらるるに少しも異《こと》ならない……」

戦前の総理《そうり》大臣は、元老《げんろう》の西園寺《さいおんじ》（公望《きんもち》）さんが任命《にんめい》して天皇《てんのう》が承認《しょうにん》する形をとり、また西園寺《さいおんじ》さんが老いてからは木戸《きど》内大臣を中心に元首相《しゅしょう》たちが集まって決めていました。どちらかといえば上からの人選でした。ところが今度は議会が任命《にんめい》するというのです。これは、単なる憲法《けんぽう》の改正ではなく、まったく革命的《かくめいてき》な憲法《けんぽう》をドンとＧＨＱから命じられたといってもいい、と説明したわけです。じっさい、松本《まつもと》さんにとっては許《ゆる》しがたいことだったでしょう。こんどは閣僚《かくりょう》たちにとって寝耳《ねみみ》に水《みず》、驚天動地《きょうてんどうち》でした。

　これを聞いた幣原総理《しではらそうり》大臣が「ＧＨＱ案は受諾《じゅだく》できないように思う」と言うと、次から次へと閣僚《かくりょう》たちが賛同《さんどう》の意を述《の》べました。三土忠造《みつちちゅうぞう》内務《ないむ》大臣や岩田宙造《いわたちゅうぞう》司法大臣（現在《げんざい》の法務《ほうむ》大臣）などは、大声で「突《つ》き返《かえ》せ」「蹴《け》とばせばいい」と猛反対《もうはんたい》したそうです。また芦田均厚《あしだひとしこう》生《せい》大臣は「これがもとで内閣《ないかく》が総辞職《そうじしょく》でもすれば、当然ＧＨＱ案を喜《よろこ》んでのむ連中が出てくるに違《ちが》いない。したがって内閣《ないかく》はどうしてもここで踏《ふ》ん張《ば》って、きたるべき総選挙《そうせんきょ》に備《そな》えなければいけない」と言い、さらに安倍能成《あべよししげ》文部大臣（あんばいよくなる、とよく言いました）は、「ＧＨＱ案に反駁《はんばく》するためには、日本は内閣《ないかく》案をきちんと出さねばならない。ところがこれまでは松本《まつもと》委員会だけに任《まか》せてきて、それをＧＨＱが認《みと》めないということなのだから、これからは正式に閣議《かくぎ》で日本案を作ろう」などと発言しました。

　ですが、そんな悠長《ゆうちょう》なことは言ってられないんです。とにかく時間がないのです。アメリカ側は何をさておいても早く草案を検討《けんとう》して返事しろというわけですから、閣議《かくぎ》はごちゃごちゃ紛糾《ふんきゅう》します。その記録を読みますと、ちょうど、ポツダム宣言《せんげん》をいきなり突《つ》きつけられた鈴木《すずき》貫太郎内閣《かんたろうないかく》が、受け取るべきかソ連に仲介《ちゅうかい》を頼《たの》んでいるのだから無視《むし》すべきかを閣議《かくぎ》でごちゃごちゃ議論《ぎろん》したことが思い出されます。ただ違《ちが》う点が一つあります。鈴木内閣《すずきないかく》の閣僚《かくりょう》は、ポツダム宣言《せんげん》をちゃんと読んで内容《ないよう》を知っていました。ところが今回は、GHQ草案の原文の説明を聞いただけなのです。よくわからないままの議論《ぎろん》が空転するのもやむを得《え》ず、何一つ決められませんでした。

◆「四十八時間以内に回答せよ」

そこで、幣原首相《しではらしゅしょう》が直接《ちょくせつ》マッカーサー元帥《げんすい》に会い、いったいどういうことなのかを質《ただ》し、日本側の立場もちゃんと説明したほうがいいのではということになり、二日後の二月二十一日、幣原《しではら》さんがマッカーサーに会いに行きました。約三時間話し合ったといいますから相当な長時間ですね。内容《ないよう》は多岐《たき》にわたったと思いますが、ほとんど公表されていません。が、幣原《しではら》さんが翌《よく》二十二日の閣議《かくぎ》で会談の内容《ないよう》を報告《ほうこく》しました。それに基《もと》づいて芦田均厚生《あしだひとしこうせい》大臣と小林一三国務《こばやしいちぞうこくむ》大臣が日記をつけていますので、両方を見ると要点だけはわかります。それによると、マッカーサーは終始、日本側のいかなる要求も承諾《しょうだく》することなく突《つ》っぱね、とにかく何があっても四十八時間以内に返事を寄《よ》こせと迫《せま》ったようです。

ここで、二つの日記を組み合わせてマッカーサーと幣原《しではら》さんの会談を少し再現《さいげん》してみますと、まずマッカーサーが言います。

「憲法《けんぽう》が主権在民《しゅけんざいみん》を明記したのは……進んで国民の信頼《しんらい》によって天皇《てんのう》がその位《くらい》におられるという趣旨《しゅし》を明らかにしたものであって、このようにすることが天皇《てんのう》の権威《けんい》を高からしめると確《かく》信《しん》している」

主権《しゅけん》は国民にあり、その主権《しゅけん》をもつ国民が認《みと》めているのだから、天皇陛下《てんのうへいか》は今の地位でいいと世界に表明しているのと同じで、われわれもそれが一番いいと思う、というわけです。

「もしも軍に関する条項《じょうこう》（軍隊を持ち、交戦権《こうせんけん》も持ったまま）をそのまま保存《ほぞん》するならば、諸外国《しょがいこく》は何というだろうか。またも日本は軍備《ぐんび》の復旧《ふっきゅう》を企《くわだ》てていると考えるに決まっている。日本のためには非武装《ひぶそう》の声明は実にいいことだ、むしろ、国策遂行《こくさくすいこう》のためにする戦争を放棄《ほうき》すると声明して、日本がモラル・リーダーシップをとるべきだと思う」

すると、幣原《しではら》さんはあわてたように口を挟《はさ》みました。

「あなたはリーダーシップといわれたが、恐《おそ》らく世界中でだれもフォロワー（follower＝あとに続く）とならないのではありませんか」

日本が先頭に立って戦争放棄《ほうき》と叫《さけ》んでも、世界中で誰《だれ》もついて来ないのでは、と言うのです。

これに対してマッカーサーは自信たっぷりに答えました。

「フォロワーがなくても日本は失うところはない。これを支持《しじ》しないのは、しない者が悪いのである」

これを見ると、どうも今の憲法《けんぽう》第九条《じょう》は、幣原《しではら》さんの提案《ていあん》というより、やはりマッカーサーが断固《だんこ》とした信念を通したと思えないでもありません。幣原《しではら》さんは最後まで諦《あきら》めず主張《しゅちょう》します。

「マッカーサー元帥《げんすい》が主張《しゅちょう》せらるる二点の中、戦争はやらないという文句《もんく》を明記するという事、これは、軍備《ぐんび》を持たない国は戦争などやれるものではない、又《また》、やらないにきまっている、のみならず、開戦の如《ごと》きすべて議会においてキメルのであるから殊更《ことさら》に明文化しなくとも、連合国司令部を安心せしむる方法はイクラでもあると思う。又《また》、主権《しゅけん》は人民にありという点、これもまた法文の現《あらわ》し方《かた》が違《ちが》うだけで、その精神《せいしん》は一致《いっち》しているから、松本博士《まつもとはかせ》と、も一度、話合えば必ずまとまるものと〔私《わたし》は〕信じている」

日本側としては、主権在民《しゅけんざいみん》もその精神《せいしん》においては昔から「君臣一如《くんしんいちにょ》」であって、わざわざ断《ことわ》らなくてもよく、もう一度松本博士《まつもとはかせ》と相談すれば解決《かいけつ》できるかもしれない。が、マッカーサーは聞く耳を持たず、四十八時間以内に回答を持って来いと迫《せま》ったのです。

幣原《しではら》さんが帰ってきてこれを報告《ほうこく》しますと、「芦田《あしだ》日記」によれば、松本国務《まつもとこくむ》大臣は依然《いぜん》として「断固受諾拒否《だんこじゅだくきょひ》」で粘《ねば》っていましたが、三土内務《みつちないむ》大臣、副島千八《そえじませんぱち》農林大臣、そして芦田《あしだ》さん自身が、「もうこのまま受け取ったほうがいいのではないか」と折れたようです。また安倍《あべ》文部大臣は、「とにかく陛下《へいか》に対しても、国民に対しても内閣《ないかく》の責任《せきにん》は重大。慎重《しんちょう》に慎重《しんちょう》を重ねて決意をしなければ」と、何が何だかさっぱりわからないようなことを言っています。いずれにしろ、幣原《しではら》さんがマッカーサーに頼《たの》んでもだめなのですから、閣議《かくぎ》でも抵抗《ていこう》する術《すべ》が浮《う》かばなかったのだと思います。

それでも日本政府《せいふ》はＧＨＱに、「あなた方の案では、日本国民に激《はげ》しいショックを与《あた》え、彼《かれ》らに民主主義《しゅぎ》自体に対する反対の態度《たいど》をとらせるだろう、非常《ひじょう》に危険《きけん》である」と盛《さか》んに言ったようです。ただ、歴史《れきし》に「イフ」はありませんが、もしも実際《じっさい》に日本がこの草案を突《つ》っぱね、予《よ》告《こく》通りＧＨＱが直接《ちょくせつ》日本国民に問うたとしたらどうなったかを考えることは、必ずしも無駄《むだ》ではありません。当時を知っている人、それも年代によってそれぞれ違《ちが》うと思いますし、私《わたし》などは子供《こども》でしたが、その後ずっと戦後を生きているなかで、もしもあの時、ＧＨＱが直接《ちょくせつ》に日本国民に意見を問うていたらと思うと……。

当時の日本国民は、戦争の悲惨《ひさん》を痛感《つうかん》していましたし、軍部の横暴《おうぼう》にこりごりしていましたから、平和や民主主義《しゅぎ》や自由といった、占領軍《せんりょうぐん》が示《しめ》してきた新しい価値観《かちかん》を貴重《きちょう》なものと感じる人が多かったと思うんです。悲劇《ひげき》をもう一度繰《く》り返《かえ》したくない、戦争は本当にこりごりというのが現実《げんじつ》でした。そこに敗戦の虚脱《きょだつ》感が合わさって、なんというか、日本政府《せいふ》よりもアメリカを信じている人のほうが多かったのではないか、と私《わたし》などは観察するのです。すでに二百日に及《およ》ぶ占領《せんりょう》下の生活のなかで、下品な言い方をすれば、ＧＨＱと〝寝《ね》てしまった〟日本人にとっては、ＧＨＱは日本政府《せいふ》よりもよっぽど信頼《しんらい》のおけるいい旦那《だんな》だったと思わないでもないんです。それ以上に、ＧＨＱの政策《せいさく》によって、なんとなしに日本に対する嫌悪《けんお》感のようなものが強くなって、むしろアメリカへの親近感をもちはじめていたんですね。日本人は、そのうえに当時たいへん功利的にもなっていましたし、アメリカという大金持ちの国が「こういうかたちで国をつくったらどうですか」と一括《いっかつ》して、それもタダで、さらに「こういうふうに運用すればいいんですよ」とアンチョコ付きで出してきてくれているんです。しかも象徴《しょうちょう》であれ何であれ、最大の問題であった天皇制《てんのうせい》が温存《おんぞん》されているのです。文句《もんく》を言う筋合《すじあ》いじゃありません。アメリカも相当、日本の世情《せじょう》を調べていましたし、政府《せいふ》が「国民はショックを受けて反対しますよ」といくら言っても、実際《じっさい》は歓迎《かんげい》したと思うんですよ。

また簡単《かんたん》に付け加えておきますが、このちょうど同じ頃《ころ》、二月十九日（松本《まつもと》さんがGHQ草案のことを閣議《かくぎ》で報告《ほうこく》した日ですね）から天皇《てんのう》が地方巡幸《じゅんこう》をスタートさせました。これは天皇《てんのう》が「国民にも親しく会い、戦争で苦労をかけたことをひとことお詫《わ》びしたい」という気持ちから自らが言い出して、日本中を歩いたのです。まず神奈川県へ、三台の車を連ねて赴《おもむ》き、戦災《せんさい》した子供《こども》たちを訪《たず》ねたり、工場の職工《しょっこう》さんと話をしたり。めったにないことですから大きなニュースとして報《ほう》じられました。その時の有名なせりふですが、

「お父さんは元気かな」

「お父さんは戦死しました」

「アッ、ソウ」

この、なにかというと「アッ、ソウ」と言うのが当時はやりまして、悪ガキどもは、「おい、

地方巡幸で国民の歓迎を受ける天皇と皇后。「アッ、ソウ」が流行語になった（昭和館提供）

ノート貸《か》してくれよ」「アッ、ソウ」なんて真似《まね》したもんでした。

　ともかく、天皇《てんのう》が親しく国民の中に入ってゆく時期と重なって、天皇《てんのう》の安泰《あんたい》が確定《かくてい》したとわかれば国民の気持ちも相当違《ちが》ったんじゃないでしょうか。もしGHQがかなりの自信をもってこの草案を出してきていれば、なかなか面白《おもしろ》いことが起きたかもしれません。

　そういうわけで、閣議《かくぎ》もごたごたしましたが、最後に幣原《しではら》さんが閣僚《かくりょう》に言いました。

「主権在民《しゅけんざいみん》と戦争放棄《ほうき》は、総《そう》司令部の強い要求です。憲法《けんぽう》改正はこれにそって立案するよりほかにない。それ以外はなお交渉《こうしょう》を重ね、こちらの意向を活《い》かすように努める。そうご了承《りょうしょう》を賜《たまわ》りたい」「天皇《てんのう》には主権《しゅけん》はない」「戦争は放棄《ほうき》する」の二点は変えられないと考えて頂《いただ》き、他の部分は日本側の意向に沿《そ》って修正《しゅうせい》し立案することで了解《りょうかい》してほしい、と。幣原《しではら》さんはもともと「受諾《だく》したくない」とかなり強く主張《しゅちょう》していたのですが、マッカーサーとの会談後に、こう語っていたそうです。

「天皇制護持《てんのうせいごじ》のためには、憲法《けんぽう》原案（ＧＨＱ案）をのんで、天皇《てんのう》をシンボルにすることと、戦争放棄《ほうき》に同意したのである」

もしこれを承認《しょうにん》しなければ、何かもっと大きなものを失うことになる、下手《へた》すると天皇陛下《てんのうへいか》の身柄《みがら》は保証《ほしょう》できなくなるんですよ、そう言外《げんがい》に匂《にお》わせているのです。

◆ようやく成立した新憲法《けんぽう》

さて憲法《けんぽう》を改正することになって、最後に残された問題があります。それまでは明治憲法《けんぽう》が生きているわけですから、その七十三条《じょう》によれば、憲法《けんぽう》改正には勅命《ちょくめい》（天皇陛下《てんのうへいか》の命令）を絶対《ぜったい》必要としています。内閣《ないかく》が決めても天皇《てんのう》がノーと言えばだめなわけです。そこで、天皇陛《てんのうへい》下《か》がどう言われるだろうかということが最後の問題となります。

幣原《しではら》さんがマッカーサーに会って閣議《かくぎ》で報告《ほうこく》をしたその二月二十二日、記録によれば午後二時五分から三時十五分というかなり長い時間、いったん閣議《かくぎ》を中止して幣原《しではら》さんが天皇《てんのう》のもとに行き、報告《ほうこく》をしています。

天皇陛下《てんのうへいか》はその日、軽い風邪《かぜ》気味で執務室《しつむしつ》には出ず、御文庫《おぶんこ》で静養中でした。例の神奈川県巡幸《じゅんこう》の三日間が非常《ひじょう》に寒く、それが原因《げんいん》だったのではないでしょうか。首相《しゅしょう》が経緯《けいい》とGHQ草案の内容《ないよう》、極端《きょくたん》に言えば「天皇《てんのう》は象徴《しょうちょう》」「主権在民《しゅけんざいみん》」「戦争放棄《ほうき》」の三原則《さんげんそく》を伝えると、天皇《てんのう》は――幣原《しではら》平和財団編《ざいだんへん》『幣原喜重郎《しではらきじゅうろう》』によれば――次のように言われました。

「最も徹底的《てっていてき》な改革《かいかく》をするがよい。たとえ天皇《てんのう》自身から政治的機能《せいじてききのう》のすべてを剝奪《はくだつ》するほどのものであっても、全面的に支持《しじ》する」

とにかく徹底的《てっていてき》にやっていい、自分の権限《けんげん》は何もなくなってもいいと。

また、もう一説に、出典は不明なのですが、こうきっぱり言ったとも伝わっています。

「自分は象徴《しょうちょう》でいいと思う」

これは、二回目の「聖断《せいだん》」ですね。戦争をやめるという聖断《せいだん》をした天皇《てんのう》が、戦後日本をつくる基本《きほん》となる憲法《けんぽう》作成の際《さい》に、自分は象徴《しょうちょう》でいいと決意表明したのです。これによって、憲《けん》法《ぽう》改正が動きだすのです。幣原《しではら》さんは退室《たいしつ》し、閣議《かくぎ》に戻《もど》って天皇陛下《てんのうへいか》の言葉を閣僚《かくりょう》に伝えました。もはや、反対する人は一人もなく、さすがの松本国務《まつもとこくむ》大臣も「止《や》むを得《え》ません」と納得《なっとく》したそうです。とにかくゴタゴタはこれで終わりました。

以下、憲法《けんぽう》が正式に決まるまでにはまだいろいろあります。幣原内閣《しではらないかく》はこの後まもなく退陣《たいじん》し、四月の総選挙《そうせんきょ》を経《へ》て、昭和二十一年五月に吉田茂《よしだしげる》が首相《しゅしょう》に就任《しゅうにん》します。戦後の選挙制《せい》度《ど》に基《もと》づき新しい衆《しゅう》議院《ぎいん》議員が決まり、内閣《ないかく》も吉田《よしだ》さん率《ひき》いる自由党《じゆうとう》中心となり、憲法《けんぽう》改正問題が国会に諮《はか》られます。そのために吉田内閣《よしだないかく》は、とりわけ憲法担当《けんぽうたんとう》として新しく入閣《にゅうかく》した金《かな》森徳次郎《もりとくじろう》国務《こくむ》大臣はたいへんな苦労をしますが、詳《くわ》しく話すときりがありません。

ですが、いくら新しい議員たちがどう突《つ》っ込《こ》んできても、考えてみれば、ＧＨＱがそれまでに天皇制《てんのうせい》の改革《かいかく》を徹底的《てっていてき》にやってきていますから、今さら議論《ぎろん》をしてもどうにもならないところまで来ていたのです。

ひとつは、「人間宣言《せんげん》」です。これによって、神がかり的国家観は消滅《しょうめつ》しています。新議員にもまだ「日本は神の国だ」と叫《さけ》ぶ人はいましたが、もう誰《だれ》も相手にしません。日本のリーダーが呪文《じゅもん》のように唱えてきた「国体《こくたい》は護持《ごじ》されたのだ」なんてことさえ（実際《じっさい》は結果的にはされていないのですが）、すでに不明確《ふめいかく》のままやりすごすことになってしまっています。

二つめに、国会質疑《しつぎ》で吉田《よしだ》さんは「ごまかし」の答弁《とうべん》を繰《く》り返《かえ》すのですが、彼《かれ》は直接《ちょくせつ》ＧＨＱとやり合ってきた人です。ＧＨＱ案は日本には合わない、受け入れ難《がた》い強引《ごういん》なものではあっても、これを飛ばしてしまえばまた一からやり直し、天皇陛下《てんのうへいか》の身柄《みがら》の問題も再燃《さいねん》するに決まっています。天皇陛下《てんのうへいか》ご自身も象徴《しょうちょう》でいいと言われたし、この象徴《しょうちょう》規定《きてい》以外に天皇制《てんのうせい》を守る道はないと、吉田《よしだ》さんは非常《ひじょう》にリアリスティックに考えた、いや立場上、考えざるを得《え》なかったんですね。議会で猛反対《もうはんたい》されても、何を言われても、とにかく受け入れるしかないと観念している立場で答弁《とうべん》をするわけです。たとえば、

「皇室《こうしつ》の御存在《ごそんざい》なるものは、これは日本国民、自然に発生した日本国体《こくたい》そのものであると思います。皇室《こうしつ》と国民との間に何等《なんら》の区別もなく、いわゆる君臣一如《くんしんいちにょ》であります。君臣《くんしん》一家であります」

こんなふうにぬけぬけと答えるのですが、今読むと何言ってんだか、国民主権《しゅけん》と天皇主権《てんのうしゅけん》とはずいぶん違《ちが》いますし、ちょっと頭がおかしいのでは、というような内容《ないよう》で、これで納得《なっとく》する議員はいないんじゃないでしょうか。さらに吉田《よしだ》さんは言い切ります。

「国体《こくたい》は新憲法《けんぽう》によっていささかも変更《へんこう》せられないのであります」

主権《しゅけん》は国民にあって天皇《てんのう》にはないとはっきり言っていて、天皇陛下《てんのうへいか》の絶対的《ぜったいてき》な権力《けんりょく》を基礎《きそ》としたいわゆる戦前の国体《こくたい》は完全に否定《ひてい》されてなくなっているにもかかわらず、堂々《どうどう》とこう言うのです。詭弁《きべん》でしかないのですが、これで押《お》し通《とお》す以外に天皇陛下《てんのうへいか》の身柄《みがら》を守りぬく方法はないのだから、言外《げんがい》に「おまえたち、ぐずぐず言わずに納得《なっとく》してくれ」と言っているわけです。

この方針《ほうしん》で、吉田《よしだ》さんの代わりに答弁《とうべん》に立つ金森《かなもり》さんも、どんな質問《しつもん》をされようと「とにかく国体《こくたい》は変更《へんこう》されていない」「国民主権《しゅけん》であっても君臣一如《くんしんいちにょ》だから同じなんだ」と答え、戦中に聖戦完遂《せいせんかんすい》・鬼畜《きちく》米英を叫《さけ》んでいた不満でしようがない代議士《だいぎし》たちをも押《お》し切《き》ったのです。

一方、リベラル派《は》だとか社会党《しゃかいとう》には「ＧＨＱ案で日本の国はよくなる」と喜《よろこ》ぶ人もいました。

面白《おもしろ》いのは、共産党《きょうさんとう》がなぜか「軍隊を持たない」「戦争放棄《ほうき》」の条項《じょうこう》に猛反対《もうはんたい》したんです。これでは国民の権利《けんり》である自衛《じえい》戦争も認《みと》められないではないか、と。今の共産党《きょうさんとう》とはずいぶん違《ちが》いますね。

こうして議会で激論《げきろん》が交《か》わされ、ＧＨＱ草案が少しずつ手直しされ、しかし大原則《だいげんそく》としての「国民主権《しゅけん》」「象徴天皇《しょうちょうてんのう》」「戦争放棄《ほうき》」はしっかり守りながら、憲法《けんぽう》は審議《しんぎ》決定されていきました。やがて議会で全条項《じょうこう》が可決《かけつ》され、昭和二十一年（一九四六）十一月三日、「日本国憲法《けんぽう》」が国民に公布《こうふ》され、翌年《よくねん》五月三日からの施行《しこう》が決まりました。これが実際《じっさい》に生きた憲法《けんぽう》として、その後の戦後日本の土台となるわけです。いや、機軸《きじく》となったのです。

公布《こうふ》の前に、天皇陛下《てんのうへいか》が新しい日本国憲法《けんぽう》に署名《しょめい》をしましたが、それは五十七年間続いた大日本帝国憲法《ていこくけんぽう》の解体《かいたい》を意味する最後の儀式《ぎしき》でした。こうしてやっと、憲法《けんぽう》が成立したのです。

そして、ここまでは、ＧＨＱによる改革《かいかく》で日本ががたがたと解体《かいたい》される話でしたが、これからは、いよいよ、この憲法《けんぽう》を機軸《きじく》に新しい日本をつくるために日本人がどうやって努力してきたかの話になっていくわけです。

＊1――極東委員会　ソ連など他の連合国の要求により、ＧＨＱの占領政策《せんりょうせいさく》をチェックする対日政策《せいさく》最高決定機関として昭和二十年（一九四五）十二月、ワシントンを事務局《じむきょく》に設《もう》けられた。

＊2――御文庫《おぶんこ》　防空施設《ぼうくうしせつ》として昭和十六年（一九四一）、宮城《きゅうじょう》の吹上御苑《ふきあげぎょえん》の森を切り開いてつくり、戦後も天皇《てんのう》の居所《きょしょ》として使用された。

第六章

「東京裁判《さいばん》」の判決《はんけつ》が下りるまで

冷戦のなか、徹底的《てっていてき》に裁《さば》かれた現代日本史《げんだいにほんし》

この章のポイント

一九四六（昭和二十一）年五月三日に開廷《かいてい》した東京裁判《さいばん》においてA級戦犯《せんぱん》として二十八人が裁《さば》かれました。当時、世界では冷戦が激化《げきか》し、少なからず裁判《さいばん》に影響《えいきょう》を与えます。東京裁判《さいばん》の意味は、①日本の考え方は間違《まちが》った戦争観だったことの証明《しょうめい》、②連合国側の国民を納得《なっとく》させる復讐《ふくしゅう》の儀式《ぎしき》、③日本国民には責任《せきにん》がないことを示《しめ》して民主主義《しゅぎ》国家へと導《みちび》くための啓蒙教化でした。一九四八（昭和二十三）年十一月に判決《はんけつ》が下り裁判は終了《しゅうりょう》しましたが、天皇《てんのう》の訴追《そつい》は免《まぬが》れました。

キーワード

チャーチル／鉄のカーテン／社会党内閣《しゃかいとうないかく》／片山哲《かたやまてつ》／民法改正／帝銀事件《ていぎんじけん》／イスラエル建国／ベルリン封鎖《ふうさ》／国際検事団《こくさいけんじだん》／ニュルンベルク裁判《さいばん》

◆冷戦のはじまり

今日は極東国際《こくさい》軍事法廷《ほうてい》、いわゆる東京裁判《さいばん》の話をします。

東京裁判《さいばん》は昭和二十一年（一九四六）五月三日に開廷《かいてい》し、昭和二十三年十一月十二日の判決《はんけつ》まで、市ケ谷《いちがや》の現在《げんざい》は自衛隊《じえいたい》がある当時の陸軍省講堂《こうどう》で行なわれました。その場所は今はすっかり変わってしまいましたが、法廷《ほうてい》そのものは記念の建物として敷地《しきち》の端《はし》のほうに残されていますから、申《もう》し込《こ》めば見ることができます。ちなみに三島由紀夫《みしまゆきお》さんが自決《じけつ》した部屋も、今は法廷跡《ほうていあと》とくっついたかたちで残されています。

東京裁判《さいばん》の中味に入る前に、まずはその頃《ころ》、日本や世界でどのようなことが起こっていたかを、大ざっぱに見ておくことにします。

まず昭和二十一年三月五日、イギリス首相《しゅしょう》チャーチルが、「鉄のカーテン」という言葉が世界的に有名になった演説《えんぜつ》を、アメリカ旅行中のミズーリ州フルトンという町で行ないました。

「バルチック海のステッチンからアドリア海のトリエステまで、ヨーロッパ大陸を横切り鉄のカーテンがおりている。その背後《はいご》に……弱小であった共産党《きょうさんとう》が、いたるところで全体主義的《しゅぎてき》な支配《しはい》をしこうとしている」

ソ連邦《れんぽう》が東欧諸国《とうおうしょこく》を次から次へと押《お》さえて共産化し、まさにヨーロッパが真っ二つに割《わ》れ、東側つまりソ連側からは一切《いっさい》の情報《じょうほう》が出てこなくなった。同盟国《どうめいこく》として協力してドイツや日本を打《う》ち破《やぶ》ったはずの米英と、ソ連ならびにその衛星諸国《えいせいしょこく》とは真《ま》っ向《こう》から対立しはじめた、というのです。その頃《ころ》、ソ連は原爆《げんばく》を作りはじめていましたが、それも公開せず秘密《ひみつ》にし、米英そしてカナダの軍事同盟《どうめい》に対抗《たいこう》しようとしていると。このへんから、いわゆる「冷戦」の言葉で象徴《しょうちょう》される、東西が本格的《ほんかくてき》に正面から対立して世界を動かしていく態勢《たいせい》がはじまったのです。

一方、日本では、前回も申しましたように、共産党《きょうさんとう》が急激《きゅうげき》に勢《いきお》いを増《ま》し、今にも革命《かくめい》が起きるんじゃないかという雰囲気《ふんいき》でした。よく知られる例を挙げますと、五月十二日、世田谷区民が〝米よこせデモ〟を起こしました。とにかく腹《はら》がぺこぺこだというので、なんとかしてくれとデモンストレーションをかけたのです。デモ隊は坂下門からついに宮城《きゅうじょう》の中に押《お》し入《い》り、「天皇《てんのう》の毎日の食事の献立表《こんだてひょう》を見せろ」と前代未聞《ぜんだいみもん》の叫《さけ》びを上げました。まあ、ふたを開けてみるとたいしたものを食ってなかったので呆気《あっけ》にとられた、という話も残っているのですが。

さらに一週間後の五月十九日、東京都民全体規模《きぼ》の「飯米獲得《かくとく》人民大会」、いわゆる食糧《しょくりょう》メーデーが日比谷《ひびや》公園で開かれ、大いに意気《いき》が上がり、参加者は二十五万人に達したといわれます。この時、たくさん立てられたプラカードの中に、目を引くものがありました。

「国体《こくたい》はゴジ（護持）されたぞ／朕《ちん》はタラフク食ってるぞ／ナンジ（汝）人民／飢《う》えて死ね／ギョメイギョジ（御名御璽）」

この大きな文字には皆《みな》が拍手喝采《はくしゅかっさい》を送りましたが、まだ日本には当時、不敬罪《ふけいざい》が刑法《けいほう》として残っていまして、「けしからん、皇室《こうしつ》をないがしろにするのもはなはだしい」というわけでプラカードを作った松島松太郎《まつしままつたろう》さんは逮捕《たいほ》されたのですが、のちにこれがきっかけとなって不敬罪《ふけいざい》は廃止《はいし》され、松島《まつしま》さんは無罪放免《むざいほうめん》となりました——というくらいに、日本国内では社会主義《しゅぎ》化といいますか、とくに東京では革命《かくめい》の機運がたいへん盛《も》り上《あ》がっていたようです。私《わたし》はその頃《ころ》、新潟県長岡《ながおか》にいましたから、実際《じっさい》にはわからないのですが……。

さらに、議論《ぎろん》を重ねてきた新憲法《けんぽう》が十一月三日公布《こうふ》、翌《よく》昭和二十二年五月三日施行《しこう》と決まり、議会成立を前に内容《ないよう》が固まってきた六月二十四日、議会では、戦前からの共産党《きょうさんとう》トップ、獄《ごく》中《ちゅう》生活十八年という徳田球一《とくだきゅういち》さんが演説《えんぜつ》し、これが非常《ひじょう》に話題になりました。

「吉田内閣《よしだないかく》の政策《せいさく》の基本《きほん》は……労働者、農民、勤務者《きんむしゃ》、戦災者《せんさいしゃ》、帰還同胞《きかんどうほう》（外地から帰ってきた人）、復員戦士《ふくいんせんし》、中小資本家《しほんか》の利益《りえき》の一大飛躍《ひやく》を、政策《せいさく》の中心とするのでなければ、日本民族は破壊《はかい》に陥《おちい》ると信ずるのである。しかるに政府諸君《せいふしょくん》がかかる重要なことを考える前に、憲法《けんぽう》を設定《せってい》しようとしているのは、何事であるか。われわれは憲法《けんぽう》よりも食糧《しょくりょう》を、これがわが党《とう》のスローガンである。また労働者、農民、一般《いっぱん》人民諸君《しょくん》の叫《さけ》びである……」

憲法《けんぽう》よりまず食い物だ！　と、共産党《きょうさんとう》代表が議会で大演説《だいえんぜつ》をぶったのです。これが大きな話題になるくらいに、社会主義的《しゅぎてき》な動きが顕著《けんちょ》だったと言えるのです。

そして今でも強く記憶《きおく》に残るのが、十一月一日発売の雑誌《ざっし》「世界」十一月号で、のちの京都大学教授《きょうじゅ》の桑原武夫《くわばらたけお》さんが、「第二芸術《げいじゅつ》　現代俳句《げんだいはいく》について」という文章を発表し、これがまた大変な話題となったことです。芭蕉《ばしょう》以来、日本人がもっとも好むところの俳句《はいく》が、芸術《げいじゅつ》でもなんでもない、くだらない第二芸術《げいじゅつ》である、というわけですから。

「……他に職業《しょくぎょう》を有する老人や病人が余技《よぎ》とし、消閑《しょうかん》（ひまつぶし）の具とするにふさわしい。しかし、かかる慰戯《いぎ》（遊びごと）を現代人《げんだいじん》が心魂《しんこん》を打ちこむべき芸術《げいじゅつ》と考えうるだろうか。小説や近代劇《げき》と同じようにこれにも『芸術《げいじゅつ》』という言葉を用いるのは言葉の乱《らん》用《よう》ではなかろうか」

それなら短歌も日本の私小説《ししょうせつ》も第二芸術《げいじゅつ》かと。敗戦後、日本の伝統《でんとう》文化なんてものは全部だめなんだといった空気に乗っかったかたちで、大騒《おおさわ》ぎになりました。

もうひとつ、昭和二十一年で中学生の私《わたし》などが非常《ひじょう》に印象深《いんしょうぶか》いのは、十一月十六日、当用漢字が発表されたことです。日本の文化が世界に劣《おと》っているのは、漢字が多すぎて、それも難《むずか》しいのが原因《げんいん》である。さらには教育の民主化のためもある。といって全部かなにしてしまうと読みにくいので、当面使う漢字を千八百五十字に決めてしまおうという内閣告示《ないかくこくじ》がなされたのです。いわゆる漢字制限《せいげん》ですね。同時に、「てふてふ」を「ちょうちょう」とは読めないじゃないか、というのでかなづかいも「現代《げんだい》かなづかい」に改めました。たとえば「塔《とう》」を「たふ」と読みがなをふるのは意味があるからなのですが、それも無駄《むだ》である、と旧《きゅう》かなづかいは否定《ひてい》されてしまいました。

ただよく見ると、当用漢字に「拷《ごう》」や「隷《れい》」なんていう難《むずか》しい文字が残っている。なぜか？

すでに新憲法《けんぽう》に記載《きさい》されていたからです。一方で、日常的《にちじょうてき》な「皿」「鍋《なべ》」「釜《かま》」といった漢字がなくなってしまい、書こうとすれば「さら」「なべ」「かま」となる。「なんでこんなことになったんだ」「あたりめえじゃねえか、うちの台所にねえんだから」なんて、私《わたし》たち中学生どもは馬鹿笑いしたのを覚えています。

ついでに申しますと、女へんの「奸《かん》」「姦《かん》」「妖《よう》」「嫉《しつ》」など、あやしげな文脈《ぶんみゃく》にしか使われない言葉は全部カットされました。これも「仕方ない、男女同権《どうけん》だもんな」と納得《なっとく》したり、さらに「妾《めかけ》」もなくなりまして、我《われ》ら悪童どもは「ああ、将来《しょうらい》これを持ちたかったのに、夢《ゆめ》も希望も消えてしまった……」と大いに嘆《なげ》いたものでした。

それはともかく、漢字制限《せいげん》や現代《げんだい》かなづかいは、戦後の日本を象徴《しょうちょう》するような大きな政策《せいさく》転換《てんかん》のひとつの表れだったと思います。

◆社会党内閣《しゃかいとうないかく》の成立

翌《よく》昭和二十二年になりますと、一月十五日に日本初のヌードショーが行なわれました。「国破《やぶ》れて裸《はだか》あり」。新宿《しんじゅく》の今の伊勢丹《いせたん》の前にあった映画館《えいがかん》「帝都座《ていとざ》」の五階に小さな劇場《げきじょう》がありまして、そこでいわゆるストリップがはじまったのです。そうは言ってもタイトルは「名画アルバム」。〝ヴィーナス誕生《たんじょう》〟と銘打《めいう》って、カーテンが上がると女の人が額縁《がくぶち》を背景《はいけい》に大きな帽子《ぼうし》を持って舞台《ぶたい》に立ったまま動かないのです。下半身は帽子《ぼうし》で隠《かく》されているけれど、たしかにハダカなんです。まあそれでも男どもは押《お》し寄《よ》せまして、固唾《かたず》をのんで舞台《ぶたい》の上にはじめての女性《じょせい》のヌードを見たんですね。この時のヌード第一号が甲《か》斐美春《いみはる》さんという若《わか》い女性《じょせい》だそうですが、彼女《かのじょ》は間もなく親父《おやじ》さんに怒《おこ》られてやめてしまい、

日本初のヌードショー「名画アルバム」（撮影＝石井幸之助）

その後に出てきたのがヒロセ元美《もとみ》さんという非常《ひじょう》に有名なストリッパーです。彼女《かのじょ》は「立っているだけじゃつまらない」と自ら動き出し、見事な裸踊《はだかおど》りを披露《ひろう》して場内はたいへんに沸《わ》きました。これを警察《けいさつ》が取《と》り締《し》まることもなく、ストリップは一気に盛《さか》んになったんですね。

ちなみに、この年の夏くらいから、浅草《あさくさ》の大都《だいと》劇場《げきじょう》やロック座《ざ》でも華々《はなばな》しいストリップがはじまりまして、昭和二十三年に長岡《ながおか》から東京に出てきた私《わたし》もよく通わさせていただきました。

それから半月後の二月一日、現在《げんざい》はストライキが禁止《きんし》されている官公庁《かんこうちょう》ですが、その頃《ころ》はGHQの「労働者は解放《かいほう》せよ」の方針《ほうしん》のもと、官僚《かんりょう》だって労働者というわけで当然ストライキが許《ゆる》されていて、全官公庁《かんこうちょう》といえば大蔵省《おおくらしょう》から東京都まですべての役人ですからたいへんな人数のストが計画されました。当時は国有鉄道ですから、電車もすべて止めるというものすごい

ゼネストです。私《わたし》もよく覚えていまして、もし成功したら、たちまち人民内閣《ないかく》が出来上がって日本は社会主義《しゅぎ》国家になるんじゃないかと予感させる、大きな動きでした。

しかし前日の一月三十一日夜、ＧＨＱのマーカット経済《けいざい》科学局長が、スト計画の最前線に立っていた全官公庁《かんこうちょう》共闘《きょうとう》会議議長の伊井弥四郎《いいやしろう》さんを呼《よ》びつけ、「国家の安定を乱《みだ》すストは許《ゆる》さん」と強引《ごういん》に割《わ》って入って禁止《きんし》命令です。泣く子とＧＨＱには勝てない。そこで伊井《いい》さんは、ならばラジオで全官公庁《かんこうちょう》の組合員にそのことを知らせたい、と願い出て許可《きょか》されました。涙《なみだ》ながらの声で「ストはやむを得《え》ず中止する」と語る放送を私《わたし》も聴《き》きました。そして伊井《いい》さんはこう締《し》め括《くく》りました。

「……最後に私《わたし》は、声を大にして日本の労働者、農民のバンザイを叫《さけ》びたいと思います。一歩退却《たいきゃく》、二歩前進。労働者、農民、バンザイ。われわれは団結《だんけつ》しなければならない」

この一歩退却《たいきゃく》、二歩前進、という言葉が非常《ひじょう》に流行しまして、「今日の試験は失敗した」「一歩退却《たいきゃく》、二歩前進……できんのかよぉ」「ダメダメ、お前は一歩前進、五歩退却《たいきゃく》だもんな」なんてやりあったものです。ともかくこれは、日本の社会主義《しゅぎ》への動き、滔々《とうとう》たる革命《かくめい》への波が頭からガシャッと封《ふう》じられたような大きな事件《じけん》で、戦後日本の進路はここから変わったんじゃないかとさえ感じさせたのです。

かわりに、と言いますか、新憲法《けんぽう》が施行《しこう》される前日の五月二日、マッカーサーが吉田《よしだ》茂《しげる》首《しゅ》相宛《しょうあて》に書簡《しょかん》を送り、五月三日以後は国会、最高裁判所《さいこうさいばんしょ》、首相官邸《しゅしょうかんてい》、皇居《こうきょ》に国旗を掲《かか》げることを無制限《むせいげん》に許《ゆる》す、と伝えました。敗戦以来、占領《せんりょう》下の日本は日の丸を掲《かか》げることはなかったのですね。といっても、最初はそれこそ官公庁《かんこうちょう》で許可《きょか》されたのであって、日本領土《りょうど》内《ない》に無制限《むせいげん》に日の丸を掲《かか》げてよいことになったのは、昭和二十四年（一九四九）一月一日からです。

こうして、一方では日の丸の掲揚《けいよう》を許可《きょか》し、他方では社会主義《しゅぎ》の人民政府《せいふ》成立かという動きを制止《せいし》する、というふうに、このへんからGHQの方針《ほうしん》がちょっとずつ、以前のようにひたすら民主化を叫《さけ》んで過去《かこ》の日本を壊《こわ》してゆくやり方からは変わってきていました。ただそれは後にわかったことで、当時の日本人はそう感じてはいなかったでしょう。そして面白《おもしろ》いことに、GHQが日本政府《せいふ》に猫《ねこ》なで声《ごえ》を出しはじめた頃《ころ》にあたる四月二十五日に総選挙《そうせんきょ》が行なわれ、なんと社会党《しゃかいとう》が百四十三名当選して第一党《とう》になったのです。現在《げんざい》の社民党《しゃみんとう》議員は何人いるんでしょうか、今昔《こんじゃく》の感がありますねえ。

ともかく、与党《よとう》の敗北という結果となり、吉田茂《よしだしげる》さん率《ひき》いる自由党《じゆうとう》は「それなら第一党《とう》に譲《ゆず》る」とあっさり内閣《ないかく》を総辞職《そうじしょく》しました。これが非常《ひじょう》に鮮《あざ》やかだったものですから、立派立派《りっぱりっぱ》ということで、日本人のすこぶる気に入るところとなり、結果として後に自民党内閣《じみんとうないかく》がずーっと続くことになるのですが。

ただし第一党《とう》とはいえ社会党《しゃかいとう》は、過半数《かはんすう》には達していませんから、連立せざるを得《え》ません。すると、学者でもある荒畑寒村《あらはたかんそん》氏を中心にした社会党左派《しゃかいとうさは》が「とんでもない」と言い出し、「三日天下でもいい、社会党単独内閣《しゃかいとうたんどくないかく》で社会主義《しゅぎ》政策《せいさく》を断行《だんこう》すべきだ、今がチャンスなのだ」と強く主張《しゅちょう》したのです。党内《とうない》は大揉《おおも》めとなりますが、なんとか左派《さは》を押《お》さえつけ、片山哲《かたやまてつ》さんを総理《そうり》大臣とする民主党《みんしゅとう》、国民協同党《とう》との連立内閣《ないかく》を組織《そしき》しました。こうして、一応社会党《いちおうしゃかいとう》を中心とする内閣《ないかく》が日本ではじめて成立したのです。五十年もたってもう一度、できるのですが。

この片山内閣《かたやまないかく》の成立は社会主義《しゅぎ》的な風潮《ふうちょう》、当時の日本人の心を象徴《しょうちょう》するような事ではあったのですが、結果的には民主党《みんしゅとう》や国民協同党《とう》といったやや自由党寄《じゆうとうよ》りの人を入れた連立とならざるを得《え》ず、わずか九カ月足らずで総辞職《そうじしょく》に追《お》い込《こ》まれます。それを引《ひ》き継《つ》いだかたちの芦田《あしだ》内閣《ないかく》が七カ月ほど続き、そして再《ふたた》び吉田内閣《よしだないかく》が登場するわけで、この吉田内閣《よしだないかく》はなんといってても先の日本人好みの潔《いさぎよ》い身の引き方が人気を得《え》て、長期政権《せいけん》を予想させました。まあ、今なら社会党内閣《しゃかいとうないかく》ができてもどうってことないじゃないか、と思われるかもしれませんが、当時はほんとうに画期的だったのです。これがもし一年でも二年でも続けば、どんどん社会主義《しゅぎ》政策《せいさく》が断行《だんこう》されたかもしれない、そうしたら日本はどう変わっていったか、いやいや興味深《きょうみぶか》い「イフ」ですね。そういう意味では外せない重要な出来事でありました。

続いて同年の暮《く》れ、十二月二十二日に片山内閣《かたやまないかく》のもとで「民法」が改正されます。日本がこれから民主国家になろうというのですから当然、すべてにおいて民主的かつ自由平等的でなければならない、するとどう考えてもそれまで日本人が保《たも》ってきた封建的《ほうけんてき》家族制度《せいど》は全否定《ひてい》されなくてはならない運命にありました。というわけで、夫婦《ふうふ》平等、戸主権《こしゅけん》や長子相続権《そうぞくけん》の廃止《はいし》、成年者の自由結婚《けっこん》の尊重《そんちょう》（親の許《ゆる》しはいらない）――現在《げんざい》のわれわれの暮《く》らしを見ればわかることが、どんどん決まったのです。元東大教授《きょうじゅ》の養老孟司《ようろうたけし》さんは、「戦後日本をおかしくした最大の要因《よういん》は民法改正だ」とおっしゃってました。過去《かこ》の全否定《ひてい》でなく、非常《ひじょう》に大事な法律《ほうりつ》ですから、もう少しきちんと考えて、うんと議論《ぎろん》を重ねて改正すべきであったと。そうなんです、この結果、おやじさんは「月給運搬人《うんぱんにん》」となって権威失墜《けんいしっつい》、昔は一番偉《えら》い戸主《こしゅ》のもとに集まって暮《く》らしていた大家族主義《しゅぎ》は核家族《かくかぞく》となり、全相続権《そうぞくけん》をもつ長男が親の面倒《めんどう》もちゃんとみるという既定《きてい》の事実もなくなった。今まで威張《いば》っていた男の権威《けんい》はどこへやら、居場所《いばしょ》もなくなり、濡《ぬ》れ落ち葉、「オヤジ、もう少ししっかりしろよ」という現代《げんだい》の風潮《ふうちょう》につながった……ですが、この民法改正以来培《つちか》ってきた民主的かつ自由平等的社会は、とうてい元に戻《もど》すことなどできないでしょう、そう私《わたし》には思えます。

◆激変《げきへん》する世界情勢《じょうせい》

年が明けた昭和二十三年（一九四八）も見ておきますと、一月二十六日に帝銀事件《ていぎんじけん》という世にも不思議な事件《じけん》が起きました。豊島区椎名町《としまくしいなまち》の帝国《ていこく》銀行支店《してん》にやってきた男が赤痢《せきり》の予防薬《よぼうやく》だと言い青酸《せいさん》カリを十六人の行員にのませ、このため十二人が死亡《しぼう》、犯人《はんにん》は十六万円余《あまり》を奪《うば》って逃走《とうそう》したんです。七カ月後に画家の平沢貞通《ひらさわさだみち》を逮捕《たいほ》しましてね、最高裁《さいこうさい》までいって死刑《しけい》が確《かく》定《てい》しました。しかし、ほとんどの日本人は彼《かれ》が真犯人《しんはんにん》とは思えませんでした。当時は旧刑事訴《きゅうけいじそ》訟法《しょうほう》による捜査《そうさ》で証拠《しょうこ》より自白が重視《じゅうし》されていた。ですから、平沢には死刑執行《しけいしっこう》がなされず、死ぬまで獄中《ごくちゅう》にいたんですよ。では、真犯人《しんはんにん》は？　となって、ここに満洲《まんしゅう》ハルピン郊外《こうがい》にあった石井《いしい》部隊、または七三一部隊つまり細菌戦《さいきんせん》のための秘密《ひみつ》の陸軍部隊の元隊員が浮《う》かび上《あ》がったのです。ここで働いた医師《いし》や隊員なら毒物《どくぶつ》を扱《あつか》うのにも手馴《てな》れていますからね。戦争という残酷《ざんこく》にして不気味な影《かげ》がなお尾《お》を引いているのを誰《だれ》もが感じさせられた事件《じけん》だったのです。

また五月一日、歌手の美空《みそら》ひばりさんがデビューしました。

さらに、現代《げんだい》の世界を考えるための一つの重要な要素《ようそ》として、五月十四日にイスラエルが建国したことをあげておきます。今のイスラエルの地はもともとイギリスが押《お》さえていて、イギリス総督《そうとく》が絶大《ぜつだい》な権威《けんい》でもって支配《しはい》していました。それが、パレスチナ委任統治《いにんとうち》の期限《きげん》が切れる前日のこの日、イギリス人はさーっと引《ひ》き揚《あ》げてしまったのです。英国国旗を降《お》ろし、総督《そうとく》以下軍隊まですべてがこの地を立ち去ると、そこへ数時間もたたないうちに、イスラエルの指《し》導者《どうしゃ》たちが乗《の》り込《こ》んできて、テルアビブの博物館で大会議を開き、臨時政府《りんじせいふ》の長としてベングリオン議長がコンコンと小槌《こづち》を鳴らし、「聖書《せいしょ》のなかの祖先《そせん》の国」イスラエル国の建国を宣言《せんげん》しました。あっという間の出来事でした。

これは世界史《せかいし》のなかでも実に奇妙《きみょう》な話なんです。イギリスはなぜあんなにあっさりと統治《とうち》を投げ出し、あんなに危《あぶ》ない場所をポンとイスラエルに譲《ゆず》り、早速乗《さっそくの》り込《こ》んできたイスラエルがパレスチナ人を追い出し、独立宣言《どくりつせんげん》をしてしまったか。現在《げんざい》のアラブ、イスラエル、パレスチナの問題はここに発しているのです。アメリカもソ連もイスラエルの建国宣言《せんげん》を認《みと》めたのですが、実際《じっさい》はアメリカ国務省《こくむしょう》も国防省《こくぼうしょう》も、中東にイスラエルなどという独立《どくりつ》国家をつくることは大変に危険《きけん》で賢明《けんめい》ではない、とはじめは猛反対《もうはんたい》していました。アラブが石油を握《にぎ》っていると いう軍事的観点からすれば、アメリカはアラブ側につかなくてはならないのに、なぜイスラエル側につかなければならないのかと国内も非常《ひじょう》に揉《も》めました。ところがトルーマン大統領《だいとうりょう》は、「ユダヤ人の祖国《そこく》の発展《はってん》に助力できることがあれば、なんでもやる」と、あらゆる反対を押《お》しのけて新国家イスラエルの誕生《たんじょう》を祝ったのです。まさに新国家はアラブ世界の真ん中にですよ。この時、世界のリーダーたちはもう少し慎重《しんちょう》に、どこに独立《どくりつ》国家をつくるべきか考え、互《たが》いに意見を戦わせなければならなかったのでしょうが。

このへんから、世界情勢《じょうせい》は激変《げきへん》しはじめます。この前々年に鉄のカーテンが敷《し》かれ、冷戦がはじまっていた、さらに中東ではイスラエルとアラブというものすごい火種が生まれる。それに加えてもう一つは、イスラエル建国からひと月少したった六月二十四日のことです。

「ベルリンの壁《かべ》」とよく言われますが、ドイツのかつての首都ベルリンは、ヤルタ会談やポツダム会談でドイツをソ連、アメリカ、イギリス、フランスの四国が分割統治《ぶんかつとうち》することが決まって四等分されたうち、ソ連圏内《けんない》にポツンと孤立《こりつ》して入っていました。しかもそのベルリンそのものも英米ソ仏《ふつ》の四つに分けられ、はじめこそ、全体を管理する管理委員会の統治《とうち》のもと、連合国は仲良くやっていて、互《たが》いに自由に交通できました。ところが一九四六年のベルリン市長選挙で西側の候補《こうほ》が当選すると、ソ連はこれを非常《ひじょう》に重要視《じゅうようし》して、四カ国で構成《こうせい》していた管理委員会から脱退《だったい》し、自分たちだけで東ベルリンを支配《しはい》すると主張《しゅちょう》しました。こうして六月二十四日、突然《とつぜん》ベルリンは東西に分割《ぶんかつ》され、自由な行き来もできなくなる。それどころか、外との交渉《こうしょう》はまかりならんと周囲《しゅうい》がドーンとソ連軍によって封鎖《ふうさ》され、完全にソ連圏《けん》の中にベルリンは孤立《こりつ》してしまったのです。そして後にすごい壁《かべ》をつくったのです。

まさしくベルリンは東西冷戦をまともに具現《ぐげん》した格好《かっこう》になり、世界中は「これじゃ戦争だ」「また大戦争か」と大騒《おおさわ》ぎになる。ベルリンの中でアメリカ、イギリス、フランスが管理している地域《ちいき》は封鎖《ふうさ》されたため食糧《しょくりょう》に困《こま》り、このままでは戦争しかない、という危機《きき》に陥《おちい》った。それでも良識《りょうしき》ある人はまだ多く、地上からの援助《えんじょ》がだめなら空から物資《ぶっし》を送《おく》り届《とど》けようというので、三カ国が協同して飛行機で食糧《しょくりょう》や水や薬など必要なものを次々に運《はこ》び込《こ》むことになります。これが「大空輸《くうゆ》作戦」としてニュースや新聞で毎日のように報《ほう》ぜられ、戦争は回避《かいひ》したものの、なんとソ連は世界戦争を辞さず強硬手段《きょうこうしゅだん》を駆使《くし》するすごい国かという印象《いんしょう》を与《あた》え、ますます東西冷戦が厳《きび》しくなることを人びとに予感させました。

このように、日本で東京裁判《さいばん》が行なわれている時に、世界情勢《じょうせい》は激《はげ》しく動き出し、ソ連とアメリカを中心とする西欧諸国《せいおうしょこく》との対立、抗争《こうそう》が大戦争の一歩手前になるほど激《はげ》しくなっていったのです。これはGHQにとっては何を意味するか――日本国内で革命《かくめい》の機運がある折、占領《せんりょう》政策《せいさく》をこれまでのように頭ごなしにやり続け、もし日本が社会主義《しゅぎ》国家を志向《しこう》するようになったら大変じゃないか、という懸念《けねん》が生まれたのです。日本人を怒《おこ》らせ共産圏《きょうさんけん》側に走らせるようなことがあったら大変です。こういった背景《はいけい》のもとでの東京裁判《さいばん》でした。

なお、国内についてひとつ付け加えておきますと、ベルリン封鎖《ふうさ》直前の六月十九日、社会的道徳、家庭的道徳（そういうものがあるのかどうかわかりませんが）など、かつて日本人の精神《せいしん》をつくってきた「教育勅語《ちょくご》」、そして日本の軍隊の心棒《しんぼう》をつくってきた「軍人勅諭《ちょくゆ》」が完全に失効《しっこう》しました。

前にも触《ふ》れましたが、「教育勅語《ちょくご》」は、「父母ニ孝《こう》ニ兄弟《けいてい》ニ友《ゆう》ニ夫婦相和《ふうふあいわ》シ朋友相信《ほうゆうあいしん》シ　恭倹己《きょうけんおの》レヲ持シ博愛衆《しゅう》ニ及《およ》ホシ学ヲ修《おさ》メ業ヲ習ヒ以《もっ》テ智能《ちのう》ヲ啓発《けいはつ》シ　徳器ヲ成就《じょうじゅ》シ進テ公益《こうえき》ヲ広メ……」といったものですが、民法が改正されますと「兄弟に友に」なんてやってられませんし、軍隊がなくなれば「一旦緩急《いったんかんきゅう》アレハ義勇《ぎゆう》公ニ奉《ほう》シ」も必要ありません。また父祖《ふそ》このかたの教えである「軍人勅諭《ちょくゆ》」は「世論《せいろん》ニ惑《まど》ハス政治《せいじ》ニ拘《かかわ》ラス　只々一途《ただただいちず》ニ己《おのれ》カ本分ノ忠節《ちゅうせつ》ヲ守リ　義《ぎ》ハ山岳《さんがく》ヨリモ重ク死ハ鴻毛《こうもう》ヨリモ軽《かろ》シト覚悟《かくご》セヨ……」などといいますが、国のために死ぬのは鳥の羽よりも軽いことだなんて教えも、もはや必要なし。これには長い前文があって、「忠節《ちゅうせつ》」「礼儀《れいぎ》」「武勇《ぶゆう》」「信義《しんぎ》」「質素《しっそ》」という五つの教えが示《しめ》されていましたが、これも民主日本には不要とされます。実際《じっさい》そんなことはないはずなんですがねえ。とりあえずは、日本人にはもう忠節《ちゅうせつ》も礼儀《れいぎ》も武勇《ぶゆう》も信義《しんぎ》も質素《しっそ》もいりません、というかたちが定められたのです。これと民法改正があいまって、日本はこれからいったいどちらを向いて歩いてゆくのか、という重大な命題がつきつけられたにも拘《かかわ》らず、誰《だれ》もそんなことを考える余裕《よゆう》はなく、依然《いぜん》「腹《はら》がへって、腹《はら》がへって」の状態《じょうたい》でした。

◆A級戦犯《せんぱん》はどうやって決められたか

さて、いよいよ本題の東京裁判《さいばん》に入ります。

以上のような国内外の背景《はいけい》のもと、裁判《さいばん》は昭和二十一年（一九四六）五月三日に開廷《かいてい》し、二十三年十一月十二日に判決《はんけつ》が下るまで、途中《とちゅう》、夏休みがあったり、昭和二十三年の春から秋にかけて判決文《はんけつぶん》を書くために休廷《きゅうてい》しましたから、二年六カ月と言いましても、正味二年間行なわれたことになります。ちなみに今流行《はや》りなのか、「東京裁判史観《さいばんしかん》」と盛《さか》んに言われます。そりゃいったい何ぞや、と問うてみたいのですが、そんな歴史観《れきしかん》があるはずはなく、私《わたし》はその言葉自体がよくわかりませんので使いません。

いずれにしろ、東京裁判《さいばん》をどのように話せばよいのかはなかなか難《むずか》しいのですが、ともかく戦争犯罪人《はんざいにん》についてはすでにポツダム宣言《せんげん》に書かれていて、それに従《したが》ってマッカーサーの命令で検事団《けんじだん》が選ばれ、場所も選定され、GHQの管理下で裁判《さいばん》が行なわれたのです。まずは、最近の靖国《やすくに》問題に絡《から》んで盛《さか》んに耳にするA級戦犯《せんぱん》、そしてB級、C級と戦犯《せんぱん》は三つに分かれていて、これがどういうことか。前にすでにお話してあります。

簡単《かんたん》に繰《く》り返《かえ》しますと、A級は「侵略《しんりゃく》戦争を計画し、あるいは指導《しどう》した者、ならびに戦争を防止《ぼうし》しなかった者」です。東京裁判《さいばん》のために作られた国際検事団《こくさいけんじだん》が、これに該当《がいとう》する人を勝手

極東国際軍事裁判開廷

に選んで起訴《きそ》することで、裁判《さいばん》ははじまります。国際検事団《こくさいけんじだん》は、アメリカ、イギリス、中国、フィリピン、ニュージーランド、カナダ、オランダ、オーストラリア、ソ連、フランス、インドといった、日本と太平洋洋上や島々で戦ったなかで大きな被害《ひがい》を受けた十一カ国で構成《こうせい》されていました。その国際検事団《こくさいけんじだん》に「こいつはＡ級だ」と目《もく》された人が次々に逮捕《たいほ》されて取り調べを受け、なかで間違《まちが》いなくＡ級に相当すると判断《はんだん》された人は、現在《げんざい》の池袋《いけぶくろ》サンシャインビルの場所にあった巣鴨拘置所《すがもこうちしょ》に入れられました。百人以上もいました。さらにその中から正式に起訴《きそ》して裁判《さいばん》にかける第一級のＡ級が二十八人と決まりました。実は東京裁判《さいばん》が終わった後、残ったＡ級容疑《ようぎ》の人たちも裁判《さいばん》にかける予定だったのですが、二年半かかって二十八人を裁《さば》いた頃《ころ》には世界情勢《じょうせい》がどんどん変わってきて、仲良く検事団《けんじだん》を組んでやっていられる状態《じょうたい》ではなくなった。金もかかり過《す》ぎました。というわけで、A級戦犯《せんぱん》の追加裁判《さいばん》は行なわないことを昭和二十四年（一九四九）二月に決めました。したがって、この「準《じゅん》A級《きゅう》」戦犯《せんぱん》は、数も多かったのですが——岸信介《きしのぶすけ》、笹川良一《ささがわりょういち》、児玉誉士夫《こだまよしお》らが有名です——全員が裁判《さいばん》セーフになりました。ただし、彼《かれ》らには「勲章《くんしょう》」がついてしまったんですね、堂々《どうどう》たる大物である、という。

　次にB級とは、これも繰《く》り返《かえ》しになりますが、「国際条約《こくさいじょうやく》あるいは慣行《かんこう》に違反《いはん》し、俘虜《ふりょ》または住民を虐殺《ぎゃくさつ》または虐待《ぎゃくたい》した事件《じけん》の直接《ちょくせつ》または間接《かんせつ》の責任者《せきにんしゃ》たりしたため戦犯《せんぱん》になった者」。そしてC級は、先の「B級の事件《じけん》の直接下手人《ちょくせつげしゅにん》たりしため戦犯《せんぱん》になった者」というふうに、一《いち》応《おう》区別されたわけです。ところが実際《じっさい》は、B級は全部、C級と同じようなものでもあるので、「BC級戦犯《せんぱん》」と言っていっしょに裁判《さいばん》されました。また、国際検事団《こくさいけんじだん》が裁《さば》くA級と違《ちが》って、BC級戦犯《せんぱん》は、虐殺《ぎゃくさつ》などその直接《ちょくせつ》の関係国のみによって裁《さば》かれました。たとえば南京事件《なんきんじけん》であれば中国、シンガポール虐殺事件《ぎゃくさつじけん》であればイギリス、インドネシアでの事件《じけん》はオーストラリアといった具合です。ただし重なる場合には、二カ国以上によって裁《さば》かれた例もあります。

　もとに戻《もど》って、東京裁判《さいばん》といえばA級戦犯《せんぱん》というわけです。ではどうやって、A級戦犯《せんぱん》の二十八人を決めたのか？　もちろん非常《ひじょう》に複雑《ふくざつ》な経緯《けいい》ですから一概《いちがい》には言えませんが、そのために一番協力した、と言っては怒《おこ》られますが、検事団《けんじだん》にとって非常《ひじょう》に役に立った人物が二人いて、一人が自身もA級戦犯《せんぱん》である内大臣の木戸幸一《きどこういち》さん、もう一人がかつての兵務《へいむ》局長田中隆吉《たなかりゅうきち》さんです。田中隆吉《たなかりゅうきち》という名前は初めてじゃありませんね。昭和七年（一九三二）、川島芳子《かわしまよしこ》を使って日本の日蓮宗《にちれんしゅう》の坊《ぼう》さんを殺害《さつがい》した上海《しゃんはい》事変を計画した男です。最後は少将《しょうしょう》ですから偉《えら》かったんですが、この人が検事《けんじ》側につき、相談に応《おう》じ、次々と日本陸軍内部のことを喋《しゃべ》りました。

この経緯《けいい》でいちばんすごいのは、国際検事団《こくさいけんじだん》のサケット捜査《そうさ》課長が木戸《きど》さんに出頭を命じ、昭和二十一年一月十六日の第一回から三月十六日まで三十回にわたって行なった尋問《じんもん》です。最高の証拠物件《しょうこぶっけん》である『木戸《きど》日記』を握《にぎ》られていますから、木戸《きど》さんにしてもごまかしがきかないという事情《じじょう》もあったのですね。

この綿密《めんみつ》に綿密《めんみつ》を極《きわ》めた尋問《じんもん》記録は、後に立教大学の粟屋憲太郎《あわやけんたろう》教授《きょうじゅ》が中心となり『東京裁判資料《さいばんしりょう》　木戸幸一《きどこういち》尋問《じんもん》調書』という本にまとめられまして、それによると、たとえば「満洲《まんしゅう》事変の時に天皇《てんのう》はどうだったのか」という問いに、木戸《きど》さんは答えています。

「陛下《へいか》はまったく働きかけをされませんでした」

では中国への進出についてはどうか。

「まったく反対しておられました」

国際連盟脱退《こくさいれんめいだったい》についてはどうか。

「陛下《へいか》は反対でした」

これに対してサケットは、「お前は天皇陛下《てんのうへいか》のお気持ちばかり証言《しょうげん》しているが、意思ではなく、実際《じっさい》の行動はどうだったのか」と盛《さか》んに追及《ついきゅう》するのですが、木戸《きど》さんは最後まで天皇陛下《てんのうへいか》の和平思想を強調し、どうにかして身柄《みがら》を守《まも》り抜《ぬ》こうとしました。

そのかわり、軍人や政治家《せいじか》についてはあれこればらすのです。たとえば「真珠湾攻撃《しんじゅわんこうげき》前夜、断固《だんこ》アメリカを撃《う》つべしと頑強《がんきょう》に言《い》い張《は》ったのは、東条英機《とうじょうひでき》、松岡洋右《まつおかようすけ》、石原莞爾《いしはらかんじ》、真崎甚三郎《まさきじんざぶろう》、鈴木貞一《すずきていいち》、武藤章《むとうあきら》、佐藤賢了《さとうけんりょう》の七人だ」などと明かすのですが、なんでこんなところに開戦時にすでに予備役《よびえき》の石原《いしはら》と真崎《まさき》が入ってくるのでしょうか……という具合に尋問《じんもん》は続き、ともかく結果的に木戸《きど》さんが戦犯容疑者《せんぱんようぎしゃ》として名指ししたのは次の人たちです。

満洲《まんしゅう》事変関係では、★南次郎《みなみじろう》、★荒木貞夫《あらきさだお》、真崎甚三郎《まさきじんざぶろう》、★橋本欣五郎《はしもときんごろう》、根本博《ねもとひろし》、石原莞爾《いしはらかんじ》、

上海《しゃんはい》事変関係では、★小磯国昭《こいそくにあき》

★板垣征四郎《いたがきせいしろう》、小畑敏四郎《おばたとししろう》

日中戦争関係では、永田鉄山《ながたてつざん》（故人《こじん》）、★鈴木貞一《すずきていいち》、林銑十郎《はやしせんじゅうろう》、★松井石根《まついいわね》、岡村寧次《おかむらやすじ》

南方進出（仏印進駐《ふついんしんちゅう》）については、★佐藤賢了《さとうけんりょう》、★東条英機《とうじょうひでき》、★松岡洋右《まつおかようすけ》、近衛文麿《このえふみまろ》、★武藤章《むとうあきら》、★永野修身《ながのおさみ》、★嶋田繁太郎《しまだしげたろう》、★岡敬純《おかたかずみ》

三月事件《じけん》関係では、★大川周明《おおかわしゅうめい》

この中で、実際《じっさい》にA級戦犯《せんぱん》となったのはじつに十五人（★印。ただし松岡洋右《まつおかようすけ》、永野修身《ながのおさみ》は裁判《さいばん》中に病没《びょうぼつ》、大川周明《おおかわしゅうめい》は精神障害《せいしんしょうがい》のため釈放《しゃくほう》）に上ります。陸軍軍人の主なところは軒《のき》

並《な》み入っています。ということは、木戸《きど》さんの証言《しょうげん》がかなりアメリカに通じたわけなんでしょうね。こうして二十八人のA級戦犯《せんぱん》が決まったわけです。

もっとも正式に決まるまでにじつは面白《おもしろ》いことが起こります。最初は二十五人のA級戦犯《せんぱん》と決めていたのですが、四月十三日に到着《とうちゃく》したソ連検事団《けんじだん》の要望で三人増《ふ》やし、二十八人にしました。そしてこれでよし、ということで裁判《さいばん》用の設備《せつび》として、被告席《ひこくせき》を二十八作ったわけです。ところが、ですね。四月二十七日、ソ連検事団《けんじだん》がさらに、梅津美治郎《うめづよしじろう》と重光葵《しげみつまもる》を追加したい、と言い出したのです。しかし被告席《ひこくせき》は二十八しかありません。もう二十八人は決まっています。ソ連が断固《だんこ》として譲《ゆず》りませんので、検事団《けんじだん》は相談してすでに決まったなかから二人減《へ》らすことにして、改めて真崎甚三郎《まさきじんざぶろう》と阿部信行《あべのぶゆき》をはずしたのです——というように、まことに妙《みょう》な裁判《さいばん》であったことが、この一件《けん》をもってしてもわかります。

そして国際検事団《こくさいけんじだん》が出した訴因《そいん》は五十五項目《こうもく》もありました。うち1〜36項目《こうもく》は「平和に対する罪《つみ》」、37〜52項目《こうもく》が「殺人及《さつじんおよ》び殺人《さつじん》共同謀議《ぼうぎ》の罪《つみ》」、そして53〜55項目《こうもく》が「通例の戦争犯罪《はんざい》及《およ》び人道に反する罪《つみ》」、つまり虐殺《ぎゃくさつ》や虐待《ぎゃくたい》などです。しかしこのうち「平和に対する罪《つみ》」「人道に反する罪《つみ》」は、これまでの国際法《こくさいほう》にはなく、先にナチス・ドイツに対して行なったニュルンベルク裁判《さいばん》で突然《とつぜん》出てきた罪状《ざいじょう》でした。弁護団《べんごだん》がここを猛烈《もうれつ》に突《つ》きます。新しく作った法律《ほうりつ》で過去《かこ》の戦争を裁《さば》くのはおかしいのではないかと強く抗議《こうぎ》したのです。ですから開廷《かいてい》後もしばらくの間、この裁判《さいばん》が正しいものか、成立するものかどうか、延々《えんえん》と論議《ろんぎ》が続きましたが、結果的には、弁護団《べんごだん》が食い下がるのを検事団《けんじだん》があくまでも突《つ》っぱね、あらゆるものを押《お》し切《き》るかたちで進むわけです。

◆東京裁判《さいばん》とは何であったか

五月三日開廷《かいてい》といっても、手続きなどがあって実際《じっさい》に裁判《さいばん》がはじまったのは六月四日です。この日、アメリカ人の検事団長《けんじだんちょう》ジョセフ・キーナンが総括論告《そうかつろんこく》、つまり起訴状《きそじょう》をえんえんと読み上げました。午前中にはじまり、午後を経《へ》て、夕方になっても終わらないほどの膨大《ぼうだい》なもので、これによって東京裁判《さいばん》が有効《ゆうこう》であることを宣言《せんげん》したのです。重光葵《しげみつまもる》さんの『巣鴨《すがも》日記』に書かれたものから骨子《こっし》を申しますと、

「東京裁判《さいばん》は勝者による軍事裁判《さいばん》であるが、将来《しょうらい》の国際《こくさい》平和を確立《かくりつ》せんがための新例である。日本の犯《おか》した国際《こくさい》平和に対する反逆《はんぎゃく》、侵略《しんりゃく》戦争および不法残虐行為《ざんぎゃくこうい》に対して文明の名において裁判《さいばん》し、過去《かこ》の責任者《せきにんしゃ》を摘発《てきはつ》し抹殺《まっさつ》し、将来《しょうらい》の戦争防止《ぼうし》に資《し》せんとするものである。

これらドック（被告《ひこく》の座《すわ》る一区域《くいき》をこう呼《よ》びました）に居並《いなら》ぶ二十八名の被告《ひこく》等は、すべて一名残らず、この日本の侵《おか》したる極悪《ごくあく》なる罪悪《ざいあく》について責任《せきにん》を負わねばならぬ。彼《かれ》らはいずれも極刑《きょっけい》に値《あたい》するものである」

抗議《こうぎ》を受けた「平和に対する罪《つみ》」や「人道に反する罪《つみ》」を裁《さば》くこの裁判《さいばん》は、将来《しょうらい》の国際《こくさい》平和を確立《かくりつ》するための「新しい例」だというのですね。この論告《ろんこく》などから見て、東京裁判《さいばん》とは何

であったかを考えてみますと、次の三つが挙げられると思います。

①日本の現代史《げんだいし》を裁《さば》く

連合国が日本を相手に今度の戦争をし、アメリカは原子爆弾《ばくだん》を投下、ソ連は満洲《まんしゅう》に侵攻《しんこう》したこと……などはすべて正しいのだ、連合国側にすべての「正義《せいぎ》」があるのだ——ということを確認《かくにん》するための裁判《さいばん》であった、と私《わたし》は思うのです。自分たちの側にこれまでの人類の歴史《れきし》に合致《がっち》する真理があり、自らの側に人道的なモラルがあった、また二十世紀《せいき》においては日本人が考えるような侵略性《しんりゃくせい》をもつ戦争は正しくない、ということを証明《しょうめい》する裁判《さいばん》だったのではないか。つまり、日本の現代史《げんだいし》を徹底的《てっていてき》に裁《さば》くという眼目《がんもく》がまずあったのです。

②復讐《ふくしゅう》の儀式《ぎしき》

勝ったとはいえ、連合国でもたくさんの国民が亡《な》くなりました。その死が無駄《むだ》ではなかったということを、自国民に納得《なっとく》させるための一種の復讐《ふくしゅう》の儀式《ぎしき》だったと思わざるをえません。キーナンさんの論告《ろんこく》の原文を見ますと、「以下本起訴状《きそじょう》の言及《げんきゅう》せる期間に於《おい》て、日本の対外政《せい》策《さく》は、犯罪的軍閥《はんざいてきぐんばつ》に依《よ》り支配《しはい》せられ、且《かつ》指導《しどう》せられたり。斯《かか》る政策《せいさく》は重大なる世界的紛争《ふんそう》及《およ》び侵略《しんりゃく》戦争の原因《げんいん》たると共に、平和愛好諸国民《しょこくみん》の利益並《りえきならび》に日本国民自身の利益《りえき》の大なる毀損《きそん》の原因《げんいん》をなせり……」。犯罪的軍閥《はんざいてきぐんばつ》によって支配《しはい》された日本がやったことは、すべての平和愛好的諸国民《しょこくみん》（自分たちのことですね）の利益《りえき》はもちろん、日本国民の利益《りえき》をもむちゃくちゃにした、したがってこの犯罪的軍閥《はんざいてきぐんばつ》を徹底的《てっていてき》に裁《さば》くのだと。明らかに復讐《ふくしゅう》の匂《にお》いがあるんですね。

弁護団《べんごだん》はものすごく反対しました。勝者だけが裁判《さいばん》をするとはとんでもない話だ、戦争自体やった者が悪いのであって、片方《かたほう》のみが犯罪《はんざい》になるなどおかしいではないか、国家行為《こうい》であり個人《こじん》の責任《せきにん》ではない、事後法的な性格《せいかく》も間違《まちが》っている……先に申しましたように、これらの主《しゅ》張《ちょう》を検事団《けんじだん》はすべて払《はら》いのけました。さらに、ポツダム宣言《せんげん》によると、通例の戦争犯罪者《はんざいしゃ》しか裁《さば》かないのではなかったのか、訴因《そいん》がむちゃくちゃに広げられているではないか、という反論《はんろん》にも、『木戸《きど》日記』によると、降伏《こうふく》調印の三週間前に天皇《てんのう》が「戦争責任者《せきにんしゃ》の処分《しょぶん》」と言っている、だから通常《つうじょう》の戦争犯罪者《はんざいしゃ》だけではなく「戦争責任者《せきにんしゃ》」を裁《さば》くのは有効《ゆうこう》なのだ、と突《つ》っぱねました。さらに、

③日本国民への啓蒙《けいもう》教化の目的

とにかく戦争中の言論封鎖《げんろんふうさ》で何も具体的なことを知らされていない日本人に、南京事件《なんきんじけん》のこと、無通告真珠湾攻撃《しんじゅわんこうげき》のこと、シンガポール虐殺事件《ぎゃくさつじけん》のこと、バターン死の行進のこと、泰緬《たいめん》鉄道では日本人がイギリス兵をたくさん殺《ころ》したなどの事実を知らしめ、片《かた》っ端《ぱし》から日本軍国主《しゅ》義《ぎ》の罪状《ざいじょう》を明らかにし、しかしその責任《せきにん》はお前たち日本国民にはない、だから責任《せきにん》は問わない、したがって犯罪的軍閥《はんざいてきぐんばつ》だけを対象《たいしょう》にしたんですよ、と示《しめ》すことで、日本国民を大いに啓蒙《けいもう》し、よき民主主義《しゅぎ》国家の人民になるよう導《みちび》く、という意味があったと思います。

◆「天皇《てんのう》は訴追《そつい》せず」

ともあれ、訴状《そじょう》の最大の焦点《しょうてん》は共同謀議《ぼうぎ》です。となると、問題は、侵略《しんりゃく》戦争の〝共同謀《ぼう》議《ぎ》〟の先頭に立った人はもちろん、それに加わった人まで罪《つみ》に問われる、さらにその外側にいても追及《ついきゅう》される可能性《かのうせい》があることです。すなわち昭和天皇《てんのう》も、包括的《ほうかつてき》に「平和に対する罪《つみ》」などという得体《えたい》の知れないものに入ってしまうのではないか――というわけで弁護団《べんごだん》や、米内光《よないみつ》政《まさ》さん、若槻礼次郎《わかつきれいじろう》さんなど引退《いんたい》した人も含《ふく》めて当時や過去《かこ》の政界《せいかい》リーダーたちは憂《うれ》い、あるいは何とかせねばならぬと騒然《そうぜん》となりました。

外国の世論《よろん》などをみますと、天皇《てんのう》の戦争責任《せきにん》については厳《きび》しいものでした。とくに、豪州《ごうしゅう》、ソ連、イギリスでは天皇《てんのう》の戦争責任《せきにん》を追及《ついきゅう》する声が高く、新聞などはゆゆしき事態《じたい》だと報《ほう》じていたのですが、ところが実際《じっさい》は、前にも話しましたとおり、マッカーサーの昭和二十一年一月二十五日付の手紙を受けたワシントンの三省（国務省《こくむしょう》、海軍省、陸軍省）委員会で、すでに天皇《てんのう》はセーフ――裁判《さいばん》にはかけない、戦争責任《せきにん》は追及《ついきゅう》しない――と決まっていたのです。つまり天皇《てんのう》の戦犯《せんぱん》問題はすでに解決《かいけつ》していたのです。国際検事局《こくさいけんじきょく》のジョセフ・キーナン首席検事《けんじ》も、来日と同時にマッカーサーに会い、昭和天皇《てんのう》は訴追《そつい》しない旨《むね》を承知《しょうち》して、あらかじめリストから外してありました。ですが日本も各国もそんなことは知りませんから、天皇《てんのう》はなぜ起訴《きそ》されないのかという声が当然上がってくるわけです。そこでキーナンは、最後までごちゃごちゃ言っていたオーストラリアもついに説《と》き伏《ふ》せ、国際検事局《こくさいけんじきょく》としては昭和天皇《てんのう》は起訴《きそ》しないと検事《けんじ》局《きょく》内部で表明したうえで、いよいよ裁判《さいばん》がはじまるのです。

ところが開始後の十月十日になって、ソ連のゴルンスキー検事《けんじ》と英国のコミンズ・カー検事《けんじ》が、「やはり侵略《しんりゃく》戦争の共同謀議《ぼうぎ》となると、すべて御前《ごぜん》会議で決定しているので天皇《てんのう》の許可《きょか》を得《え》ていることになるのではないか、ならば天皇《てんのう》を外すのはおかしいのではないか」と蒸《む》し返《かえ》します。そこでまたキーナンは十月十一日、「もう済《す》んだことだ」とそれを却下《きゃっか》し、改めて「天《てん》皇《のう》は訴追《そつい》せず」の声明を発表しました。これを日本人は大いに喜《よろこ》びます。そして安堵《あんど》で胸《むね》をなで下ろしたかつての日本のリーダーたち——若槻礼次郎《わかつきれいじろう》、米内光政《よないみつまさ》、岡田啓介《おかだけいすけ》の元首相《しゅしょう》三人と宇垣一成《うがきかずしげ》陸軍大将《たいしょう》——が、キーナンを招待《しょうたい》して慰労《いろう》の席を設《もう》けたりしました。

ですがそうなると、裁判《さいばん》は御前《ごぜん》会議を否定《ひてい》することになります。戦前の昭和史《しょうわし》でお話ししましたように、太平洋戦争は御前《ごぜん》会議の決定ではじまりました。昭和十六年（一九四一）の四回の御前《ごぜん》会議で、一段《だん》一段《だん》と戦争への階段《かいだん》を上がっていったのです。それが、裁判《さいばん》から天皇《てんのう》を外してしまうと、肝心《かんじん》の御前《ごぜん》会議を追及《ついきゅう》しにくくなるわけです。これには検事局《けんじきょく》も悩《なや》んだと思います。そして最終的には「一握《ひとにぎ》りの軍閥《ぐんばつ》、侵略《しんりゃく》戦争の犯人《はんにん》どもが、自分たちだけで謀議《ぼうぎ》し、天《てん》皇陛下《のうへいか》にも内緒《ないしょ》で戦争に突《つ》っ込《こ》んでいったのだ、責任《せきにん》はすべて大本営《だいほんえい》の参謀《さんぼう》たちにある、非人《ひにん》間的《げんてき》な作戦を進めたのも、命令を下したのもまた彼《かれ》らである、それを天皇《てんのう》はやむを得《え》ず追認《ついにん》したに過《す》ぎない」という構図《こうず》を組み立てたのです。

さて、被告席《ひこくせき》に並《なら》んだA級戦犯《せんぱん》二十八人を見ますと、なんと陸軍軍人が十五人もいます。それもほとんどが軍政《ぐんせい》方面つまり陸軍省関係で、参謀《さんぼう》本部関係はきれいに除外《じょがい》されています。たとえば、開戦時までの参謀《さんぼう》次長だった塚田《つかだ》攻《おさむ》さんや田辺盛武《たなべもりたけ》さん（参謀総長《さんぼうそうちょう》は飾《かざ》り物《もの》ともいえる閑院宮《かんいんのみや》様です）などは、軍令系《けい》のたいへんな責任者《せきにんしゃ》であるにも関わらずリストに入っていません。また太平洋戦争の作戦全般《ぜんぱん》を牛耳《ぎゅうじ》った作戦部長の田中新一《たなかしんいち》中将《ちゅうじょう》、そして海軍では福留繁《ふくとめしげる》作戦部長も除外《じょがい》されていて、二十八人のうち海軍はたった三人です。このほか外交官が五人、文官が二人（星野直樹《ほしのなおき》、賀屋興宣《かやおきのり》）、軍人以外の首相経験者《しゅしょうけいけんしゃ》が一人（平沼騏一郎《ひらぬまきいちろう》）、天皇《てんのう》側近が一人（木戸幸一《きどこういち》）、民間右翼《うよく》が一人（大川周明《おおかわしゅうめい》）でした——ただし大川周明《おおかわしゅうめい》は、裁判《さいばん》がはじまったと同時に、前に座《すわ》っていた東条《とうじょう》さんのハゲ頭をペシャンと叩《たた》いて「インド人こめんじー」などと怒鳴《どな》ってわけがわからなくなり、こりゃだめだと「精神障害《せいしんしょうがい》」を理由に外されてしまいましたから、実質的《じっしつてき》に被告席《ひこくせき》に座《すわ》ったのは二十七人ということになりますが。

　このように、御前《ごぜん》会議の決定も無視《むし》され、検事局《けんじきょく》が当初仕立てた共同謀議《ぼうぎ》そのものもあやふやになってしまいました。東京裁判《さいばん》は日本を侵略《しんりゃく》戦争に導《みちび》いた人全員を裁《さば》いたことになっていますが、そんなことはないのであって、ガタガタした挙句《あげく》、結果的には「犯罪的軍閥《はんざいてきぐんばつ》である陸軍の大陰謀《いんぼう》」という定義《ていぎ》のもと、これに乗っかった軍政《ぐんせい》の将官《しょうかん》たち、海軍や外交官はその外側にいたという構図《こうず》になったのです。陸軍の弁護団《べんごだん》は、そんな大陰謀《いんぼう》などなかったと主張《しゅちょう》し、また海軍や外交官の弁護団《べんごだん》は、大陰謀《いんぼう》とは関係なしに個人的《こじんてき》な弁護《べんご》に取り組むことになります。

というわけで裁判《さいばん》は、個人個人《こじんこじん》によってまったく違《ちが》ったかたちで進んでいくのです。

そしてよく調べていくと、戦後盛《さか》んに言われた日本の無責任体制《むせきにんたいせい》そのものといいますか、実際《じっさい》の日本の政戦略《せいせんりゃく》はどこにも責任《せきにん》がない、果たして誰《だれ》が真の責任者《せきにんしゃ》なのかわからないかたちで決められていったのです。ちょうど玉ねぎの皮を一枚一枚《いちまいいちまい》剝《む》いていくと、最後に芯《しん》がなくなって雲散霧消《うんさんむしょう》するようなもので、このときも、しょうがないので、日本の犯罪的軍閥《はんざいてきぐんばつ》は「侵略《しんりゃく》」という意識《いしき》をもたずに侵略《しんりゃく》したのだ、なんてことで片付《かたづ》けられました。そしてその指導《しどう》をしたのが犯罪的軍閥《はんざいてきぐんばつ》であり、さらにそのような陸軍の一部の行動や考えに屈伏《くっぷく》し、便乗《びんじょう》した人もいた。そういった連中が、自覚も確信《かくしん》も常識《じょうしき》もないままひたすら武力《ぶりょく》をもって世界制覇《せいは》をめざした、というのが国際検事局《こくさいけんじきょく》の主張《しゅちょう》となったのです。逆《ぎゃく》に、そんなバカな話はないだろう、というのが以後の弁護団《べんごだん》の言い分になる——要するに作り物の裁判《さいばん》なんですね。結果、裁判《さいばん》ではさまざまなことが論《ろん》ぜられ、いちいち細かく話せばそれだけで一冊《さつ》の本ができますが、ここでは面白《おもしろ》い話をいくつか挙げておくにとどめます。

◆〝茶番劇《ちゃばんげき》〟に敵《てき》も味方も汗《あせ》を流す

第一の問題は東条《とうじょう》さんです。犯罪的軍閥《はんざいてきぐんばつ》の首魁《しゅかい》、最重要人物として東条英機《とうじょうひでき》をやっつけるのが国際検事団《こくさいけんじだん》の第一目標でした。ところが、彼《かれ》は非常《ひじょう》に正直な人ですから、天皇陛下《てんのうへいか》のことを下手《へた》にしゃべりだす可能性《かのうせい》があるというので、米内《よない》さんあたりが非常《ひじょう》に心配して、裏《うら》から手

被告席の東条英機（1884‐1948）

を回し、被告席《ひこくせき》で彼《かれ》が何を話すのかそれとなく打診《だしん》をしました。すると東条《とうじょう》さんは、私《わたし》が恥《はじ》をさらしておめおめ生きているのは、我《わ》が国《くに》は侵《しん》略的《りゃくてき》な行為《こうい》をしたのではなく、世界平和のために戦争を行なったのだ、その全責任《ぜんせきにん》は私《わたし》にあるということをはっきり申し上げるためだ、と答えましたので、皆《みな》がとりあえず安心したのです。自分の言いたいことはきっちり言うけれど、天皇陛下《てんのうへいか》に責任《せきにん》を及《およ》ぼすような発言はしないとわかったわけですね。

裁判《さいばん》は氏名のアルファベット順に行なわれまして、一番目がAの荒木貞夫《あらきさだお》さんで、Tの東条《とうじょう》さんは後ろのほうです。そして昭和二十二年（一九四七）十二月三十一日、大晦日《おおみそか》になってようやく東条《とうじょう》さんの出番がやってきます。この時は、木戸幸一《きどこういち》さんについて調べるために、木戸《きど》さんの弁護人《べんごにん》ローガンさんがいろいろと質問《しつもん》をしました。その際《さい》、

「天皇《てんのう》の平和に対する希望に反する行動を（木戸《きど》さんが）とったことがあるか」

と聞かれて、東条《とうじょう》さんは答えます。

「そういう事例はもちろんありません。私《わたし》の知る限《かぎ》りにおいてはありません。のみならず、日本国の臣民が、陛下《へいか》のご意思に反してかれこれするということは、あり得《え》ぬことであります。いわんや、日本の高官においてをや」

最初のほうはよかったのですが、後半を見ますと、日本人は天皇陛下《てんのうへいか》のご意思に反することは一切《いっさい》しない、天皇陛下《てんのうへいか》の言うことは全部聞くと言ってるわけです。となると、おかしなことになってきます。天皇《てんのう》は「平和」「平和」と言っているはずなのに、なぜ皆《みな》はそれを聞かずに戦争に突入《とつにゅう》したのか。やはり天皇陛下《てんのうへいか》が戦争をやろうといったのではないか……。そこでウェッブ裁判長《さいばんちょう》が、口をはさみます。

「ただいまの回答がどのようなことを示唆《しさ》しているかは、よく理解《りかい》できるはずであります」

自分の発言が何を意味しているのか、あなたはわかっていますね、と東条《とうじょう》さんに聞いたわけです。これにはキーナン検事《けんじ》が蒼白《そうはく》になり、「そのような質問《しつもん》はうんぬん」とごちゃごちゃごまかし、正午なので休廷《きゅうてい》、と切り上げてしまいました。

大晦日《おおみそか》ですからお昼で終わってもおかしくはないのですが、部屋に戻《もど》ると、ソ連やイギリスやオーストラリアの検事《けんじ》らが「天皇《てんのう》を訴追《そつい》する十分な根拠《こんきょ》が発見できた」と叫《さけ》んでいます。こうして、東条《とうじょう》さんの木戸《きど》さんを弁護《べんご》するための発言が、妙《みょう》な展開《てんかい》で再《ふたた》び天皇《てんのう》の戦争責任《せきにん》問題に及《およ》び、裁判所《さいばんしょ》を俄然《がぜん》、揺《ゆ》るがすことになったのです。

幸いなことに、翌日《よくじつ》が元日で裁判《さいばん》も休み、翌《よく》昭和二十三年（一九四八）一月二日にはちょっと開廷《かいてい》したものの、このような大事な問題は簡単《かんたん》に済《す》ませられないということで保留《ほりゅう》、三日が土曜日、四日が日曜日でお休み、五日の再開《さいかい》に向けて、「なんとかせねば」と工作がはじまりました。あの発言は間違《まちが》いだったと東条《とうじょう》さん本人に言わせようというわけです。ところが律儀《りちぎ》で正直な人ですから「撤回《てっかい》はできない」というので、裏側《うらがわ》ですったもんだの騒《さわ》ぎです。そこで、木《き》戸《ど》さんの息子《むすこ》である木戸孝彦《きどたかひこ》さんが担《かつ》ぎ出《だ》されました。というのも父親の弁護人《べんごにん》の一人として法廷《ほうてい》にいた孝彦《たかひこ》さんは、東条《とうじょう》さんと気心《きごころ》が知れていたのです。彼《かれ》は五日の昼休みに東条《とうじょう》さんと会い、説得《せっとく》を試みます。「事実を言っただけじゃないか」「いや、事実は事実なんですが、この場合は違《ちが》うんです、大問題なんです」なんてことで、それまでなぜ皆《みな》がそんなに騒《さわ》ぐのか理《り》解《かい》していなかった東条《とうじょう》さんも、ようやく納得《なっとく》します。そして一月六日、やりなおしというので、証人《しょうにん》として再《ふたた》び法廷《ほうてい》に立ちました。

前回、「何人《なんぴと》も天皇《てんのう》の命令に従《したが》わぬものはない……」と言ったのはどういう意味なのか、とキーナンが問うと、東条《とうじょう》さんは答えました。

「それは私《わたし》の国民感情《かんじょう》を申し上げたのです。責任《せきにん》問題とは別です。天皇《てんのう》の御責任《ごせきにん》とはまったく別の問題であって、私《わたし》の心情《しんじょう》を言ったまでです」

なんだか、靖国《やすくに》神社参拝《さんぱい》は「個人《こじん》の心の問題」と誰《だれ》かが言っているような感じですね。つまり、個人的《こじんてき》な話であって、法的にどうこう言ったのではないと。これにキーナンが、

「しかし、あなたは実際《じっさい》に、首相《しゅしょう》として米英蘭《らん》に対して戦争をしたのではないか」

と詰《つ》め寄《よ》ると、東条《とうじょう》さんは言います。

「それは私《わたし》の内閣《ないかく》において戦争を決意しました。天皇陛下《てんのうへいか》とは関係ありません」

さらにキーナンは、

「しかし戦争を行なえというのは、つまり裕仁天皇《ひろひとてんのう》の意思であったのですか」

東条《とうじょう》さんは、

「いえ、首相《しゅしょう》であり陸軍大臣であった私《わたし》をはじめとして、統帥部《とうすいぶ》その他の責任者《せきにんしゃ》の進言によって、しぶしぶ御同意《ごどうい》になったというのが事実でしょう。そして、平和御愛好《ごあいこう》の精神《せいしん》は、最後の一瞬《いっしゅん》に至《いた》るまで、陛下《へいか》はご希望をもっておられました。……その証明《しょうめい》として、昭和十六年十二月八日の御詔勅《ごしょうちょく》の中に、明確《めいかく》にその（平和愛好の）御意思《ごいし》の文句《もんく》（＝アニ朕《ちん》が志《こころざし》ならんや）が付け加えられております。しかも、それは陛下《へいか》自らの御希望《ごきぼう》によって、政府《せいふ》の責任《せきにん》において入れた言葉です。それは、……まことにやむを得《え》ざるものであり、朕《ちん》の意思にあらずという御意味《ごいみ》の御言葉《おことば》であります」

これを聞いて、追及《ついきゅう》する立場でありながらキーナン検事《けんじ》は大満足です。そして最後、東条《とうじょう》さんに「今の心境《しんきょう》は？」と聞かなくてもいいことを尋《たず》ねると、東条《とうじょう》さんは、

「間違《まちが》ったことは一切《いっさい》していません。正しいことを実行したと思います」

と答えて、ようやくすったもんだが終わりを告《つ》げたのです。

……まあ、こういった話を一つひとつ拾っていくと、阿吽《あうん》の呼吸《こきゅう》でやっている場面など、東

京裁判《さいばん》は一種の茶番劇《ちゃばんげき》かなとの思いもするのですが、いるのかいないのかわからないような犯《はん》罪的軍閥《ざいてきぐんばつ》による戦争という「かたち」をつくるために、検事局《けんじきょく》も努力をし、弁護団《べんごだん》も努力をし、被告《ひこく》も努力をしながら、裁判《さいばん》を進めていったわけです。敵《てき》も味方も汗《あせ》を流してのまったく大変な作業であったんですね。

とりあえず一件《けん》落着ということで、例によって若槻礼次郎《わかつきれいじろう》、岡田啓介《おかだけいすけ》、宇垣一成《うがきかずしげ》ら（米内《よない》さんは重病に倒《たお》れており、この年の四月二十日に亡《な》くなりました）が財界《ざいかい》の大御所《おおごしょ》、故郷誠之助《ごうせいのすけ》の熱海《あたみ》の別邸《べってい》にキーナンさんを呼《よ》んで慰労《いろう》しました。ご機嫌《きげん》のキーナンは、東条《とうじょう》もうまくいったよ、これで天皇陛下《てんのうへいか》を被告《ひこく》台に上がらせることはない、と言うと、若槻礼次郎《わかつきれいじろう》は、

「自分は今年八十三歳《さい》になるが、陛下《へいか》が無罪《むざい》になられたなら、いつ死んでもいい」

と涙《なみだ》をぼろぼろこぼして言ったそうです。若槻《わかつき》さんは昭和二十四年（一九四九）十一月二十日に亡《な》くなります。戦前の昭和史《しょうわし》で話しましたが、彼《かれ》は満洲《まんしゅう》事変が起きた時の総理《そうり》大臣で、「（朝鮮《ちょうせん》軍が満洲《まんしゅう》に）入ってしまったものは仕方がない」と致命的《ちめいてき》な一言を吐《は》いた人でした。

◆ため息の出る裏話《うらばなし》

もう一人、東京裁判《さいばん》で忘《わす》れてならないのは、田中隆吉《たなかりゅうきち》です。元兵務《へいむ》局長、上海《しゃんはい》事変を起こした張本人《ちょうほんにん》でもあり、A級とまではいかなくても戦犯《せんぱん》になりそうな人ですが、検事局《けんじきょく》にたいへんな協力をし、彼《かれ》がいないと被告《ひこく》が挙げられないというほどいろんなことを喋《しゃべ》ったので、被《ひ》

告《こく》として追及《ついきゅう》されることはありませんでした。一方、陸軍にとっては「裏切り者《うらぎもの》」というわけで、戦後も元軍人さんたちが「名前を聞くのもいやだ」というほど憎《にく》まれました。

この人は巨魁《きょかい》といってもいいような顔をした「大入道《おおにゅうどう》」で、堂々《どうどう》と検事局《けんじきょく》の質問《しつもん》に答えるのですが、これまた記憶力《きおくりょく》が抜群《ばつぐん》で、ものごとの年月などがはっきりと頭の中に入っているんです。こういうのがいるとほんとは困《こま》るんですよね。人間あまりに記憶力《きおくりょく》がいいのも考えものだというくらい、日時や場所をいちいち淀《よど》むところなく正確《せいかく》に答えるんです。

たとえば、満洲《まんしゅう》事変で石原莞爾《いしはらかんじ》と組んだ、後の陸軍大臣、板垣征四郎《いたがきせいしろう》さんについて尋《たず》ねられた時には、本人の前で、

「私《わたし》の恩人《おんじん》であります」

と言っておいてから、

「板垣閣下《いたがきかっか》は……関東軍《かんとうぐん》がもっておりました内面指導権《しどうけん》というものをいかんなく行使せられまして、巧《たく》みに満洲《まんしゅう》国をコントロールされました」

これ、どう考えても、板垣《いたがき》さんが満洲《まんしゅう》国を牛耳《ぎゅうじ》った悪者だと言ってますよね。本人の前で、恩人《おんじん》と持ち上げておいて、しゃあしゃあと恐《おそ》れ気《げ》もなく述《の》べるんです。これに検事《けんじ》が喜《よろこ》ぶと、またどんどん喋《しゃべ》るわけです。

張作霖爆殺事件《ちょうさくりんばくさつじけん》については、「直接《ちょくせつ》、河本大作《こうもとだいさく》大佐から（自分がやったと）聞きました」「長勇大尉《ちょういさむたいい》（当時）からも（計画があったことを）聞きました」とへとも思わず堂々《どうどう》と言うの

で、いざ確認《かくにん》しようとすると、河本《こうもと》さんは中国に抑留《よくりゅう》されていますし、長大尉《ちょうたいい》も、後に中将《ちゅうじょう》までいきましたが、すでに沖縄で戦死しています。二人とも証人《しょうにん》として引《ひ》っ張《ぱ》り出《だ》すわけにもいきませんから、陸軍はかたなしです。

また満洲《まんしゅう》事変については、建川美次少将《たてかわよしつぐしょうしょう》が、計画を止めるために日本から派遣《はけん》されたものの、飲まされて酔《よ》っ払《ぱら》っている間に事件《じけん》が起きてしまったという経緯《けいい》がありましたが、田中《たなか》さんは「本人から聞かされた打ち明け話」として喋《しゃべ》ります。

「自分（建川《たてかわ》さん）は満洲《まんしゅう》事変を予期しておって……南《みなみ》（次郎《じろう》）陸軍大臣は関東軍《かんとうぐん》の行動を中止せしめるように……という話だったが、自分は（満洲《まんしゅう》に行ったけれども）止める意思はさらになかった……自分は（昭和六年九月）十八日の夕刻奉天《ゆうこくほうてん》についたが……料理屋に行った。そのうちに大きな大砲《たいほう》の音がすると芸者がぶるぶるふるえだした。自分は、なにオレがここにいる。……ブルブルするなといっても、一晩《ひとばん》じゅう芸者ならびに家のものはふるえあがっておった。朝までぐっすり寝《ね》たら花谷《はなや》（正《ただし》）少佐が迎《むか》えにきた。それからはじめて関東軍《かんとうぐん》（司令部）に行ったが、もう事件《じけん》ははじまっており、自分の（止めに行った）使命は果たされなかった」

——このように建川閣下《たてかわかっか》が言うのを、私《わたし》はちゃんと聞きました、と田中《たなか》さんは言うものの、当の建川《たてかわ》さんは昭和二十年に亡《な》くなっていて、これも証人《しょうにん》として呼《よ》び出《だ》せません。つまり、田《た》中隆吉少将《なかりゅうきちしょうしょう》は、ほとんど亡《な》くなっていたり、日本にいない人たちの話を「自分が直接《ちょくせつ》聞いた」と繰《く》り返《かえ》して喋《しゃべ》るのですが、日時や場所がまったく正確《せいかく》ですから、なにかこう「聞いた」という内容《ないよう》も間違《まちが》っていないんじゃないかと思わせる迫力《はくりょく》がありました。こうして次々と自分の上の人たちの「悪行」をさらにあげつらって検事局《けんじきょく》を喜《よろこ》ばせたんです。

正直な話、陸軍としては当時、煮《に》え湯《ゆ》を飲まされる以上の思いでこれを聞いていたでしょう。「お前、何を言っとるんだ」なんてもう言えないわけですから。板垣《いたがき》さんなど、目の前で恩人呼《おんじんよ》ばわりしながらなんでそんなことをばらすのか、と思ったでしょう。

さらに、満洲《まんしゅう》国皇帝《こうてい》だった溥儀《ふぎ》さんが登場し、「自分はだまされた、皇帝《こうてい》になるつもりもなく、満洲《まんしゅう》国をどうこうするつもりもなかったのに、日本軍に脅《おど》かされてやむを得《え》ず皇帝《こうてい》となったのであり、まさに傀儡《かいらい》であった」などと、いけしゃあしゃあと語ったりもしました。

こういった話はいくつもありますが、一方、法廷《ほうてい》の裏側《うらがわ》での愉快《ゆかい》な話もいくつかあるんです。一つ紹介《しょうかい》しますと、巣鴨《すがも》に入れられていた準《じゅん》A級戦犯《きゅうせんぱん》に鮎川義介《あゆかわよしすけ》（日産コンツェルンの創始者《そうししゃ》）という人がいました。満洲《まんしゅう》を牛耳《ぎゅうじ》った実力者＝二キ（東条英機《とうじょうひでき》、星野直樹《ほしのなおき》）三スケ（鮎川義介《あゆかわよしすけ》、岸信介《きしのぶすけ》、松岡洋右《まつおかようすけ》）の一人です。これはなかなか面白《おもしろ》い人で、本も一冊《さつ》書いていて、そこに出てくる話です。巣鴨《すがも》時代には退屈《たいくつ》でしょうがなかったので、芝居《しばい》を作ってみた。配役は、チャーチルが「やり手婆《ばば》あ」、ルーズベルトは「大金持ちの若旦那《わかだんな》」、ヒトラーが「大山師」、スターリンは「因業高利貸《いんごうこうりが》し」……うまいですね。チャーチルのやり手婆《ばば》あなんてまさにそんな感じです。日本の方もありまして、東条英機《とうじょうひでき》は「一徹居士《いってつこじ》」、松岡洋右《まつおかようすけ》は「奇術師《きじゅつし》」。

これを戦犯《せんぱん》の皆《みな》が喜《よろこ》んで聞いていたそうです。

こうしていろいろなエピソードを盛《も》り込《こ》んで裁判《さいばん》が進んでいる時、昭和二十一年十月一日、先にはじまっていたドイツの戦犯《せんぱん》を裁《さば》くニュルンベルク裁判《さいばん》の判決《はんけつ》が出て、結果が日本に伝えられました。ゲーリング空軍元帥《げんすい》以下、十二人が絞首刑《こうしゅけい》――この中には行方《ゆくえ》不明のマルチン・ボルマン総統官房長《そうとうかんぼうちょう》も含《ふく》まれます。またルドルフ・ヘス副総統《そうとう》ら三人が終身刑《しゅうしんけい》。ほかに四人が有期刑《ゆうきけい》(懲役《ちょうえき》十五年など)。そして経済相《けいざいしょう》シャハトほか二人が無罪《むざい》。「無罪《むざい》」が出たということで、日本にも希望が出たものの、十二人が絞首刑《こうしゅけい》といった非常《ひじょう》に厳《きび》しいものでもあり、弁護団《べんごだん》は憂色《ゆうしょく》を深めました。これは被告《ひこく》たちにも知らされましたが、元外相重光葵《がいしょうしげみつまもる》日記によると、

「A級戦犯《せんぱん》者は何等《なんら》動揺《どうよう》なく、平常《へいじょう》通り談笑《だんしょう》し市ケ谷《いちがや》に往復《おうふく》す」

というわけで、被告《ひこく》には動揺《どうよう》は見られなかったようです。

◆判決《はんけつ》下る

いよいよ、判決《はんけつ》の時を迎《むか》えました。開廷《かいてい》の時は実に五十五項目《こうもく》もの訴因《そいん》がありましたが、裁《さい》判《ばん》が進むうちにどんどん削《けず》られていき(たとえば十一カ国それぞれへの共同謀議《ぼうぎ》の罪《つみ》が設定《せってい》されていましたが、考えればソ連に対する共同謀議《ぼうぎ》の罪《つみ》だなんて実際《じっさい》ありません)、結果的には十訴因《そいん》(1、27、29、31、32、33、35、36、54、55)のみが採用《さいよう》されました。うち、たとえば

「1」は、漠然《ばくぜん》とした〝共同謀議《ぼうぎ》の罪《つみ》〟ですが、「おれはあいつと話したこともないんだが……」という被告《ひこく》もいたりしたようで、こういう項目《こうもく》を残すから話がややこしくなるんですね。そして判決《はんけつ》は表のようなものでした。これは、たとえば松井石根《まついいわね》さんに対する判決文《はんけつぶん》「本裁判所《さいばんしょ》は、被告《ひこく》松井石根《まついいわね》を訴因《そいん》第55について有罪《ゆうざい》、訴因《そいん》第1、第27、第29、第31、第32、第35、第36及《およ》び第54について無罪《むざい》と判定《はんてい》する」にもとづいて、黒丸と白丸をつけて一人一人作成してみました。

表を見ていきますと、「1　共同謀議《ぼうぎ》の罪《つみ》」でセーフなのは、松井石根《まついいわね》さんと重光葵《しげみつまもる》さんだけで、あとは全員有罪《ゆうざい》です。また「27　中国に対する侵略《しんりゃく》戦争の実行」については、松井《まつい》さん、大島浩《おおしまひろし》さん、外交官の白鳥敏夫《しらとりとしお》さんだけがセーフ。結果的に、一番特徴的《とくちょうてき》なのは松井《まつい》さんです。彼《かれ》は上海派遣軍《しゃんはいはけんぐん》司令官でしたが、「55　右（残虐行為《ざんぎゃくこうい》）の故意《こい》または不注意による防止《ぼうし》の怠慢《たいまん》」以外はすべて無罪《むざい》ながら、残虐行為《ざんぎゃくこうい》を止めたり注意しなかった罪《つみ》のみで絞首刑《こうしゅけい》となりました。どういうことかと言いますと、昭和十二年（一九三七）十二月の南京事件《なんきんじけん》は、上海派遣《しゃんはいはけん》軍《ぐん》が攻《せ》め込《こ》んだ時に起こりましたが、その総大将《そうだいしょう》が松井《まつい》さんでした。したがって、中国の検事《けんじ》が強硬《きょうこう》に主張《しゅちょう》したと推測《すいそく》できますが、松井《まつい》さんは明らかに南京事件《なんきんじけん》の責任《せきにん》を取らされたということでしょう。A級戦犯《せんぱん》で絞首刑《こうしゅけい》になった七人のうち松井《まつい》さんは、表を見る限《かぎ》り訴因《そいん》はたった一つですし、児島襄《こじまのぼる》さんの著書《ちょしょ》の別表の十一人の判事《はんじ》の投票内容《ないよう》（推定《すいてい》）を見ますと、米国、英国、中国、フィリピン、ニュージーランド、カナダ、オランダが死刑《しけい》に賛成《さんせい》し、一方、オーストラリア、ソ連、フランス、インドが死刑《しけい》に反対した、つまり訴因《そいん》は一つながら、七対

起訴状中、最後まで残された罪状項目についての有罪・無罪の一覧

（●は有罪、○は無罪、×は判定せず、空白は審議せず）

	1	27	29	31	32	33	35	36	54	55		歳	経歴など
荒木	●	●	○	○	○	○	○	○	○	○		72	陸相・文相
土肥原	●	●	●	●	●	○	●	●	●	×	絞首刑	66	在満特務機関長・陸航総監
橋本	●	●	○	○	○				○	○		59	赤誠会統領
畑	●	●	●	●	●		○	○	○	●		70	陸相・中国派遣総司令官
平沼	●	●	●	●	●	○	○	●	○	○		82	枢府議長、国本社会長
広田	●	●	○	○	○	○	○		○	●	絞首刑	71	駐ソ大使・外相・首相
星野	●	●	●	●	●	○	○		○	○		57	満洲国総務長官、内閣書記官長
板垣	●	●	●	●	●	○	●	●	●	×	絞首刑	64	中国派総参謀長・陸相
賀屋	●	●	●	●	●				○	○		60	蔵相
木戸	●	●	●	●	●	○	○	○	○	○		60	内大臣・文相・内相・厚相
木村	●	●	●	●	●				●	●	絞首刑	61	次官・ビルマ派遣軍司令官
小磯	●	●	●	●	●			○	○	●		69	朝鮮総督・拓務相・首相
松井	○	○	○	○	○		○	○	○	●	絞首刑	71	上海派遣軍司令官
南	●	●	○	○	○				○	○		75	陸相・朝鮮総督
武藤	●	●	●	●	●	○		○	●	●	絞首刑	57	軍務局長・比島方面軍参謀長
岡	●	●	●	●	●				○	○		59	軍務局長
大島	●	○	○	○	○				○	○		63	駐独大使（日独伊三国同盟時）
佐藤	●	●	●	●	●				○	○		54	軍務局長
重光	○	●	●	●	●	●	○		○	●		62	駐華大使・外相
嶋田	●	●	●	●	●				○	○		66	海相・軍令部総長
白鳥	●	○	○	○	○							62	駐伊大使
鈴木	●	●	●	●	●		○	○	○	○		61	企画院総裁
東郷	●	●	●	●	●			○	○	○		67	駐ソ大使・外相
東条	●	●	●	●	●	●		○	●	×	絞首刑	65	陸相・内相・首相、参謀総長
梅津	●	●	●	●	●			○	○			67	関東軍司令官、参謀総長

10個の罪

1	共同謀議の罪
27	中国に対する侵略戦争の実行
29	アメリカに対する侵略戦争の実行
31	イギリス連邦（オーストラリアを含む）に対する侵略戦争の実行
32	オランダに対する侵略戦争の実行
33	フランスに対する侵略戦争の実行
35	ソ連に対する侵略戦争の実行（張鼓峰事件）
36	同じくノモンハン関係
54	残虐行為の命令授権、許可
55	右の故意または不注意による防止の怠慢

四で絞首刑《こうしゆけい》と決まったわけです。中国が相当頑張《がんば》ったのではないかと思います。また大島浩《おおしまひろし》さんですが、彼《かれ》は日独伊《にちどくい》三国同盟《どうめい》の時の駐《ちゆう》ドイツ大使でした。訴《うつた》えられた七つの罪状《ざいじよう》のうち、六つまで無罪《むざい》とされながら、漠然《ばくぜん》とした共同謀議《ぼうぎ》の罪《つみ》だけで有罪《ゆうざい》、つまり大雑把《ぱ》な仲間の一人として反対せず同調した罪《つみ》です。これも十一人の判事《はんじ》の投票内容《ないよう》を見ますと、六対五で死刑《しけい》は免《まぬが》れたものの終身刑《しゆうしんけい》となりました。

このように、それぞれが、すれすれのところでセーフだったりアウトだったりしています。英国、中国、フィリピン、ニュージーランドは全員について死刑《しけい》に賛成《さんせい》している一方、ソ連などは全員について死刑《しけい》反対です。ソ連には死刑罪《しけいざい》がなかったからです。

そこで、証拠《しようこ》はありませんがあえて勘《かん》ぐってみますと、といいますか、そういう見方しかできないんじゃないですかということで申しますと、まず南京事件《なんきんじけん》の責任《せきにん》は松井石根《まついいわね》がとらされました。また昭和十七年（一九四二）はじめ、シンガポール陥落《かんらく》時にかなりの人が亡《な》くなったシンガポール華僑《かきよう》虐殺事件《ぎやくさつじけん》の責任《せきにん》を、板垣征四郎《いたがきせいしろう》がとらされました。そしてフィリピンにおける残虐行為《ざんぎやくこうい》の責任《せきにん》は、じつは本間雅晴《ほんままさはる》中将《ちゆうじよう》が「バターン死の行進」におけるBC級戦犯《せんぱん》で銃殺刑《じゆうさつけい》になっていますし、アメリカが攻《せ》め入《い》った時の残虐行為《ざんぎやくこうい》が許《ゆる》せないというわけで山下《やました》奉文大将《ともゆきたいしよう》がBC級戦犯《せんぱん》としてマニラで絞首刑《こうしゆけい》になっています。そのついでに、ということもないでしょうが、当時の山下軍団《やましたぐんだん》の参謀長《さんぼうちよう》だった武藤章《むとうあきら》が巣鴨《すがも》で絞首刑《こうしゆけい》となっている。さらにビルマでは、『戦場にかける橋』という映画《えいが》にもなった、泰緬《たいめん》鉄道でたくさんのイギリス人の捕《ほ》

11判事投票内容（推定）

（○＝死刑反対、×＝死刑賛成　児島襄『東京裁判』文藝春秋版より）

被告 / 国別判事	荒木	大島	木戸	嶋田	●広田	●東条	●土肥原	●松井	●武藤	●板垣	●木村
米国	×	×	○	○	×	×	×	×	×	×	×
英国	×	×	×	×	×	×	×	×	×	×	×
中国	×	×	×	×	×	×	×	×	×	×	×
フィリピン	×	×	×	×	×	×	×	×	×	×	×
ニュージーランド	×	×	×	×	×	×	×	×	×	×	×
カナダ	○	○	×	○	×	×	×	×	×	×	×
オランダ	○	○	○	×	○	×	×	×	×	×	×
オーストラリア	○	○	○	○	○	○	○	○	○	○	○
ソ連	○	○	○	○	○	○	○	○	○	○	○
フランス	○	○	○	○	○	○	○	○	○	○	○
インド	○	○	○	○	○	○	○	○	○	○	○

各国別のBC級戦犯の死刑総数

	人員（延べ）	死刑執行
連合国	2	0
米国	1,453	143
英国	978	223
オーストラリア	949	153
オランダ	1,038	226
中国	883	149
フランス	230（欠席判決43人を含む）	37
フィリピン	169	17
計	5,702	948

ソ連は正確な数は不明であるが、約１万人が裁判にかけられ、３年以上終身までの刑に処せられた

虜《りよ》を殺《ころ》したとされる事件《じけん》の責任《せきにん》をとるかたちで、ビルマ派遣軍《はけんぐん》司令官だった木村兵太郎《きむらへいたろう》が絞首《こうしゅ》刑《けい》に、さらに満洲《まんしゅう》でのさまざまな事件《じけん》における責任《せきにん》は、当時在《ざい》満特務《とくむ》機関長だった土肥原賢二《どいはらけんじ》がとって絞首刑《こうしゅけい》となります――といった具合に、絞首刑《こうしゅけい》になった七人のうち、五人までがこうして、残虐《ざんぎゃく》事件《じけん》の責任者《せきにんしゃ》として、早い話がＢＣ級の罪状《ざいじょう》で絞首刑《こうしゅけい》になったとみられるのです。

残りの二人は東条《とうじょう》さん――この人を死刑《しけい》にしないわけにはいかない状況《じょうきょう》ですからね、そしてもう一人は広田弘毅《ひろたこうき》さんです。広田《ひろた》さんがなぜ死刑《しけい》になったのかわからないという人は多く、事実、調べれば調べるほど、そうも言えるんです。判事《はんじ》投票の表で見ても、五対六で死刑賛成《しけいさんせい》が一票多いだけなんですね。こうなると、運不運というより、判事《はんじ》も気ままにやったんじゃないかと疑《うたが》ってしまうのですが、とにかく広田《ひろた》さんは一切《いっさい》答えず、一切弁明《いっさいべんめい》せずで終始しましたから、判事《はんじ》の印象《いんしょう》を悪くしたのか、いやそんなことで国家的裁判《さいばん》が行なわれるなんてありえないはずなんですが、とにかく絞首刑《こうしゅけい》になりました。あるいは近衛文麿《このえふみまろ》の代わりに文官から一人絞首刑《こうしゅけい》を出したかったのか？

というわけで、どう考えてもニュルンベルク裁判《さいばん》の向こうを張《は》って東京裁判《さいばん》でも何人か絞首《こうしゅ》刑《けい》を出さないと気がすまないというのか、ある意味では恣意的《しいてき》な投票で死刑《しけい》の賛成《さんせい》反対が一票差のセーフやアウトが決まったとみられるのです。

ちなみにＢＣ級戦犯《せんぱん》について申しますと、五千七百二人が告訴《こくそ》され、裁判《さいばん》ののち九百四十八人に死刑《しけい》が執行《しっこう》されました。これは法廷《ほうてい》ではなく国別で裁《さば》いたもので、イギリスとオランダが一番多いことから、その憎《にく》しみの強さがうかがわれます。そして死刑《しけい》になったすべての人が、靖《やす》国《くに》神社に祀《まつ》られました。

ここで改めて東京裁判《さいばん》の全体を見渡《みわた》しますと、共同謀議《ぼうぎ》という大枠《おおわく》は、ナチス・ドイツにはあてはまったでしょうが、首相《しゅしょう》も閣僚《かくりょう》も軍事指導者《しどうしゃ》もちょこちょこと代わってきた日本の場合、戦争にもっていくのに誰《だれ》が首謀者《しゅぼうしゃ》になって大陰謀《いんぼう》を企《くわだ》てたのか、となると、該当《がいとう》するような人はいません。雲散霧消《うんさんむしょう》した訴因《そいん》を、無理やりニュルンベルク裁判並《さいばんな》みにもっていこうとアメリカは頑張《がんば》ったわけです。それは前にも言ったとおり、①日本の現代史《げんだいし》を裁《さば》くため、裏返《うらがえ》せば、連合国のやってきたことが正義《せいぎ》だったと再確認《さいかくにん》するためです。そのための東京裁判《さいばん》でした。つまり、連合国は歴史《れきし》に合致《がっち》する正義《せいぎ》を行なってきたこと。かつて植民地《しょくみんち》をさんざんつくってきた帝国主義《ていこくしゅぎ》は十九世紀《せいき》の話であって、それを二十世紀《せいき》においてやった日本の考え方は侵略的《しんりゃくてき》性格《せいかく》をもつ間違《まちが》った戦争観であったことの証明《しょうめい》、②自国民を納得《なっとく》させるための一種の復讐《ふくしゅう》の儀式《ぎしき》（ために無理をしても死刑《しけい》を出さねばならなかった）、③何も知らされていなかった日本国民に事実を教え、侵略的軍閥《しんりゃくてきぐんばつ》の罪状《ざいじょう》を明らかにし、啓蒙《けいもう》すること。その際《さい》、国民の罪《つみ》は一切《いっさい》問わず、連合国が彼《かれ》らの解放者《かいほうしゃ》であると知らせる——だったと私《わたし》は思います。

そのためにはどうしても、訴因《そいん》はどんどん削《けず》られていっても共同謀議《ぼうぎ》は譲《ゆず》らず、それによって死刑《しけい》を出す、そうして裁判《さいばん》を〝作り上げる〟、そう決めていたのではないか。東京裁判《さいばん》が、連合国によるいささか強引《ごういん》な裁判《さいばん》であったことは事実だと思います。反面、弁護人《べんごにん》が徹底的《てっていてき》に抗《こう》議《ぎ》し、検事局《けんじきょく》の挙げた罪状《ざいじょう》がいかに無意味であるかを証明《しょうめい》した部分もあり、そういう点では裁判《さいばん》の形式にのっとったものでもありました。ただ問題は、最後まで「共同謀議《ぼうぎ》」という幻《まぼろし》の訴因《そいん》を作り上げるために強引《ごういん》であったこと、これは否《いな》めません。

◆残った後味の悪さ

死刑《しけい》の七人のほか、二人が裁判《さいばん》中に病死（松岡《まつおか》、永野《ながの》）し、懲役刑《ちょうえきけい》などを受けた人も、のち巣鴨《すがも》で五人（梅津《うめづ》、東郷《とうごう》、小磯《こいそ》、白鳥《しらとり》、平沼《ひらぬま》）が亡《な》くなっています。この十四人は昭和五十三年（一九七八）、〝国家のための殉難者《じゅんなんしゃ》〟として靖国《やすくに》神社に祀《まつ》られました。戦犯《せんぱん》などとんでもない、余計《よけい》な罪状《ざいじょう》を暴《あば》き立《た》てられて難《なん》を被《こうむ》ったというわけです。たとえば、武藤章《むとうあきら》さんなどは、死刑《しけい》を言《い》い渡《わた》されて――これ、ラジオでそのまま放送されたんです。一人一人呼《よ》び出《だ》されて、Death by hanging（絞首刑《こうしゅけい》）とか、Prisonment for life（終身刑《しゅうしんけい》）とか、次々に宣告《せんこく》されるんです――判決《はんけつ》がすむと控室《ひかえしつ》に連れてゆかれるのですが、絞首刑《こうしゅけい》の人が入る別室に東条《とうじょう》さんが入った時、そこに武藤《むとう》さんがいるとは予想していなかったものですから、思わず言ったそうです。

「キミを巻《ま》き添《ぞ》えにして気《き》の毒《どく》だった。まさかキミが死刑《しけい》になるとは思わなかった」

正直な人だから、裁判《さいばん》中ほんとうにそう思っていたんでしょう。また広田《ひろた》さんは、

「カミナリに当たったようなものだ」

と洩《も》らしたといいます。これも災難《さいなん》だと思ったんでしょう。そういう意味では、殉難者《じゅんなんしゃ》といえなくもない人もいるかもしれません。ただ、皆《みな》がそうかというと、とんでもありません。歴《れき》史《し》上とうていい肯定《こうてい》できないたいへんなことをやったわけですから。

武藤《むとう》さんの判決《はんけつ》直後の日記にあります。

「判決《はんけつ》の構成《こうせい》は、日本の侵略《しんりやく》戦に関する共同謀議《ぼうぎ》は、日本陸軍が中心となって、計画し準備《じゅんび》し実行されたということになっている。この判決《はんけつ》を首尾一貫《しゅびいっかん》したものにするには、陸軍を罰《ばっ》せねばならぬ。ところが日本陸軍のどこをとってみても、ナチスの如《ごと》き共同謀議《ぼうぎ》の主体がない。そこで東条《とうじょう》を中心とした次官と局長とを槍玉《やりだま》にあげたものと思われる」

つまり軍務《ぐんむ》局長であった自分が絞首刑《こうしゅけい》になったのも、「東条《とうじょう》さんを中心とする次官および局長」に当てはまるのだから、と武藤《むとう》さんは納得《なっとく》したのでしょう。フィリピンの住民を巻《ま》き添《ぞ》えにした戦闘《せんとう》はすごいものでしたので、その責任《せきにん》をとらされたとはいえ、自分への死刑判決《しけいはんけつ》は、枠《わく》内《ない》にいる人を軒並《のきな》み有罪《ゆうざい》にしてコトを済《す》ますためだったという武藤《むとう》さんの観察は、かなり的を射《い》ているんじゃないでしょうか。ですから、海軍の岡敬純《おかたかずみ》、嶋田繁太郎《しまだしげたろう》、永野修身《ながのおさみ》の三人は死《し》刑《けい》にはなっていません。この陸軍の大陰謀《いんぼう》という仕立て上げは、もちろん、相当の無理があります。ただ繰《く》り返《かえ》しますが、全員が殉難《じゅんなん》者かといえばそれは違《ちが》うでしょう。国を亡《ほろ》ぼし多くの人びとを死に追いやった、その責任《せきにん》は確実《かくじつ》にあるのですから（永野《ながの》は途中《とちゅう》で病死）。

そこで、昭和二十一年から二十三年というこの時点で、もし日本人が裁判《さいばん》をやったとしたらどうなっていたか。ちょっと考えてみるといい。当時の日本国民が本気になって戦争責任《せきにん》を追《つい》及《きゅう》する裁判《さいばん》をしたら、私《わたし》は、もっと判決《はんけつ》が絞首刑《こうしゅけい》の人が多く出たんじゃないかと思います。東京裁判《さいばん》で死刑《しけい》になった七人のなかにはセーフになる人もいるかもしれませんが、もっとずっと多くの死刑判決《しけいはんけつ》が出たでしょう。そのくらい日本人には戦争に対する悲惨《ひさん》な思いが大きく、憎悪《ぞうお》が強く、あばかれた事実に対する重い重い責任《せきにん》を感じていましたから。しかし、実際《じっさい》に執《しっ》行《こう》したかどうか、それは別問題となるでしょうが。

では、日本では裁判《さいばん》をやろうとしなかったのか、そうでもないんです。まったく隠《かく》されているのですが、東京裁判《さいばん》が開廷《かいてい》する前に、日本人独自《どくじ》で戦犯裁判《せんぱんさいばん》をやろうという大きな動きがあったのです。それは東久邇宮稔彦《ひがしくにのみやなるひこ》内閣《ないかく》のとき岩田宙造《いわたちゅうぞう》司法大臣、重光葵《しげみつまもる》外務《がいむ》大臣などが中心となって、密《ひそ》かに「戦犯《せんぱん》自主裁判《さいばん》案」を作り、しかしこれを内閣《ないかく》でやるわけにはいきませんから、天皇陛下《てんのうへいか》の詔勅《しょうちょく》を仰《あお》ぎ、すなわち勅令《ちょくれい》によって行なう計画を立てました。しかし、それをご覧《らん》になった天皇陛下《てんのうへいか》はこう言ったというのです。

「昨日までの臣下の者を今日は裁《さば》くということはできない」

せっかくの案は返されて、完全にポシャってしまいました。陽《ひ》の目をみなかった、正式には「民心を安定し国家秩序維持《ちつじょいじ》に必要なる国民道義《どうぎ》を自主的に確立《かくりつ》することを目的とする緊急勅《きんきゅうちょく》令《れい》」という案でした。かなり具体的に作られていまして、全十二条《じょう》のうち全体の主旨《しゅし》が書かれた第一条《じょう》を紹介《しょうかい》してみます。ただこれが、皆《みな》さんが一度聞いてもとうてい理解《りかい》できるとは思えない、私《わたし》が読んでもわからないような文章なんです。日本国憲法《けんぽう》の前文も悪文と言われますが、だいたいこういう条令《じょうれい》というものは悪文になるようですね。

第一条《じょう》「本令は民心を安定し、国家秩序維持《ちつじょいじ》に必要なる国民道義《どうぎ》を自主的に確立《かくりつ》するため、国体《こくたい》の順逆《じゅんぎゃく》を紊《みだ》りて、天皇《てんのう》の輔翼《ほよく》を謬《あやま》り、其《そ》の大平和精神《せいしん》に随順《ずいじゅん》せずして主戦的、侵略的《しんりゃくてき》軍国主義《しゅぎ》を以《もっ》て政治行政及《せいじぎょうせいおよび》国民の風潮《ふうちょう》を指導《しどう》し、又《また》は指導《しどう》を輔《たす》け、因《よ》りて、明治天皇《てんのう》の勅諭《ちょくゆ》（軍人勅諭《ちょくゆ》）に背《そむ》きて、軍閥政治《ぐんばつせいじ》を招来《しょうらい》し、朋党比周《ほうとうひしゅう》以《もっ》て之《これ》に與《くみ》し、情《じょう》を識《し》りて之《これ》を助長支援《しえん》し、以《もっ》て満洲《まんしゅう》事変、支那《しな》事変又《また》は大東亜《だいとうあ》戦争を挑発誘動《ちょうはつゆうどう》（ママ）し、内外諸国民《しょこくみん》の生命財産《ざいさん》を破壊《はかい》し且国体《かつこくたい》を危殆《きたい》に陥《おちい》らしめたる者、施設又《しせつまた》は社会組織《そしき》につき之《これ》を処断《しょだん》し除去《じょきょ》し又《また》は解消《かいしょう》せしむることを以《もっ》て目的とす」

昭和二十一年ですから、民心は安定していなかったし、道義《どうぎ》も確立《かくりつ》してなかったわけです。国体《こくたい》は国のかたち、方針《ほうしん》ですね。そして天皇《てんのう》の輔弼《ほひつ》だと内閣《ないかく》ですが、輔翼《ほよく》だから軍部のことです。それが日本人のもっている平和の精神《せいしん》に反して、侵略《しんりゃく》的な軍国主義《しゅぎ》を指導《しどう》し、またこれにくっついていく人が沢山《たくさん》いたと。そういった連中を反逆罪《はんぎゃくざい》として排除《はいじょ》していく……理解《りかい》し難《にく》い部分もあって、悪文は憲法《けんぽう》だけではないという話になるのですが、まあ、はっきりいえば国家反逆罪《はんぎゃくざい》として軍事指導者《しどうしゃ》たち戦争責任者《せきにんしゃ》を死刑《しけい》または無期懲役《むきちょうえき》に処《しょ》すということですね。

もしこれが実現《じつげん》していれば、もう少し責任《せきにん》問題はすっきりしたとは思います。ただ、後できっとしっぺ返しが来たはずです。そして何年か後には逆襲《ぎゃくしゅう》が起こるというか、人間の憎悪《ぞうお》が入《い》り乱《みだ》れて国家の秩序《ちつじょ》が一層乱《いっそうみだ》れる可能性《かのうせい》があったんじゃないでしょうか。いずれにしろ、戦争責任者《せきにんしゃ》の追及《ついきゅう》は、どういうかたちでやってももしこりが残りますし、後々までいろんな意味でわれわれの生活にマイナス要素《ようそ》が降《ふ》りかかってくるものだと感じます。

　ともかく昭和二十三年十一月に判決《はんけつ》が出て、東京裁判《さいばん》は終わります。そして十二月には七人が東京の刑務所《けいむしょ》で処刑《しょけい》され、骨《ほね》は横浜《よこはま》の葬儀所《そうぎしょ》で焼かれ、米軍が海上に散骨《さんこつ》した——ということになっています。ですが葬儀所《そうぎしょ》の所員たちが、いくらなんでも、と残った骨《ほね》を、ほんのわずかしかなかったようですがかき集め、それは愛知県（幡豆郡幡豆町《はずぐんはずちょう》）の殉難《じゅんなん》の碑《ひ》（三ヶ根《さんがね》山の「殉国《じゅんこく》七士《し》墓《はか》」）に埋《う》められました。

　その後、先に話しました通り、続けて準《じゅん》Ａ級戦犯《きゅうせんぱん》の裁判《さいばん》を行なう予定だったのですが、検事局《けんじきょく》が声明を出して戦犯裁判《せんぱんさいばん》は終わることになります。ですから、例えば辻政信《つじまさのぶ》という大物など、当然のことながらＢＣ級戦犯《せんぱん》に挙げられていましたが、「潜行《せんこう》三千里」と称《しょう》して地下にもぐっちゃったんですね。どこに行ったかはその自著《じちょ》に書いていて、まあ信用するわけにもいきませんが、ともかく昭和二十四年はじめに「戦争犯罪裁判《はんざいさいばん》はこれでおしまい！」となると、全員が大手《おおで》を振《ふ》って出てきたわけです。また岸信介《きしのぶすけ》さんや児玉誉士夫《こだまよしお》さん、例の鮎川義介《あゆかわよしすけ》さんも巣鴨拘置所《すがもこうちしょ》から出てきました。それも、何となしに「おれはA級である」といった箔《はく》をつけてきたものですから、後味《あとあじ》が悪いと言えば悪い別の戦後史《せんごし》のはじまりでした。

　ここで大事なのは、やはり天皇陛下《てんのうへいか》だと思います。訴追《そつい》されませんでしたが、ご自身はそう簡単《かんたん》に「自分は何もない」とは思っておられなかったんですね。ですからこの先何度か、やはり自分は退位《たいい》すべきじゃないだろうか、と口に出されます。「天皇《てんのう》は完全な無罪《むざい》で話はおしまい」とはいかないわけです。道義的《どうぎてき》な、人間の精神《せいしん》の問題としての責任《せきにん》というものを、天皇《てんのう》ご自身は相当深く考えられていたと思うのです。

また、アメリカの占領政策《せんりょうせいさく》が、東京裁判《さいばん》を終了《しゅうりょう》するまでとその後では、ガラッと変わります。まるで東京裁判《さいばん》の終幕《しゅうまく》を待っていたかのようにです。前回申しましたが、簡単《かんたん》に言えば、チャーチルの演説《えんぜつ》にいう「鉄のカーテン」が下り、ベルリン封鎖《ふうさ》、空輸《くうゆ》作戦と、ヨーロッパではソ連とアメリカの対立が深刻化《しんこくか》し、その冷戦状態《じょうたい》がアジアにも及《およ》んできます。また中国では共産党《きょうさんとう》軍と国府軍との内戦が拡大《かくだい》し、同時にソ連がアジア大陸にどんどん進出し、北朝鮮《きたちょうせん》が共産主義《しゅぎ》国家として成立するというかたちで、冷戦が激《はげ》しく強く厳《きび》しく世界を覆《おお》ってきたのです。これを受けて昭和二十三年いっぱいまでのGHQの方針《ほうしん》は、翌《よく》二十四年から一転したのです。これがどういうふうに変わるかが、日本の戦後史《せんごし》を考える大事なスタートになるわけです。

この授業《じゅぎょう》が戦後に入って昭和二十三年が終わるまでにきわめて丁寧《ていねい》に七回を費《つい》やしたのも、ここまでに戦後日本の国のかたちができあがったと考えるからです。ここまでをしっかり押《お》さえておかなければ、この後の話がでれでれとなってしまうのです。

というわけで、占領期《せんりょうき》と一口に言っても、私《わたし》は昭和二十三年までとそれ以降《いこう》はまったく別のものであるという見方をとっています。そして昭和二十四年以降《いこう》、アメリカの方針《ほうしん》がガラッと変わったために、日本の行き方もガラッと変わります。

次回からはそのGHQの右旋回《みぎせんかい》、講和条約《こうわじょうやく》に向かって変わりゆく占領《せんりょう》時期の話になります。

第七章

恐《おそ》るべきGHQの右旋回《みぎせんかい》で……

改革《かいかく》より復興《ふっこう》、ドッジ・ラインの功罪《こうざい》

この章の

ポイント

ＧＨＱ主導《しゅどう》で行なわれてきた日本の占領政策《せんりょうせいさく》は、アジアに飛び火する東西冷戦という新たな世界情勢《じょうせい》に影響《えいきょう》され、一九四九（昭和二十四）年から「改革《かいかく》よりも経済復興《けいざいふっこう》」へと大きく方針転換《ほうしんてんかん》します。そんな中で、ドッジ・ラインによる緊縮財政《きんしゅくざいせい》を進める政《せい》府《ふ》による国鉄の大幅《おおはば》な人員削減《さくげん》計画が出されると、下山事件《しもやまじけん》・三鷹事件《みたかじけん》・松川事件《まつかわじけん》という三つの不可解《ふかかい》な事件《じけん》が起きました。諸説《しょせつ》ありますが、東西冷戦の煽《あお》りが背後《はいご》にあると言われています。

キーワード

トルーマン・ドクトリン／中国共産党《きょうさんとう》／北緯《ほくい》三八度線／ドッジ・ライン／池田勇人《いけだはやと》／経済《けいざい》安定九原則《げんそく》／日本国有鉄道（国鉄）／下山事件《しもやまじけん》／三鷹事件《みたかじけん》／松川事件《まつかわじけん》

◆激《はげ》しくなる米ソの対立

ここでまた話を少し戻《もど》します。チャーチルの「鉄のカーテン」演説《えんぜつ》が象徴《しょうちょう》するように、アメリカ・イギリスとソ連との冷戦はヨーロッパでは激《はげ》しくなっていました。そして昭和二十二年（一九四七）三月、骨《ほね》の髄《ずい》から反共でソ連嫌《ぎら》いのトルーマン米大統領《だいとうりょう》が「ソ連はもう仲間じゃない」と言わんばかりの「トルーマン・ドクトリン」といわれる声明を発表し、米ソの関係はいよいよ睨《にら》み合《あ》いの状態《じょうたい》となりました。

ですが、戦争中から両者の関係はぎくしゃくしていたのです。というのも、ソ連が大損害《だいそんがい》を受けながらドイツ国防軍《こくぼうぐん》を一手に引き受けて戦うなか、「とても単独《たんどく》では敵《かな》わない、西方からなんとかヨーロッパに上陸し第二戦線を作ってくれ」とアメリカとイギリスに頼《たの》んでも、そう簡《かん》単《たん》にはゆかない事情《じじょう》もあって、米英は延《の》ばし延《の》ばしにしていました。そのうちソ連がおかしな気配を感じさせるようになります。米英の協力が得《え》られないので、単独《たんどく》でドイツと講和《こうわ》を結んでしまおうといった動きです――じつはソ連はそんなつもりはなかったのですが、米英はこれを大いに懸念《けねん》しました。一方、ソ連にすれば、米英は一向に協力せず第二戦線をつくる気配もない。こうして両者のぎくしゃくは、戦争が終わるとほぼ同時に、完全に冷戦状態《じょうたい》に入るのです。その主な要因《よういん》をわかりやすくして三つ挙げますと、

①東西問題――戦後、ソ連は東欧《とうおう》つまりチェコスロヴァキア、ポーランド、ハンガリー、ブ

ルガリア、ルーマニアに軍隊をだーっと入れました。というより、そもそも戦争中にドイツと戦うために軍隊がそれらの国を通るのは許《ゆる》されていましたから、戦後もそのまま駐留《ちゅうりゅう》したわけです。そしてソ連の大兵力の前で、またソ連共産党《きょうさんとう》の後押《あとお》しを得《え》て、東欧諸国《とうおうしょこく》は次々に共産化し、独立《どくりつ》はしたもののソ連の衛星国《えいせいこく》となってゆきました。米英は、「早く軍隊を引いて東欧《とうおう》を解放《かいほう》するように」と言ってもソ連が応《おう》じないので「これは共産革命《かくめい》の輸出《ゆしゅつ》だ」とその膨張《ぼうちょう》を非難《ひなん》し、昭和二十一年後半には対立が非常《ひじょう》に厳《きび》しくなったのです。

②ドイツ問題――ドイツが降伏《こうふく》して東西に分けられ、ソ連管轄圏《かんかつけん》下にぽつんとあったベルリンは、すでにふれたように四カ国が分割統治《ぶんかつとうち》するという妙《みょう》なかたちになっていました。当初は、いずれ東西を統合《とうごう》しようという話があったにもかかわらず、だんだんこじれ、ついにドイツは真っ二つに割《わ》れてしまいます。そして孤島《ことう》のように取り残されたベルリンは、前に話しましたように、昭和二十三年六月にソ連によって封鎖《ふうさ》され、米英仏《ふつ》による空輸《くうゆ》作戦で急場をしのぎました。こうして東西に分かれたドイツは、政治的《せいじてき》にはベルリンを握《にぎ》っている東側が断然《だんぜん》強かったものの、経済的《けいざいてき》には、アメリカがマーシャル・プランという援助《えんじょ》計画をどんどん推《お》し進《すす》めたため、西側が優勢《ゆうせい》となりました。ちなみに東欧諸国《とうおうしょこく》はマーシャル・プランを拒否《きょひ》し、完全にソ連の勢力《せいりょく》下に入ったことを示《しめ》しましたから、ますます米ソの対立は深まっていきました。

③原子力問題――戦争さえできなくしてしまう核兵器《かくへいき》については、原理はどの国も、日本で

さえも知っていました。しかし、原石から連鎖反応《れんさはんのう》を起こすウラニウムを取り出すなど開発の段階《だんかい》になると、どこもできるわけではありません。ただ、人類の将来《しょうらい》のためには原子力を使うほうがいいことは考えられます。そこで、いろんな国が平和利用の原子力をもつようになるまでに国際的《こくさいてき》に管理できるよう、その権利《けんり》を国連に預《あず》けましょうとアメリカが懸命《けんめい》に動きはじめます。ところが、アメリカの原爆《げんばく》実験が成功した直後から、ソ連は原爆《げんばく》の開発をはじめていました。原子力が国際《こくさい》管理されるとなると、下手《へた》をすれば自分たちは核兵器《かくへいき》をもてなくなり、他の国の原子力も国連がすべて押《お》さえるならば、アメリカの核独占状態《せんじょうたい》となって世界が一国支配《しはい》になりかねないので、ソ連は大いに反発します。この時アメリカは、ソ連の原子爆弾《ばくだん》開発が五年や十年はかかるだろうと楽観していました。ところがスターリンの指揮《しき》のもと、ベリアが責任者《せきにんしゃ》となってシャカリキに開発していて、昭和二十二年十一月六日のロシア革命《かくめい》三十周年記念大会の折にはモロトフ外相《がいしょう》が豪語《ごうご》します。「原子爆弾《ばくだん》はもはやわれわれにとって秘密《ひみつ》兵器に非《あら》ず」――つまりまもなく製造《せいぞう》できると明言したわけです。事実、少し先になりますが、昭和二十四年（一九四九）八月にソ連は原子爆弾《ばくだん》の実験を行ないます。原子力、核兵器《かくへいき》をめぐる対立はその後もずっと続くわけですが、この時点ではとりわけ急を要する、運命をかけた対立でありました。

こうして米ソの対立は非常《ひじょう》に激《はげ》しくなり、これ以降《いこう》の世界はいわゆる共産主義陣営《しゅぎじんえい》と自由主《しゅ》義陣営《ぎじんえい》に、大きな意味で東西に分かれていくことになったのです。

◆米のアジア戦略《せんりゃく》に利用される日本

以上のように、ヨーロッパを中心に考えれば米ソの冷戦は抜《ぬ》き差《さ》しならないところまで進んでいました。ところが、これをアジアの視点《してん》で見ますと、じつはまだそこまで至《いた》っていませんでした。

日本を占領《せんりょう》したのも連合国であって、その総《そう》司令部GHQの最高司令官はマッカーサーではありますが、イギリスも、中国も、ソ連も、オーストラリアも、その他の国も皆《みな》、平等といってはおかしいですが、それぞれの権利《けんり》をもって占領《せんりょう》に臨《のぞ》んでいました。ですから東京裁判《さいばん》も十一カ国で検事《けんじ》や判事《はんじ》を出して運営《うんえい》しました。つまり、ヨーロッパでぎしぎし音を立てている冷戦状態《じょうたい》が、アジアに直接《ちょくせつ》に飛び火していたわけではなかったのです。

というのも一つには、戦争中、ソ連が中国に関してどちらかというと反共産党《きょうさんとう》の態度《たいど》をとり、中国共産党《きょうさんとう》を圧迫《あっぱく》している国民党《こくみんとう》のほうを支持《しじ》していたのです。戦争が終わってもそれは急には変わることなく、昭和二十一年五月三日、東欧《とうおう》とは大違《おおちが》いで、日本軍を追い出して占領《せんりょう》していた満洲《まんしゅう》からも、また朝鮮《ちょうせん》北部からも、ソ連軍は一斉《いっせい》に引《ひ》き揚《あ》げたのです。これは、「中国は蔣介石政権《しょうかいせきせいけん》に任《まか》せる」といったような、国民党政府《こくみんとうせいふ》に協力的な態度《たいど》と見られましたので、アメリカは安心しました。

アメリカは、中国共産党《きょうさんとう》をどんどん西へ追いやって孤立《こりつ》させ、一方国民党政府《こくみんとうせいふ》を支援《しえん》し、それを主要政権《せいけん》とする中国を堂々《どうどう》たる世界の五大強国（米・英・仏《ふつ》・ソなどの戦勝国）の一つとして育成しよう、国連もその強国で運営《うんえい》し、中国をアジアにおける親米の安定勢力《せいりょく》にしよう、そうしてアメリカのアジア政策《せいさく》を行《い》き渡《わた》らせようという戦略《せんりゃく》を練っていたからです。ですから、ソ連が国民党《こくみんとう》を応援《おうえん》しているのは非常《ひじょう》に好都合でした。

ともかく、この戦略《せんりゃく》が裏目《うらめ》に出たりして、つまり中国共産党《きょうさんとう》が勢力《せいりょく》を伸《の》ばしてくると、中国が分裂《ぶんれつ》し、ドイツのように分割《ぶんかつ》される可能性《かのうせい》もあります。そうなればいったん引《ひ》き揚《あ》げたソ連軍が当然、満洲《まんしゅう》へ戻《もど》って来る、となるとアメリカが考えているアジア政策《せいさく》など無に等しくなります。そこでアメリカは国民党政府《こくみんとうせいふ》を大事に大事にしました。実際《じっさい》それでなんとなしにうまくおさまるような感じでもあったのです。それで、安心してアメリカは敗戦国日本ではどんどん革命《かくめい》に近い改革《かいかく》を進めていけたのです。

が、そうしているうちに、情勢《じょうせい》は大きく変わります。

昭和二十二年七月、延安《えんあん》に押《お》し込《こ》められていた中国共産党軍《きょうさんとう》（紅軍《こうぐん》といいます）が俄然《がぜん》、大兵力をもって国民党《こくみんとう》に反攻《はんこう》を開始したのです。それまで国民政府軍《せいふぐん》にさんざん撃破《げきは》されてきた共産党《きょうさんとう》軍は、ロング・マーチ、いわゆる「長征《ちょうせい》」という大変な経験《けいけん》を経《へ》てわずかな残党《ざんとう》がやっと延安《えんあん》に辿《たど》り着《つ》いたというありさまでしたから、これは予想もしない事態《じたい》でした。ところがです。アメリカも気付かないうちに国民党《こくみんとう》の蔣介石政権《しょうかいせきせいけん》はすでに腐敗《ふはい》しきっており、さらに失《しっ》策《さく》によるたいへんなインフレで国民の支持《しじ》が下落しきっている時だったのです。人びとはどんどん中共軍側にくっついていきました。こうして内戦が激《はげ》しくなり、中共軍がぐんぐん優勢《ゆうせい》になり、国民政府軍《せいふぐん》がいたるところで孤立《こりつ》し、昭和二十三年（一九四八）夏ごろまでには長江《ちょうこう》（揚子江《ようすこう》）以北、北京《ぺきん》周辺ですね、そして中央部の南京《なんきん》や漢口《かんこう》など主要地域《ちいき》が制圧《せいあつ》され、広東《かんとん》など南方のわずかなところに退却《たいきゃく》した国府軍が集結するというように、大陸の大部分が共産《きょうさん》党《とう》の支配《しはい》下に入ったのです。

国民党《こくみんとう》を支援《しえん》していたアメリカにとってはとんでもない話で、アジアの親米安定勢力《せいりょく》どころではなくなります。これはまずい、とアメリカはたちまち中国共産党《きょうさんとう》をはっきり敵視《てきし》した政策《せいさく》を取りはじめるなど、昭和二十三年の春過《す》ぎからは中国の行方《ゆくえ》がアメリカの重大問題となってきます。中国というものすごく大きい国が共産主義陣営《しゅぎじんえい》に加わってしまえば、自分たちのアジア戦略《せんりゃく》など吹《ふ》っ飛《と》んでしまうからです。

そこで思いついたのが日本でした。当時、東京裁判《さいばん》や公職《こうしょく》追放などひたすら改革《かいかく》を推《お》し進《すす》めていた日本を、こうなったら、われわれアメリカが考えるアジア戦略《せんりゃく》の最前線にしてはどうか、というわけです。

さらにもう一つ、重大な変化が起きたのが朝鮮《ちょうせん》半島です。朝鮮《ちょうせん》半島がなぜ南北に分かれているのかは、もう誰《だれ》も論《ろん》じないくらい常識《じょうしき》になっています。かつては日韓併合《にっかんへいごう》により朝鮮《ちょうせん》半島全体が日本の属国《ぞっこく》といいますか、朝鮮人《ちょうせんじん》は日本人とされていたのですが、戦争に敗《ま》けた瞬《しゅん》間《かん》に元に戻《もど》せというわけで、朝鮮《ちょうせん》は独立《どくりつ》国家に戻《もど》ったのです。ですが、半島にはまだ多くの日本軍がいました。その日本軍をどこに降伏《こうふく》させればいいかが問題となったのです。

戦争中、日本軍はアジアの至《いた》るところに展開《てんかい》していましたので、終戦の際《さい》、日本本土の軍隊はアメリカ軍に、シンガポールやマレー半島の日本軍はイギリス軍に、インドネシアの日本軍はオーストラリア軍に、満洲《まんしゅう》の日本軍はソ連軍（のちには中国軍）に、とそれぞれをどの軍隊に降伏《こうふく》させるかが決められました。そこで朝鮮《ちょうせん》半島の日本軍はどうするかという話になった時に、連合国が話し合い、三八度線から北半分はソ連軍に、南半分はアメリカ軍に降伏《こうふく》することにしたのです。同様のことはベトナムにも言えまして、一七度線を境《さかい》に北の日本軍はフランス軍に、南の日本軍はアメリカ軍に降伏《こうふく》することになりました。ベトナムは今は統一《とういつ》されましたが、ベトナム戦争が終わるまでは南北に分かれていましたよね。朝鮮《ちょうせん》も同じで、終戦時、日本軍を降伏《こうふく》させる「便宜《べんぎ》として」三八度線が引かれたわけです。

そこで日本の降伏《こうふく》後、米軍司令部とソ連軍司令部が合同委員会をつくり、将来《しょうらい》の南北統一《とういつ》に向けて話し合い、どういう国をつくればよいかといったことを決めていくはずでした。ところが、北は朝鮮独立《ちょうせんどくりつ》を目指して日本相手に戦ってきた――どれくらい戦ったかは調べていませんが――金日成将軍《きんにっせいしょうぐん》がいて、南はこれも反日を標榜《ひょうぼう》し地下運動を行なっていた政治家《せいじか》の李《り》承《しょう》晩《ばん》がいる。この二人の話し合いがうまくいきません。そこに米ソの戦略《せんりゃく》が絡《から》んで一層《いっそう》こじれ、昭和二十三年二月、米ソ合同委員会はとうとう暗礁《あんしょう》に乗り上げてしまいます。

そしてその年の五月十日、アメリカは「こうなったらさっさと政府《せいふ》をつくってしまえ」というわけで、米軍の戒厳令《かいげんれい》のもと、南朝鮮《みなみちょうせん》で単独《たんどく》選挙を強行したのです。ソ連はこれを許《ゆる》しません。北は北で別の政府《せいふ》をつくる、と言い出して二つの政府《せいふ》ができてしまい、南北分断《ぶんだん》が決定的になったのです。この時もしもアメリカが選挙を強行しなければ、という思いもするのですが、歴史《れきし》はわからないもので、かといって朝鮮《ちょうせん》がうまく統一《とういつ》されて一つの国になったとも考えられないんですね。

というわけで、「便宜《べんぎ》上」、日本軍の降伏地域《こうふくちいき》を分けたのが運のつきといいますか、まったくまずいかたちで出て、朝鮮《ちょうせん》半島は完全に南北に分断《ぶんだん》されます。そして八月十五日に大韓民国《だいかんみんこく》が、そして九月九日に朝鮮《ちょうせん》民主主義《しゅぎ》人民共和国ができました。これがアメリカにはまた大誤算《だいごさん》で、つまり北朝鮮《きたちょうせん》という共産主義陣営《しゅぎじんえい》の国が一つ増《ふ》えてしまったのです。とはいえ大韓民国《だいかんみんこく》はアメリカがかっちりと押《お》さえ、自由主義陣営《しゅぎじんえい》の国としました。

こうして東アジアを見渡《みわた》しますと、中国も北朝鮮《きたちょうせん》も共産主義陣営《しゅぎじんえい》に向かい、わずか朝鮮《ちょうせん》の南半分だけは自由主義陣営《しゅぎじんえい》に組み入れたものの、アメリカにすればどうみても手薄《てうす》です。そんななかで、日本を今までのように国民がひいひい悲鳴を上げるような改革《かいかく》で締《し》め上《あ》げ続けていれば、いずれ講和条約《こうわじょうやく》によって独立《どくりつ》する時に、共産主義陣営《しゅぎじんえい》に走っていく可能性《かのうせい》だってあるではないか、そうなったらとんでもない話です。前にも話しましたとおり、たとえば野坂参三《のさかさんぞう》さんが延安《えんあん》から帰ってくると、「愛される共産党《きょうさんとう》」というので民衆《みんしゅう》もマスコミも代々木《よよぎ》の共産《きょうさん》党《とう》本部に押《お》しかけ、片《かた》や新改造内閣《ないかく》の成立には誰《だれ》もやって来ないといった状況《じょうきょう》もアメリカは見ているわけです。また、力ずくで抑《おさ》えはしましたが、官公庁《かんこうちょう》の全面スト計画も背後《はいご》に共産《きょうさん》党《とう》がいたことがわかっています。すると、ほんとうに「日本民主主義《しゅぎ》人民共和国」が成立してしまうのではないか。そんなふうにアメリカ――といってももっぱらワシントンが懸念《けねん》を抱《いだ》き、マッカーサーに任《まか》せている強圧的《きょうあつてき》な占領政策《せんりょうせいさく》をこれからは厳《きび》しくチェックしなくてはいけないのではないか、ということになったのです。

◆ＧＨＱの内部対立

そもそもマッカーサーという人は、身分は「アメリカ太平洋陸軍総司令官（後に米極東軍総《そう》司令官）」です。これは軍の組織《そしき》でいえば、大統領《だいとうりょう》―陸軍長官―統合参謀《とうごうさんぼう》本部議長（軍令）―参謀総長《さんぼうそうちょう》、その下にあたります。ですから大統領《だいとうりょう》の言うことは聞かなくてはなりません。ところが本人としては、同時に「連合国軍最高司令官」でもあるという意識《いしき》がありますから、ワシントンの命令通りに動いたり、拘束《こうそく》される必要もなく、独立《どくりつ》してやりたいことがやれるはずだと思っているわけです。ワシントンにとっては煙《けむ》たくて仕方なく、説得《せっとく》に手がかかるし、これはもう放ってはおけないというのでついに動き出します。

昭和二十三年（一九四八）三月、ワシントンから国務省《こくむしょう》政策企画《せいさくきかく》班長《はんちょう》ジョージ・ケナンが特別の使節として来日し、一日、五日、二十一日にマッカーサーと会談してワシントンの意向を伝えました。アジアの情勢《じょうせい》を眺《なが》めれば、アメリカとしては日本に対するきびしい占領政策《せんりょうせいさく》を変えなければならない、と以下のように命令したのです。

●改革《かいかく》や追放などをこれ以上進めないこと。

●日本の悪事をさらには洗《あら》い立《た》てず、戦犯裁判《せんぱんさいばん》(東京裁判《さいばん》その他)を早期に終結させること。

●日本国民の不満解消《かいしょう》に向け、改革《かいかく》よりも貿易《ぼうえき》など経済復興《けいざいふっこう》を第一義《ぎ》的な目的とすべきこと。

●日本独立《どくりつ》に向けた講和《こうわ》を視野《しや》に入れ、警察《けいさつ》を強化する、また沖縄・横須賀《よこすか》の基地《きち》は確保《かくほ》しつつ、総《そう》司令部の権限《けんげん》をできるだけ日本政府《せいふ》に委譲《いじょう》すること。

最後の「警察《けいさつ》の強化」は、じつはワシントンは「再軍備《さいぐんび》」と言いたかったのを、そうなるとマッカーサーが猛反対《もうはんたい》するのはわかっていますから、とりあえずは控《ひか》えたようです。

対するマッカーサーは当初、頑《がん》として聞かない態度《たいど》でしたが、やむなく「沖縄の確保《かくほ》」「経済《けいざい》復興重視《ふっこうじゅうし》」「ソ連を除《のぞ》いた講和《こうわ》会議の可能性《かのうせい》を容認《ようにん》」については受け入れます。ただし、再軍《さいぐん》備《び》への歩みなど絶対《ぜったい》反対、日本には憲法《けんぽう》第九条《じょう》に定められたところの非軍事的《ひぐんじてき》平和国家という立場を永続《えいぞく》させるのだとして、その理由に以下の五点を挙げました。

①アメリカの国際的《こくさいてき》公約――ポツダム宣言《せんげん》でもミズーリ号艦上《かんじょう》でも「日本を二度と戦争を起こさない平和国家にする」と明言し、国際的《こくさいてき》に承認《しょうにん》されている――に大いに矛盾《むじゅん》し、これから独立《どくりつ》しようとしているアジア各国がアメリカに不信を抱《いだ》き、関係を悪くする。

②これまでの占領政策《せんりょうせいさく》の根本的な原則《げんそく》を放棄《ほうき》することになる。アメリカやGHQは威信《いしん》を損《そこ》ない、滑稽《こっけい》な存在《そんざい》となる(すると日本人が「ざまあみやがれ」とあざ笑うだろう)。

③人びとが食うに困《こま》っている日本の現状《げんじょう》では独力《どくりょく》で自衛《じえい》すらできない、弱体に過《す》ぎて再軍《さいぐん》備《び》どころではない。

④再軍備《さいぐんび》となると武器製造《ぶきせいぞう》などたいへんなお金がかかり、ただでさえヒイコラいっている日本経済《けいざい》には破滅的重圧《はめつてきじゅうあつ》となる。

⑤日本人は平和憲法《けんぽう》による戦争放棄《ほうき》を衷心《ちゅうしん》から支持《しじ》しており、その意向を尊重《そんちょう》すべきである。

こうして大喧嘩《おおげんか》になりまして、このへんからマッカーサーはトルーマンに心から嫌《きら》われていくのです。ただどうも、以上の理由を見れば、基本的《きほんてき》にはマッカーサーにとって日本は「自分のつくった王国」なんですね。自分は〝神様〟であって、神様の権威《けんい》や権力《けんりょく》を縮《ちぢ》めろといわれてもとんでもないといったところです。そんな彼《かれ》の自信が裏側《うらがわ》にあって、楯突《たてつ》いたのだと思われるのです。

もう一つ、ＧＨＱのやってきた占領政策《せんりょうせいさく》はまったくの押《お》しつけではない、日本人の有識者《ゆうしきしゃ》や官僚《かんりょう》とよく相談して納得《なっとく》ずくのうえであり、日本人との合作なのだ、だからワシントンが考えているように、日本がこのまま共産主義陣営《しゅぎじんえい》に走ってゆくなどありえない、日本を一番よく知っている自分が言うのだから間違《まちが》いない、という点でもマッカーサーは自信をもっていました。彼《かれ》の腰巾着《こしぎんちゃく》というか、マッカーサーのために全力を尽《つ》くした民政局《みんせいきょく》次長チャールズ・ケーディス——憲法《けんぽう》を作る時の立役者ですね——が後にこう回想しています。

「日本人の同意と助力とをもって行なわれた改革《かいかく》は最後まで残ったし、押《お》しつけられた改革《かいかく》は、日本の独立《どくりつ》が回復《かいふく》された後に、その命は短かった」

占領政策《せんりょうせいさく》として進めた改革《かいかく》は、日本人の同意と助力があったから残ったので、もし日本の独《どく》立《りつ》後に消えていったものがあるのなら、それはこちらからの無理な押《お》しつけだったかもしれないと。多分にマッカーサーも同じ意見だったでしょう。

しかし、ワシントン側にしてみれば「どこまで鼻っ柱が強い奴《やつ》なんだ、そうはいかん、ぼやぼやしているとほんとうに日本が共産主義《しゅぎ》化してしまうではないか」と強引《ごういん》に政策変更《せいさくへんこう》を突《つ》きつけてきます。それは昭和二十三年一月にケネス・ロイヤル陸軍長官がワシントンで行なった演説《えんぜつ》――ワシントンが何を考えているかがよくわかる、なかなかの演説《えんぜつ》です――に象徴《しょうちょう》されています。ひとことでいえば、

「これからの日本を、アジアにおいて共産主義《しゅぎ》の進出を押《お》し留《とど》める防波堤《ぼうはてい》にする」

つまり日本をアメリカのアジア政策《せいさく》に役立つ国家にする、そのためにこれまでの厳《きび》しい改革《かいかく》をゆるめ、もっと健全な自由な国家にしていくということです。

さらに五月、日本はマッカーサーが言うような貧乏《びんぼう》でどうしようもない国なんてことはなく、経済的《けいざいてき》にも頑張《がんば》れる能力《のうりょく》のある国だ、と評価《ひょうか》する「ジョンストン＝ドレイパー報告《ほうこく》」が出されます。ワシントンは、マッカーサーが何を言おうと受けつけない、といった意思を見せたわけです。

そして同年十月、ワシントンの結論《けつろん》として、日本を今後どういう国にすべきか、そのためにアメリカは何をすべきかについて二十項目《こうもく》の案を示《しめ》した「国家安全保障《ほしょう》会議文書」が作られます。大事な項目《こうもく》だけを挙げますと、

●民主化の行《い》き過《す》ぎをチェックする——裏返《うらがえ》せば、ＧＨＱ内で民主化を叫《さけ》ぶ連中（たとえば民《みん》政局《せいきょく》）を全部クビにするということです。

●公職《こうしょく》追放の解除《かいじょ》

●再軍備《さいぐんび》（警察力《けいさつりょく》の強化）

●経済《けいざい》の復興《ふっこう》と安定

これはきちんと大統領《だいとうりょう》命令として文書で出されまして、さすがのマッカーサーも大統領《だいとうりょう》の家来としては従《したが》う義務《ぎむ》があり、降参《こうさん》せざるを得《え》なくなりました。つまりこれが、「ＧＨＱの右《みぎ》旋回《せんかい》」と日本人がいう、占領政策《せんりょうせいさく》の大転換《だいてんかん》でした。

そしてそのために邪魔《じゃま》になったのが、日本の民主化を——ポツダム宣言《せんげん》に書かれた通りではありますが——徹底的《てっていてき》に行ない、日本人を締《し》め上《あ》げてきた民政局《みんせいきょく》（ＧＳ＝Government Section 直訳《ちょくやく》すれば「政治局《せいじきょく》」で、あらゆる政策《せいさく》問題を一手に引き受けていました）のマッカーサーの腹心《ふくしん》でもあるコートニー・ホイットニー局長、そしておなじみのケーディス次長たちでした。

彼《かれ》らには、「これからは改革《かいかく》より復興《ふっこう》である」というワシントンの意向により、今後の占領政《せんりょうせい》策《さく》の中心は経済《けいざい》科学局（ＥＳＳ＝Economic and Scientific Section）に移《うつ》すと宣告《せんこく》されたかたち

となりました。

しかし、ホイットニーもケーディスも「はいそうですか」と引き下がるような人たちではありません。最後の抵抗《ていこう》をしたのです。山崎猛首班《やまざきたけししゅはん》工作といわれるものです。ここで日本の内閣《ないかく》の流れをちょっと振《ふ》り返《かえ》っておきますと、前に話しました社会党《しゃかいとう》を中心とする片山内閣《かたやまないかく》が、ちょうどアメリカの占領方針《せんりょうほうしん》がぐらぐらしはじめた昭和二十三年二月に倒《たお》れ、次に、外務官僚《がいむかんりょう》だった民主党《みんしゅとう》の芦田均《あしだひとし》さんを首相《しゅしょう》とする内閣《ないかく》が成立しましたが、これも昭電疑獄《しょうでんぎごく》*1と呼《よ》ばれる疑獄事件《ぎごくじけん》のため半年ちょっとしかもたず十月に倒《たお》れます。これらは共に連立内閣《ないかく》でした。野党《やとう》は、これも外務官僚《がいむかんりょう》だった吉田茂《よしだしげる》さんが率《ひき》いる民主自由党《じゆうとう》でした。そうして連立内閣《ないかく》が二度も短命に終わったこともあり、次は野党《やとう》に政権《せいけん》を譲《ゆず》るのが憲政《けんせい》の筋道《すじみち》であるというわけで、当然、吉田《よしだ》さんが次期首相《しゅしょう》になるはずでした。ところが、この時、GHQが自由党《じゆうとう》に「副総裁《そうさい》の山崎猛《やまざきたけし》を首相《しゅしょう》に」と言ってきたのです。この件《けん》で中心になって動いたのがホイットニーとケーディスで、とくに社会主義者《しゅぎしゃ》で弁護士《べんごし》出身のケーディスは吉田《よしだ》さんを嫌《きら》い、引きずり降《お》ろしたがっていたために頑強《がんきょう》でした。ケーディスが密《ひそ》かに山崎《やまざき》さんにこうささやいたといわれています。

「お前が内閣《ないかく》をつくり、（芦田内閣《あしだないかく》を倒《たお》した）昭電事件《しょうでんじけん》はこれ以上引《ひ》っ張《ぱ》らず、（吉田《よしだ》側の）民自党《みんじとう》方面の者だけを検挙《けんきょ》し、他は全部もみ消せ」

山崎《やまざき》さんは震《ふる》え上《あ》がったそうです。そんなこと出来うべくもない。

GHQの二重構造

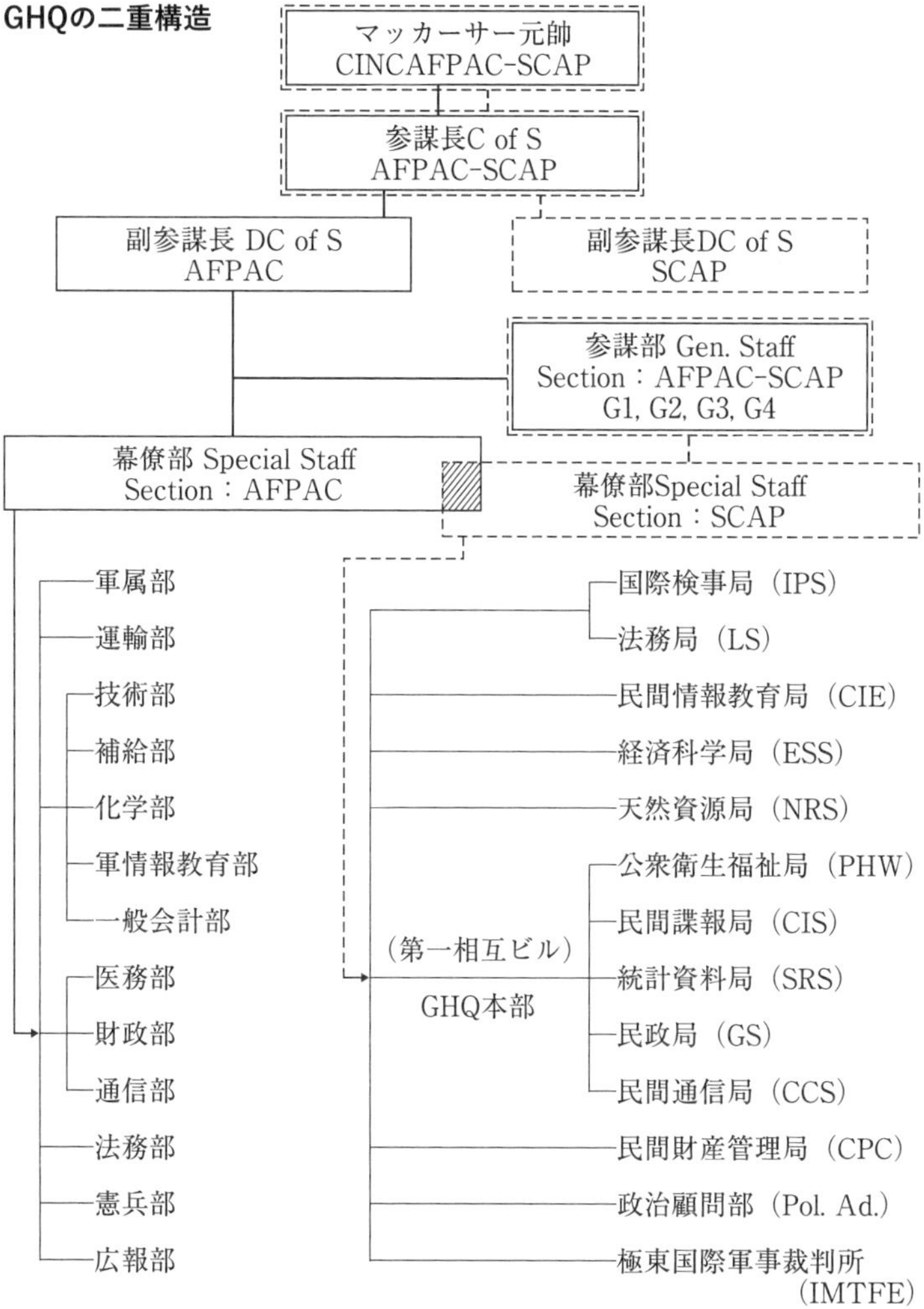

1）出典：Tokyo Telephone Directory United States Military Occupation Telephone Directory Effective, 25 April, 1946. より作成。
2）米太平洋軍司令官（CINCAFPAC）の任務は実線、連合国最高司令官（SCAP）の任務は破線で示す。
3）AFPACは1947年以降FEC（極東軍）と改称。

この陰謀《いんぼう》めいた動きに立ちはだかったのが、マッカーサーの副官のバンカーと、G2(General Staff 2 ＝参謀《さんぼう》第二部)トップのチャールズ・ウィロビー少将《しょうしょう》です(図参照)。図で示《しめ》すように、GHQのなかには参謀《さんぼう》部と幕僚《ばくりょう》部があり、軍の組織《そしき》である参謀《さんぼう》部は第一部から第四部に分かれていて、そのうち情報《じょうほう》を担当《たんとう》するのが第二部です。ウィロビーもまた、戦争中にバターン半島から脱出《だっしゅつ》した時以来、マッカーサーとともに働いてきた「バターンボーイズ」仲間です。これが、民政局《みんせいきょく》の陰謀《いんぼう》を叩《たた》き潰《つぶ》すために動くのです。ちなみにGHQは軍隊組織《そしき》であると同時に官僚《かんりょう》組織《そしき》で、幕僚《ばくりょう》部には今の日本の各省のような、民政局《みんせいきょく》、経済《けいざい》科学局、前に話したラジオ番組「真相はかうだ」をつくった民間情報《じょうほう》教育局などがありました。

さて自由党《じゆうとう》では、マッカーサーが「山崎《やまざき》さんを首相《しゅしょう》に」と言ってきた、というので驚《おどろ》いて代議士《だいぎし》会を開きます。そこで注目されたのが、当選したばかりの一人の最若手の代議士《だいぎし》でした。さっと手を上げ、指名されて発言するには、

「日本の総理《そうり》大臣は日本人が決めるべきです。アメリカの言う通りに従《したが》うのはおかしいんじゃないでしょうか」

これが誰《だれ》あろう田中角栄《たなかかくえい》さんで、(新潟弁《べん》だったとは思うのですが)正論《せいろん》を吐《は》く珍《めずら》しいやつだといっぺんに脚光《きゃっこう》を浴びました。

それはともかく結局、ウィロビー側の猛反対《もうはんたい》もあってケーディスらの陰謀《いんぼう》工作は挫折《ざせつ》し、昭和二十三年十月十九日に第二次吉田茂内閣《よしだしげるないかく》が成立し、ここから長い吉田《よしだ》さんの時代がはじまる

のです。

これを見届《みとど》けて、ケーディスさんは、十二月八日ですから「太平洋戦争開戦の日」にアメリカへ帰りました。追い出されたわけではなく、ワシントンでさらに「占領政策《せんりょうせいさく》は変更《へんこう》せずにこのまま推《お》し進《すす》めるべきだ」と訴《うった》え、説得《せっとく》するためでした。ところが、もうワシントンでも相手にされません。やるだけやったケーディスさんは、ここで万策尽《ばんさくつ》きたのか、昭和二十四年五月三日ですから日本の「憲法《けんぽう》記念日」に、アメリカで辞表を出し退職《たいしょく》します。そして民政局《みんせいきょく》の敗北が決定的となりました。

◆「改革《かいかく》」より「経済復興《けいざいふっこう》」へ

こうして改革派《かいかくは》が去り、ウィロビーを中心にまさに軍人らしく「日本を防波堤《ぼうはてい》にするには」と戦略的《せんりゃくてき》に考えるＧ２、そして経済《けいざい》科学局の出番です。といってもマッカーサーはまだ健在《けんざい》ですし、「お？　ホイットニーとケーディスは辞《や》めたのか」てなもんですから、いっぺんに情勢《じょうせい》が変わったわけではありません。そしてマッカーサーとツーカーのウィロビーはだんだん重要な役割《やくわり》を演《えん》じるようになり、じつは日本の旧《きゅう》軍人と示《しめ》し合《あ》わせて再軍備《さいぐんび》計画を練りはじめるのです。参謀《さんぼう》部はそちらのほうにもっぱら手をまわしてゆくのですが、ＧＨＱの政策《せいさく》は基本的《きほんてき》には「改革《かいかく》より復興《ふっこう》」というわけで経済《けいざい》が中心になりました。

考えてみれば、私《わたし》が中学生で終戦になった当時、日本はもっぱら平和国家として、「アジアのスイスたれ」「日本は文化国家であれ」と盛《さか》んに言われ、私《わたし》もそう思って育ってきたのですが、それが何となく変わっていったのがこの頃《ころ》でしょうね。いきなり「文化よりも経済《けいざい》」というわけでないとはいえ、少なくともGHQの方針《ほうしん》が、日本経済《けいざい》をなんとか自立化させねば防波《ぼうは》堤《てい》にならん、と経済復興《けいざいふっこう》に向いてきたのです。

そして昭和二十三年十二月、ワシントンからマッカーサーのもとに、文書でもって至上《しじょう》命令として届《とど》いたのが「経済《けいざい》安定九原則《げんそく》」です。内容《ないよう》をみますと（このへんから私《わたし》がもっとも苦手とする経済《けいざい》の話になってきまして、しどろもどろになる可能性《かのうせい》がありますが……）、

①総合《そうごう》予算の均衡《きんこう》——戦後日本はGHQにすべて握《にぎ》られていて、自分たちで予算を組めなかったのを、今後は日本政府《せいふ》としてバランスよい総合《そうごう》予算を作るというわけです。

②徴税《ちょうぜい》の強化——これまでもかなり高い税金《ぜいきん》でしたがね。

③信用拡張《かくちょう》の制限《せいげん》（これがよくわからないのですが、一応《いちおう》言葉として残しておきます）

④賃金《ちんぎん》の安定——あの頃《ころ》は、上がったのか下がったのかよくわからないような賃金《ちんぎん》をもらってましたからね。

⑤物価統制《ぶっかとうせい》の強化——ヤミがインフレをガンガン増長《ぞうちょう》していますから、これを抑《おさ》えて物価《ぶっか》を安定させなくてはいけません。

⑥外国為替《かわせ》統制《とうせい》の強化、⑦輸出増進《ゆしゅつぞうしん》——この二つは後で説明します。

⑧鉱工業《こうこうぎょう》生産の増強《ぞうきょう》——それまでまったくやっていなかったわけではなかったが、原料が

ほとんど入ってきませんから、ろくすっぽ生産もできなかったのです。

⑨食糧供出《しょくりょうきょうしゅつ》の促進《そくしん》――飢餓《きが》の戦後日本を過《す》ごした人が一様に言うのは、「とにかく百姓《ひゃくしょう》が威張《いば》りくさって、ぺこぺこ頭を下げても都会の人間にはちっとも食糧《しょくりょう》を売ってくれなかった」。まあ食糧《しょくりょう》を持っているのはお百姓《ひゃくしょう》さんだけで、もちろん威張《いば》っているわけではなく、彼《かれ》らも必死に隠《かく》していたのですが、それも無理やり引《ひ》っ張《ぱ》り出《だ》させられたのです。そしてこの大方針《だいほうしん》のもとに昭和二十四年（一九四九）二月、デトロイト銀行頭取のジョセフ・ドッジが来日します。「ドッジ・ライン」という言葉で非常《ひじょう》に有名になった方で、日本復興《ふっこう》のための「経済九原則《けいざいげんそく》」の実行に向けて辣腕《らつわん》を振《ふ》るうのです。彼《かれ》はこう言います。

「日本経済《けいざい》は竹馬にのっているようなものだ。竹馬の片足《かたあし》は米国の経済援助《けいざいえんじょ》、片足《かたあし》は国内的な補助金《ほじょきん》の機構《きこう》である。竹馬の足が高くなり過《す》ぎると、転んで首を折る危険《きけん》がある」

自立できず、政府《せいふ》がなけなしの金でやっとこさっとこ面倒《めんどう》をみている日本経済《けいざい》は、援助《えんじょ》や補助金《ほじょきん》だけがどんどん膨《ふく》らんでしまえば今に命を落とす。したがってまず援助《えんじょ》や補助金《ほじょきん》をなくす、そして自立に向けて頑張《がんば》れ、というわけで三月七日、当時の大蔵大臣池田勇人《おおくらだいじんいけだはやと》に迫《せま》るのです。

「日本国民に最も大切なのは、耐乏《たいぼう》生活。占領軍《せんりょうぐん》や日本政府《せいふ》に一番必要なのは、国民に耐乏《たいぼう》生活を押《お》し付ける勇気である」

なんだか、小泉政権《こいずみせいけん》でも聞いたことのあるようなせりふですね。痛《いた》みを分かち合え、です。まあ言われた方も「たいへんなことになるぞ」と思ったことでしょうが、ともかくこういう形で経済復興《けいざいふっこう》がスタートし、昭和二十四年から日本はそれまでと違《ちが》う動き方をしていくのです。ただし、そのためには当然ながら、余分《よぶん》な労働者をどんどんクビにしなくてはならなくなります。そして提案《ていあん》されたのが行政《ぎょうせい》整理、つまり官公庁《かんこうちょう》のほうは「定員法」によって中央・地方公務員《こうむいん》をある程度《ていど》クビにし、また各企業《きぎょう》も民間労働者を解雇《かいこ》していく方策《ほうさく》でした。そうしなければ日本経済《けいざい》は救《すく》われない、というのがドッジさんの主張《しゅちょう》で、国民はガマン、ガマンの耐乏《たいぼう》生活へ、そして日本政府《せいふ》はこれを強行する勇気をもたなければならなくなったわけです。

そこで、先ほどの「九原則《げんそく》」の⑥外国為替《かわせ》統制《とうせい》の強化、⑦輸出増進《ゆしゅつぞうしん》です。当時、日本の輸《ゆ》出《しゅつ》といえば、すべてGHQが指示《しじ》する物品を政府《せいふ》が買い上げ、それをアメリカ軍が輸出《ゆしゅつ》するかたちを取っていました。西欧《せいおう》で人気のある漆器《しっき》の場合だと、GHQの指示《しじ》のもと政府《せいふ》が業者から漆器《しっき》を買い上げ、アメリカに渡《わた》して輸出《ゆしゅつ》してもらい、得《え》たお金をまた日本政府《せいふ》から業者に支払《しはら》う、といった流れです。その際《さい》、漆器《しっき》の場合は一ドルが六百円でしたが、例えば、「ビタミン油」が一時売れた時のレートは一ドルが百五十円でした。つまり一ドルの値段《ねだん》はアメリカの自由と言っていいくらいにまったく不安定だったのです。これを改め、日本に自由貿易《ぼうえき》をさせようというので、昭和二十四年四月二十三日、円の為替《かわせ》レートが「一ドル＝三百六十円」に決められたのです。若《わか》い人たちはこの時代を知らないわけですが、私《わたし》たちは「一ドル」といえば「三百六十円」でした。そしてこのレートでいよいよ日本の輸出業《ゆしゅつぎょう》が動き出すのです。自主的に大いに努力して輸出《ゆしゅつ》につとめ、金を稼《かせ》げというわけです。このレートは、変動相場制《そうばせい》に移行《いこう》する昭和四十六年（一九七一）まで続きました。

◆次々と起こった怪事件《かいじけん》

さて一方では、ドッジ・ラインのもと、どんどん〝クビきり〟がはじまります。

まず国家公務員《こうむいん》、地方公務員《こうむいん》から約二十万人を整理することになるのですが、そこで最初に目をつけられたのが国鉄（日本国有鉄道、いまのＪＲ）です。もともとは国家管理だったものを昭和二十四年六月一日から日本国有鉄道（国鉄公社）とし、独立採算制《どくりつさいさんせい》に、同時に人員整理をすることになったのです。しかし、そうなると組合――ＧＨＱが推奨《すいしょう》したために労働組合が至《いた》るところにできていました――が黙《だま》っていません。日本復興《ふっこう》のために耐《た》えねばならない痛《いた》みとはいえ、いまのように転職《てんしょく》可能《かのう》な時代ではない。解雇即生活難《かいこそくせいかつなん》です。激《はげ》しい闘争《とうそう》がはじまるのです。六月九日には国鉄公社の蒲田《かまた》・中野《なかの》・三鷹支部《みたかしぶ》が次々とストに突入《とつにゅう》し、また十日には神奈川支部《しぶ》で車体に赤旗を描《えが》いた「人民（管理）電車」が走り、それはまあ皆《みな》が驚《おどろ》きました。

そうこうするうち七月四日、下山定則《しもやまさだのり》国鉄総裁《そうさい》が「第一次整理は三万七百人」と発表します。さらに翌々日《よくよくじつ》の六日には「第二次整理九万人余《あまり》」を発表することが明らかになり、最終的には計十二万四百十三人が解雇《かいこ》されると知れましたから、労組も騒然《そうぜん》となりました。そして二回目の発表前日の七月五日、公社幹部《かんぶ》とＧＨＱ関係者との打ち合わせを午後一時に控《ひか》えた朝（九時三十七分頃《ごろ》）、下山総裁《しもやまそうさい》が、運転手を待たせて日本橋《にほんばし》の百貨店三越《みつこし》に入っていったまま忽然《こつぜん》と消えてしまったのです。運転手はずっと待っていましたが、会議の時刻《じこく》が近くなるとさすがに心配しはじめ、ちょっとした騒《さわ》ぎとなりましたが、結局夕方になっても見つからず、こんどは俄然《がぜん》、大騒《おおさわ》ぎとなりました。そして翌日《よくじつ》、常磐線《じょうばんせん》の北千住《きたせんじゅ》―綾瀬《あやせ》間下り線路上で、下山総裁《しもやまそうさい》の轢死体《れきしたい》が発見されたのです。「下山事件《しもやまじけん》」といいまして、今も現場《げんば》に碑《ひ》が立っています。

これはすごい事件《じけん》でして、遺体《いたい》の鑑定《かんてい》で自殺《じさつ》か他殺《たさつ》か、マスコミを含《ふく》めて意見が真っ二つに分かれます。慶応《けいおう》大学医学部の中館博士《なかだてはかせ》の鑑定《かんてい》を支持《しじ》した警察庁《けいさつちょう》と毎日新聞が〝生体轢断説《れきだん》〟（生きている時に轢《ひ》かれた）すなわち自殺説《じさつせつ》をとり、一方、東大医学部の古畑博士《ふるはたはかせ》を支持《しじ》した検《けん》察庁《さつちょう》と朝日新聞は〝死後轢断説《れきだん》〟（死体を轢《ひ》いた）すなわち他殺説《たさつせつ》をとったのです。G2は早いころから殺人事件《さつじんじけん》といっています。大論争《だいろんそう》になりましたが、結局いまだに何もわからないまま、さまざまなことが言われ続けています。下山総裁《しもやまそうさい》が人員整理でノイローゼ気味だったとか、いや最後までクビきりに反対していたのをGHQ側が総裁《そうさい》を交替《こうたい》させて強行するため殺《ころ》したのだとか――そんなことはありえないのですが、まあいろんな噂《うわさ》やら怪説《かいせつ》が飛《と》び交《か》いました。

そして何も解明《かいめい》されないまま、実行されたのはクビきりだけです。騒《さわ》ぎはなおさら拡大《かくだい》し、それも収《おさ》まらない七月十二日、当初の予定よりいくらか減《へ》ったものの「第二次整理六万三千人」が発表されました。するとその三日後の十五日、今度は三鷹《みたか》駅で無人の電車が突然《とつぜん》走りはじめ、電信柱を押《お》し倒《たお》したりで近所の住民など六人が死亡《しぼう》し、十四人が重軽傷《じゅうけいしょう》を負《お》う「三鷹事件《みたかじけん》」が発生しました。この時は警察《けいさつ》が素早《すばや》く動き、やはりクビきりに反対する共同謀議《ぼうぎ》として労組関係の十一人を検挙《けんきょ》しました。しかし最終的に、裁判官《さいばんかん》は「共同謀議《ぼうぎ》などとは空中楼閣《くうちゅうろうかく》である」と判断《はんだん》、そのうちの竹内景助《たけうちけいすけ》の単独犯《たんどくはん》とされ、あとの十名は無罪《むざい》となりました。

後に、死刑判決《しけいはんけつ》を受けて刑務所《けいむしょ》に入っていた竹内景助《たけうちけいすけ》さんの手記を（『文藝春秋《ぶんげいしゅんじゅう》』で）取ったことがあるのですが、こんなふうに話していました——自分は非常《ひじょう》に貧《まず》しい家で育ち、偉《えら》くなろうと一所懸命《いっしょけんめい》に勉強しました。家族でご飯を食べる時、美味《おい》しいものは残して最後に楽しみに食べるのが習慣《しゅうかん》になっていました。……刑務所《けいむしょ》に入れられるなんて、こんな馬鹿な話はありません。私《わたし》はやっていません。でも、やったと言えば死刑《しけい》にならないとさんざん言われ、そうしたら私《わたし》だけが死刑《しけい》になりました。納得《なっとく》がいきません。これから私《わたし》は美味《おい》しいものから食べることにします。美味《おい》しいものから食べなさい、と皆《みな》さんに言いたいです——この手記のタイトルは「美味《おい》しいものから食べなさい」でした。竹内《たけうち》さんは結局、獄中《ごくちゅう》で病死してしまいました。

こういった事件《じけん》が連続して起こり、ともに国鉄労組が絡《から》み、それもどうやら共産主義者《しゅぎしゃ》の支《し》援《えん》を受けている——となると、世論《よろん》は共産主義《しゅぎ》や労組関係に対してだんだん非難《ひなん》を高めてきます。これを受けて強気になった国鉄当局は、労組の闘争《とうそう》委員十四人を片《かた》っ端《ぱし》から免職《めんしょく》しました。するとたちまち労組は内部分裂《ぶんれつ》をはじめ、闘争体制《とうそうたいせい》はガラガラと崩壊《ほうかい》してしまい、人員整理がそのまま実行されるような状況《じょうきょう》になっていったんです。

ただ、事件《じけん》はまだ終わりませんでした。八月十七日、東北本線の松川《まつかわ》駅で、上野《うえの》行きの旅客《りょかく》列車が突然《とつぜん》脱線《だっせん》して機関車が転覆《てんぷく》、機関士《きかんし》一人、助手二人が死亡《しぼう》したのです。乗客は負傷者《ふしょうしゃ》のみで一人も亡《な》くなりませんでした。「松川事件《まつかわじけん》」と言われますが、これは民間企業《きぎょう》としても五千数百人の整理で揉《も》めていた東芝《とうしば》の松川《まつかわ》工場の労組と国鉄労組が組んで共同闘争《とうそう》した挙句《あげく》、線路のクギを抜《ぬ》いて脱線《だっせん》を導《みちび》いたのだということになりました。さらに事件《じけん》発生後すぐ、増田《ますだ》甲子七《かねしち》官房長官《かんぼうちょうかん》が、「三鷹事件《みたかじけん》と同様に、共産党《きょうさんとう》の陰謀《いんぼう》である」と声明しましたから、世論《よろん》は「また共産党《きょうさんとう》がやったのか」と感じます。その後、両労組から計二十人が逮捕《たいほ》されたのですが、裁判《さいばん》は延々《えんえん》と続き、昭和三十八年（一九六三）になって全員無罪《むざい》が確定《かくてい》するという、なんだか不可思議《ふかしぎ》きわまりない事件《じけん》になってしまいました。

　このように近接《きんせつ》して発生した三つの事件《じけん》は、戦後日本の混乱《こんらん》の反映《はんえい》といえばそうですが、同時にアメリカの政策《せいさく》が急激《きゅうげき》に変わり、ドッジ・ラインによってクビきりがはじまったために起きたとも言えるのです。もちろん東西冷戦の煽《あお》りが背後《はいご》にあります。さらに表向きは共産党《きょうさんとう》ばかりが悪者にされましたが、じつはアメリカの陰謀《いんぼう》説をとる人もかなりいるのです。とりわけ松川事件《まつかわじけん》についてですが、アメリカの「キャノン機関」（ＣＩＣ＝Counter Intelligence Corps対敵諜報《たいてきちょうほう》部隊、つまりスパイ合戦の主役の下部機関）が暗躍《あんやく》していたと言われていて、キャップであるキャノン中佐が三つの事件《じけん》を裏側《うらがわ》から操作《そうさ》したのでは、という説もあります。というのは、彼《かれ》も、そして下山総裁《しもやまそうさい》と人員整理に関して綿密《めんみつ》な連絡《れんらく》を取っていたＣＴＳ（Civil Transportation Section）の鉄道課長だったシャグノン中佐も、ともにたいへんなガン・マニアで、しかもシャグノンさんが突然《とつぜん》消えて、その後にキャノンさんが登場してきたので、二人は同じ人間ではないか、と疑《うたが》われてもいるのです。

そうしてみると、戦後三大事件《じけん》の裏《うら》にはアメリカの陰謀《いんぼう》があった、と考える推理《すいり》が当たっているのではないか。うんと極端《きょくたん》に言えば、権力《けんりょく》争いでG2が民政局《みんせいきょく》を叩《たた》き潰《つぶ》すための手段《しゅだん》としてやった、または共産党《きょうさんとう》を後押《あとお》しする民政局《みんせいきょく》を追《お》い払《はら》うためにいろいろとでっちあげた……と言えなくもないところがある。それが松本清張《まつもとせいちょう》さん描《えが》くところの『日本の黒い霧《きり》』*2の骨子《こっし》となるのですが、あれを読んでもはっきりとそうであるとは書いていませんし、もちろんわからないのですから結論《けつろん》づけられません。しかし、そういうことが十分に考えられるという点では、あのノンフィクションはたいへん面白《おもしろ》く、GHQ内部の争いが実によく見えてくる、ということでもあるのです。

こうしてGHQ右旋回《みぎせんかい》の昭和二十四年は、ナゾだらけの一年間でありました。そのナゾはいまになっても解《と》かれていません。いつの日にか解《と》かれるんでしょうかね。

*1――昭電疑獄《しょうでんぎごく》　昭和二十三年（一九四八）、復興金融金庫《ふっこうきんゆうきんこ》からの融資《ゆうし》を得《え》るため、昭和電工株式《かぶしき》会社が政府《せいふ》高官や政府金融《せいふきんゆう》機関幹部《かんぶ》に対して行なった贈収賄《ぞうしゅうわい》事件《じけん》。後の首相《しゅしょう》福田赳夫《ふくだたけお》や西尾《にしお》末広《すえひろ》、大野伴睦《おおのばんぼく》ら多くの政界《せいかい》・財界人《ざいかいじん》が逮捕《たいほ》・告訴《こくそ》され、芦田内閣崩壊《あしだないかくほうかい》をもたらした。

*2――『日本の黒い霧《きり》』　一九六〇年、文藝春秋《ぶんげいしゅんじゅう》新社（全二巻《かん》。現在《げんざい》、文春文庫　上・下巻《かん》）。「下《しも》

山《やま》国鉄総裁謀殺論《そうさいぼうさつろん》」「帝銀事件《ていぎんじけん》の謎《なぞ》」「推理《すいり》・松川事件《まつかわじけん》」「追放とレッド・パージ」など、戦後日本で起きた数々の怪事件《かいじけん》の背後《はいご》に迫《せま》った大作。GHQが陰謀《いんぼう》の限《かぎ》りを尽《つ》くし暗躍《あんやく》する姿《すがた》、一方で真相を知る術《すべ》もなかった占領《せんりょう》下の日本人を、膨大《ぼうだい》な情報《じょうほう》と推理《すいり》を駆使《くし》して描《えが》き、戦後の混乱《こんらん》を生々しく伝えているとされる。

第八章

朝鮮《ちょうせん》戦争は〝神風《かみかぜ》〟であったか

吹《ふ》き荒《あ》れるレッドパージと「特需《とくじゅ》」の嵐《あらし》

この章の

ポイント

一九四九（昭和二十四）年、中華人民共和国《ちゅうかじんみんきょうわこく》が成立すると、GHQは日本国内において極端《きょくたん》に共産党《きょうさんとう》を弾圧《だんあつ》するようになります。また一方で、「アプレゲール」とよばれる二十歳《はたち》前後の若者《わかもの》による事件《じけん》が多発しました。そんな中で、翌年六月二十五日に朝鮮《ちょうせん》戦争がはじまります。北朝鮮《きたちょうせん》と韓国《かんこく》が、米ソ冷戦の「代理戦争」をさせられたわけです。ただこの戦争は、日本経済《けいざい》にとって「神風《かみかぜ》」となります。戦争の特需《とくじゅ》により、この三年間で日本の企業《きぎょう》は生き返りました。

キーワード

毛沢東《もうたくとう》／中華人民共和国《ちゅうかじんみんきょうわこく》／レッドパージ／アプレゲール／光クラブ事件《じけん》／朝鮮《ちょうせん》戦争／仁川《インチョン》上陸作戦／特別需要《じゅよう》（特需《とくじゅ》）／マッカーサー帰国／日本人十二歳《さい》説

◆至《いた》る所《ところ》で「金づまり」

もう一度、ドッジ・ラインを整理しますと、要するに、戦後の日本が直面しているインフレを徹底的《てっていてき》に抑制《よくせい》し、むしろデフレ（現在《げんざい》の日本がこれで、一種の金づまりです）状態《じょうたい》にすべきである、ということです。でないと日本は破綻《はたん》してしまう、そのためには「これ以上のことはやるな」と線を引くから「ライン」というのでしょうね。そのドッジさんが来る直前、昭和二十四年（一九四九）一月二十三日に総選挙《そうせんきょ》があり、吉田茂《よしだしげる》を総裁《そうさい》とする民主自由党《じゆうとう》（民自党《とう》）が圧勝《あっしょう》しました。ですからドッジ・ラインは、芦田内閣《あしだないかく》の後を受けた吉田内閣《よしだないかく》に突《つ》きつけられたわけです。これは当時の日本にとっては大変な政策《せいさく》で、「こんなものをやったんじゃ総倒《そうだお》れだ」と強硬《きょうこう》な反対論《はんたいろん》をぶった政府《せいふ》のトップ七人がそろって辞表を出すほどでした。しかしドッジさんは断固《だんこ》として譲《ゆず》りません。政府《せいふ》が泣く泣く実施《じっし》に踏《ふ》み切《き》ると、ほんとに大変な金づまりになってしまいましたが、そのかわり、モノがあっても買えないわけで、高騰《こうとう》を極《きわ》めていたヤミ値《ね》がいっぺんに下落したんですね。

結果的に、人びとの日常《にちじょう》生活の経済《けいざい》はいくらか落ち着いてくるのです。その証拠《しょうこ》に、永井《ながい》荷風《かふう》さんの『断腸亭日乗《だんちょうていにちじょう》』を読んでいますと、昭和二十四年の前半までは、いかにモノが不足しているか、やっと探《さが》して買おうとするとどれだけ高いか、うっぷん晴らしのようにいちいち書かれていて、戦後の物価高《ぶっかだか》やヤミ値《ね》は『断腸亭日乗《だんちょうていにちじょう》』を見れば一目瞭然《いちもくりょうぜん》というくらいな

昭和24年の銀座。正面が日本劇場、右側が朝日新聞社。現在のマリオンあたり

のですが、この年の後半になると、急にモノ不足の記述《きじゅつ》がなくなり、同時に値段《ねだん》も書かれなくなってしまうのです。ヤミ値《ね》がだーっと落ちたからでしょうが、私《わたし》が丁寧《ていねい》に読んだ範囲《はんい》では、十月十三日の記載《きさい》が最後だと思います。

「毎月寄贈《きぞう》の出版物《しゅっぱんぶつ》を古本屋に売りて参千余《よ》円を得《え》たれば午後銀座《ぎんざ》千疋屋《せんびきや》に赴《おもむ》き一昨日見たりし小禽《ことり》を買ふ。籠《かご》金八百拾《じゅう》円、小禽《ことり》金弐千五百円。餌《えさ》の稗《ひえ》五合にて金百円なり。……」

高いとも安いとも書いていませんが、この後、モノの値段《ねだん》はほとんど出てきません。日常《にちじょう》生活でヤミに苦しむことが減《へ》ったんじゃないでしょうか。ただし、荷風《かふう》さんみたいに送られてきた出版物《しゅっぱんぶつ》を売るとかで金を調達できる人は別で、金のない人はどっちみち買えないんですけどね。どちらにしろ、昭和二十四年が終わる頃《ころ》には、庶民《しょみん》生活は少しずつ安定といいますか、以前のように、ヤミが好き放題に値段《ねだん》を吊《つ》り上《あ》げることはなくなりました。

一方、ドッジ・ラインで強引《ごういん》に金が出せないようにされてしまった政府《せいふ》としては、この場を切《き》り抜《ぬ》けるには人員整理しかありません。約二十六万人の行政《ぎょうせい》整理が必要で、すでに長々と弁《べん》じましたように、はじめに天王山《てんのうざん》の戦いとして目をつけられたのが国鉄公社でした。というのも、戦後の引《ひ》き揚《あ》げ者《しゃ》を吸収《きゅうしゅう》するなどして従業員《じゅうぎょういん》が六十二万人にまで膨《ふく》れ上《あ》がっていたためです。そこで労働争議が頻発《ひんぱつ》すると同時に下山《しもやま》・三鷹《みたか》・松川事件《まつかわじけん》が起こり、組合を指導《しどう》しているのが日本共産党《きょうさんとう》であるということから、「共産党《きょうさんとう》はなんと残酷《ざんこく》なことをするのか」という世論《よろん》がかたちづくられ、結果的には三事件《じけん》の多大な影響《えいきょう》を受けて組合側の敗北が決定的となり、国鉄だけで九万五千人もの労働者が解雇《かいこ》されたのです。そのほかにも、経済界《けいざいかい》は深刻《しんこく》な金づまりで、次々に企業《きぎょう》が倒産《とうさん》してあっぷあっぷの状態《じょうたい》でした。

ここでまた荷風《かふう》さんの日記を見ますと、それまで浅草《あさくさ》では大都劇場《だいとげきじょう》という軽演劇《けいえんげき》の小屋に入《い》り浸《びた》りだったのが、突然《とつぜん》、ストリップのロック座《ざ》に替《か》わります。なぜか？　大都劇場《だいとげきじょう》で大ストライキをやったからなんです。つまり、浅草《あさくさ》の小さな劇場《げきじょう》でさえ経営者《けいえいしゃ》から少しでも金をむしり取ろうとスト騒《さわ》ぎが起こるくらい、いたるところに不況《ふきょう》が押《お》し寄《よ》せていたわけです。そしてストが続発していた。荷風《かふう》さんはお蔭《かげ》でロック座《ざ》の踊《おど》り子《こ》さんたちと俄然《がぜん》仲良くなるんですね。

それはさておき、そういった昭和二十四年を振《ふ》り返《かえ》れば、国鉄、たばこ・塩の専売局《せんばいきょく》などが、六月にすべて公社になりました。明るいニュースとしては、十一月三日、湯川秀樹《ゆかわひでき》博士《はかせ》がノーベル物理学賞《ぶつりがくしょう》を受賞《じゅしょう》しました。

また、一般的《いっぱんてき》な社会状況《じょうきょう》のなかで特記しておきたいものを申しますと、まず五月二十四日、「年齢《ねんれい》のとなえ方に関する法律《ほうりつ》」が通り、それまでの数え歳《どし》から満年齢《まんねんれい》が採用《さいよう》されるようになりました。何のためだかよくわからないのですが、突然私《とつぜんわたし》たちも歳《とし》がひとつ下がっちゃったんですよね。男女同権《どうけん》のためじゃないかとも勘《かん》ぐるんですが、かくて妙齢《みょうれい》の女性《じょせい》が一つ若《わか》くなったんで非常《ひじょう》に喜《よろこ》んだという話もあります。

さらに六月二十七日、シベリアからの引《ひ》き揚《あ》げが再開《さいかい》されます。終戦時に抑留者《よくりゅうしゃ》がずいぶんいまして、日本が交渉《こうしょう》していったん引《ひ》き揚《あ》げがはじまったのですが、米ソ関係の悪化などでストップしていました。それが交渉《こうしょう》の末に再開《さいかい》されて、舞鶴《まいづる》へ最初の船、高砂丸《たかさごまる》が着きますと、降《お》りてきた人たちが皆《みな》、赤旗を手にして「天皇制打倒《てんのうせいだとう》」を唱えているんです。世の中は赤を退《たい》治《じ》しようとするＧＨＱの方針《ほうしん》で日本共産党《きょうさんとう》や社会党《しゃかいとう》への圧力《あつりょく》がかかっている時に、シベリアから帰ってきた人たちは皆《みな》、これは何事かと驚《おどろ》くような「赤い引《ひ》き揚《あ》げ者《しゃ》」だったのです。その後はそういう人たちばかりではなかったのですが、当時は「洗脳《せんのう》」という言葉が非常《ひじょう》にはやりました。

また、全国高校野球大会がはじまりました。それまで「中学」だったのがこの前年から高校になったと思うのですが、八月十七日、倉敷《くらしき》工業高校対小倉《こくら》北高校の試合で、負けた小倉《こくら》北のたいへん優秀《ゆうしゅう》なピッチャーだった福島《ふくしま》選手が、試合終了《しゅうりょう》後にすたすたとマウンドに歩いていって砂《すな》をすくって袋《ふくろ》だかポケットだかに入れたのが「甲子園《こうしえん》の土」の起こりです。彼《かれ》は何の気なしに、自分が投げたマウンドの記念にやったと思うのですが、それが美談のようになりまして、以後やたらに甲子園《こうしえん》の砂《すな》が取られていくようになったんですね。

もう一つ、十月五日に稀代《きだい》の強姦魔《ごうかんま》・小平義雄《こだいらよしお》の死刑《しけい》が執行《しっこう》されました。買い出しなどに出ていた女性《じょせい》をだまして物を奪《うば》い、数十人を強姦《ごうかん》し、しかも抵抗《ていこう》した七人を殺《ころ》した挙句《あげく》、捕《つか》まってこう言ったそうです。「中国従軍《じゅうぐん》の時に覚えたあの味が忘《わす》れられなかった」。戦争の傷《きず》がまだ後を引いていたことがわかる話だと思います。

日本がそういった状況《じょうきょう》の時、お隣《となり》の中国では、毛沢東《もうたくとう》を指導者《しどうしゃ》とする紅軍《こうぐん》（共産党《きょうさんとう》軍）が圧倒的《あっとうてき》な勢《いきお》いで蔣介石《しょうかいせき》の国府軍（国民政府軍《せいふぐん》）を打《う》ち破《やぶ》ります。南部の広東《かんとん》へ押《お》しやられた国府軍がどんどん台湾《たいわん》へ逃《に》げていくなかで、十月一日に新しい中国、中華人民共和国《ちゅうかじんみんきょうわこく》の成立が高らかに宣言《せんげん》されました。戦前の昭和史《しょうわし》ではもっぱら蔣介石《しょうかいせき》の中国であって、共産党《きょうさんとう》は延安《えんあん》に押《お》しやられていましたが、ここで完全に逆転《ぎゃくてん》しまして、以後は毛沢東《もうたくとう》の中国になるわけです。

これは、とくにアメリカには大事件《だいじけん》でした。蔣介石《しょうかいせき》の中国を世界の五大強国のひとつとして親米政権《せいけん》にするというアジア政策《せいさく》のもくろみは完全に打《う》ち砕《くだ》かれ、アメリカの敵《てき》としての中国が現《あらわ》れたのですから。そこでますます日本の防波堤《ぼうはてい》、最前線の橋頭堡《きょうとうほ》としての役割《やくわり》が重要となり、アメリカの期待も高まってきました。ＧＨＱの占領政策《せんりょうせいさく》も、これでいっそう民主化よりも再軍備《さいぐんび》を目指す勢《いきお》いが強くなってきたのです。

◆「赤」はすべて追放せよ

アジア情勢《じょうせい》がこうなって、GHQの政策《せいさく》は、昭和二十五年（一九五〇）が明けると同時に、共産党《きょうさんとう》に極端《きょくたん》に圧力《あつりょく》がかかるようになります。いっとき共産党《きょうさんとう》は日本人に「愛され」、労働組合なども非常《ひじょう》に力を得《え》ていましたが、その組合もギリギリのところで抵抗《ていこう》運動をせざるを得《え》なくなりました。するとまた、それに対してさらに弾圧《だんあつ》がかかるという状況《じょうきょう》になりました。

もっとも象徴的《しょうちょうてき》なのが二月十三日、共産党《きょうさんとう》山形県委員会が、あるいは無許可《むきょか》ではなかったかと思うのですが、会合を開きました。ところが、提出《ていしゅつ》した申請書《しんせいしょ》と実際《じっさい》の内容《ないよう》が違《ちが》うといって（おそらく人数などでしょう）団体《だんたい》等規正令違反《きせいれいいはん》とされ、また同じような経緯《けいい》で約六団体《だんたい》が無届政治《むとどけせいじ》活動として次々に告発《こくはつ》されたのです。これを第一歩として、共産党《きょうさんとう》への弾圧《だんあつ》が次々に続いてゆきます。

もっとも大きな騒動《そうどう》になったのが、アメリカ軍のメモリアル・デイである五月三十日、皇居《こうきょ》前《まえ》広場に左翼系《さよくけい》の約二百団体《だんたい》、約一万五千人が弾圧《だんあつ》に抗《こう》して人民決起大会を開いた時です。そこに私服警官《しふくけいかん》がまじっていて、当時はまだテープレコーダーもありませんから、いちいち演説《えんぜつ》をメモしたりしていたんですね。それが見つかって、「メモをよこせ」と揉《も》み合《あ》いになり、アメリカ人記者四人も巻《ま》き込《こ》まれるなど大乱闘《だいらんとう》になった挙句《あげく》、出動したMP（憲兵隊《けんぺいたい》）に八人が逮《たい》

共産党の演説大会。書記長・徳田球一の演説を聞くために詰めかけた大勢の人たち。かつては、日本に共産主義の時代が来るかとも思わせる熱気があった（昭和館提供）

捕《ほ》されました。

　これでますます「共産党《きょうさんとう》は何をやるかわからん」ということになり、それまで陰《かげ》から圧力《あつりょく》を加えていたGHQはついに六月六日、共産党弾圧政策《きょうさんとうだんあっせいさく》を明確《めいかく》にし、マッカーサーから吉田茂首相《よしだしげるしゅしょう》への書簡《しょかん》のかたちで「徳田球一《とくだきゅういち》、野坂参三《のさかさんぞう》、志賀義雄《しがよしお》、伊藤律《いとうりつ》、神山茂夫《かみやましげお》、宮本顕治《みやもとけんじ》など共産党《きょうさんとう》の主な幹部《かんぶ》二十四人を公職《こうしょく》追放せよ」と命令してきました。この時、たとえば徳田球一《とくだきゅういち》さんはちょうど杉並《すぎなみ》区《く》の方南《ほうなん》小学校で演説《えんぜつ》をしていて、「革《かく》命《めい》は近い」なんて叫《さけ》んでましたが、やって来た新聞記者に「公職《こうしょく》追放ですよ」と聞くと、「そんなものには屈《くっ》しない！」などと息巻《いきま》いたものの、翌日《よくじつ》になってスッと消えてしまったんですね。あるいは野坂参三《のさかさんぞう》さんは、キャンディを買いに行ってくる、と出かけたままいなくなってしまいました。……というように、それまでそこにいたはずの二十四人全員が、一瞬《いっしゅん》のうちに地下にもぐってしまったといいますか、それはまあ鮮《あざ》やかなものでした。いくらかはＧＨＱの強引《ごういん》な政策《せいさく》を察知していたんじゃないでしょうか、そのへんの虚々実々《きょきょじつじつ》は、互《たが》いにスパイ活動がなかなかのものでしたから。

　まあ、消えたとはいっても地下で運動していることは明白なわけで、こんどは七月十四日、法《ほう》務省《むしょう》は二十四人の地下活動を団体《だんたい》等規正令《きせいれい》違反《いはん》として告発《こくはつ》し、主要な九人に出頭命令を出しました。これを受け取ったかはともかく、出てくる人は当然一人もいませんで、ついに逮捕状《たいほじょう》が発行されました。また七月十八日、機関紙「アカハタ」が無期限《むきげん》発行停止《ていし》になるなど、共産《きょうさん》党《とう》は徹底的《てっていてき》に弾圧《だんあつ》されました。昭和二十一、二十二年の栄《は》えある時代はあっという間に終わってしまったわけです。

　弾圧《だんあつ》は、共産党《きょうさんとう》に対してだけではありませんでした。日本政府《せいふ》はＧＨＱの意向を受け、職《しょく》場《ば》や学校や公社にいる党員《とういん》はもちろんのこと、共産主義《しゅぎ》に同情的《どうじょうてき》であったり、党《とう》に同調して活動する、いわゆる「少しでも赤っぽい奴《やつ》ら」はすべて追い出せ、の方針《ほうしん》を進めてゆきます。まず七月二十四日、ＧＨＱは新聞社から共産党員《きょうさんとういん》とその同調者の追放を指示《しじ》し、さらに九月一日、政府《せいふ》は公務員《こうむいん》の党員《とういん》や支援者《しえんしゃ》、同調者の追放を決定します。これを「レッドパージ」（red purge）といいます。赤いのは全部追放せよというわけです。

もちろん、大学も対象《たいしょう》になりました。それらしい先生が追放されるという噂《うわさ》が飛ぶと、「あらゆるところでレッドパージを行なうとはけしからん」というのであちこちで大学闘争《とうそう》が起こります。駒場《こまば》の東大教養学部でも秋に行なわれる前期試験をボイコットすることになり、当時二年生だった私《わたし》は、試験を受けにやってくる真面目な学生をキャンパスに入れさせないよう、正門に張《は》られたピケラインに加わりました。大学側が「学生たちを入れろ」とおまわりさんを呼《よ》ぶと、「運動部の連中は強いんだから最前列へ」というので、私《わたし》はボート部の選手でしたから、ラグビー部、サッカー部、水泳部など体のでかい連中とともに最前列へ出て、おまわりさんと対峙《たいじ》しました。当時、おまわりさんは今と違《ちが》って鉄兜《てつかぶと》などかぶっていません、警棒《けいぼう》は持っていますが普通《ふつう》の格好《かっこう》です。われわれもピケ棒《ぼう》など持たず、腕《うで》を組んで突入《とつにゅう》を阻止《そし》するだけです。手を出して殴《なぐ》ろうものなら公務執行妨害《こうむしっこうぼうがい》で逮捕《たいほ》されますので、手は組んだまま足で蹴飛《けと》ばすのですが、その程度《ていど》の抵抗《ていこう》では全然だめで、ごぼう抜《ぬ》きで一人ずつ引《ひ》っこ抜《ぬ》かれていきました。この時の騒動《そうどう》は新聞にも載《の》りましたし、学生の何人かは留置場《りゅうちじょう》へぶちこまれました。こういった闘争《とうそう》は全国で起こり、早稲田《わせだ》大学では大隈重信《おおくましげのぶ》さんの銅像《どうぞう》のある広場辺りに学生が座《すわ》り込《こ》んで動かないのを、これまたおまわりさんに一人ずつ引《ひ》っこ抜《ぬ》かれて排除《はいじょ》されました。東大教養学部の学生が早稲田《わせだ》に応援《おうえん》に行ってまた引《ひ》っこ抜《ぬ》かれたなんてこともありました。

　結果的に、昭和二十五年十二月現在《げんざい》で追放された人数（パージ一覧《いちらん》）は以下の通りです。

（民間企業《きぎょう》）電気産業　二一三七人／石炭　二〇二〇人／化学・石油　一五〇一人／日通・

私鉄《してつ》　一〇四〇人／鉄鋼《てっこう》　一〇〇二人／新聞・放送　七〇四人／印刷・出版《しゅっぱん》　一六〇人／映画《えいが》　一一三人……など計一万九七二人

（公社など）国鉄　四六七人／農林　二〇一人／郵政《ゆうせい》　一一八人／専売《せんばい》　四三人／大蔵《おおくら》　三五人……など計一一九六人

新聞・放送や印刷・出版《しゅっぱん》が少ないように見えますが、当時はどこも今のように大会社ではありませんし、放送はテレビもまだの時代ですから、比率《ひりつ》としてはかなりやられているんですね。また、映画界《えいがかい》で有名なのは東宝《とうほう》争議（昭和二十三年）です。アメリカ軍の戦車まで出る騒《さわ》ぎになり、監督《かんとく》や俳優《はいゆう》も多く巻《ま》き込《こ》みました。この時に参加した黒澤明《くろさわあきら》さんは以後、東宝《とうほう》を完全に離《はな》れてしまいました。また国鉄の数字は、例のクビきり後のさらなる追放者です。というわけで、流行語になった「右旋回《みぎせんかい》」どころではないくらい、昭和二十五年の日本は完全に右を向き、今までの目を見張《みは》るような革新《かくしん》はどこへ行ったやらといった感じでした。

◆アプレゲールの暴走《ぼうそう》

そんな頃《ころ》の世相を少しお話しておきますと、ラジオでたいへん人気があったのが、三木鶏郎《みきとりろう》さんを中心とする「冗談音楽《じょうだんおんがく》」でした。そこで流れた歌やコントは巧《たく》みに世相を皮肉っていて、たとえば昭和二十五年九月二十日放送分は、「三階節《さんがいぶし》」のメロディでこう歌われました。

〽　可愛《かわい》がられたキョウサン党《とう》が

今じゃ　切られて　割《わ》られて
追放のタガに　掛《か》けられて　締《し》められた
ハァ　締《し》められて
今じゃ　切られて　割《わ》られて
逮捕《たいほ》のタガに　掛《か》けられて　締《し》められた

もうひとつ、「佐渡《さど》おけさ」のメロディでこんなのもずいぶんはやりました。

〽　はァ　右へ右へと　草木もなびくよ
　アリャ〳〵アリャさ
右は居《い》よいか　住みよいか
〽　はァ　来いと云《い》うたとて　行かりょか右へ
　アリャ〳〵アリャさ
右は軍閥《ぐんばつ》　絞首刑《こうしゆけい》

まさに右へ右への時代だったのですね。軍隊もなくなったというのに、いい気になって右旋《みぎせん》回《かい》して、また同じ道を歩くのかと冷やかしているわけです。

また、昭和二十四年暮《く》れから昭和二十五年にかけてとくに言っておかなければならないことがあります。

昭和二十四年十一月二十四日、東大法学部三年で当時二十七歳《さい》の山崎晃嗣《やまざきあきつぐ》が青酸《せいさん》カリで自殺《じさつ》しました。「光クラブ事件《じけん》」として多くの昭和史《しょうわし》の年表に出ています。どういう事件《じけん》だったかと言いますと、彼《かれ》は学生でありながらその年の一月、いわゆる高利貸《こうりが》しをする「光クラブ」という金融業《きんゆうぎょう》を起こし、二十人ばかりの社員をものすごい勢《いきお》いで動かしていました。千葉県の木更津《きさらづ》からお母さんが訪《たず》ねてきた時など、社員が「あ、社長のお母さまですか」と言うので、「えっ、うちの息子《むすこ》は学生なんですが、大学へは行ってないんですか」「いえ、あ、社長は今、外出しております」なんてこともあったそうですが、ともかく社業は成功していながら、例のドッジ・ラインであっという間に金が行きづまり、結果的には七月にヤミ金融《きんゆう》で摘発《てきはつ》され、どうにもならなくなって自殺《じさつ》に至《いた》ったのです。彼《かれ》はこういう言葉を残しています。

「人生はドラマだ。ぼくはそこで脚本《きゃくほん》を書き、演出《えんしゅつ》し、主役を演《えん》ずる。その場合、〝死〟をも賭《か》ける。死そのものを大仰《おおぎょう》に考えない」

自分は金融業《きんゆうぎょう》に命を賭《か》けているのだから、だめなら死ぬ、ということを常々《つねづね》言っていたそうです。また、「ハマグリ変じてスズメになり、東大生変じて高利貸《こうりがし》になる」「他人のフンドシ上手に締《し》めるは、経済《けいざい》原理の厳理《げんり》なること」などと書き残してもいます。この事件《じけん》は「今どきの東大生は」とたいへん話題になりました。

さらに年が明けて昭和二十五年一月、東大医学部副手の蓮見敏《はすみびん》（二十五歳《さい》）が看護婦《かんごふ》の久島《くしま》美智子《みちこ》さん（十九歳《さい》）、鈴木正子《すずきまさこ》さん（二十一歳《さい》）ら多数と関係し、あまりにも方々《ほうぼう》へ手を出すのを見かねた助教授《じょきょうじゅ》の渡辺巌《わたなべいわお》先生がたしなめると、彼《かれ》は恨《うら》みに思って渡辺《わたなべ》さんを毒殺《どくさつ》してしまうという事件《じけん》を起こしました。

また四月十九日、鉱工品貿易公団《こうこうひんぼうえきこうだん》で出納課員《すいとう》だった早船恵吉《はやふねけいきち》（二十四歳《さい》）が、八千万円の公金を横領《おうりよう》して逃亡《とうぼう》の末、築地署《つきじしよ》へ自首しました。当時は自由貿易《ぼうえき》ではなく、鉄鋼《てつこう》材を輸入《ゆにゆう》したり出来上がった工業製品《せいひん》を輸出《ゆしゆつ》するのは公団組織《こうだんそしき》になるのですが、その金を出し入れしながらちょこちょこと鞘《さや》を稼《かせ》いだのが積もり積もって八千万円になったんですねえ。発覚するとミス東京の妻《つま》の栄子《えいこ》さん（二十三歳《さい》）と逃《に》げたのですが、逃《に》げ切《き》れませんでした。これは「つまみぐい事件《じけん》」として有名になりまして、なぜ「つまみぐい」かと言いますと、じつは他の公団《こうだん》でも、これほどの額《がく》でなくても同様の横領《おうりよう》事件《じけん》が次々に摘発《てきはつ》されたからです。さっそく八月三十日の「冗談音楽《じようだん》」でやられました。歌ではなく、男女の会話です。

男：鉱工品貿易公団《こうこうひんぼうえきこうだん》の総裁《そうさい》は何と言ったかね。

女：ほんのつまみぐい程度《ていど》。

男：食糧《しよくりよう》配給公団《こうだん》の総裁《そうさい》は何と。

女：うちの場合は、ほんの目減《めべ》り程度《ていど》。

男：肥料《ひりよう》配給公団《こうだん》の総裁《そうさい》は何と。

女：ほんのハネッ返り程度《ていど》。

男：船舶公団《せんぱくこうだん》の総裁《そうさい》は何と。

女：ほんの水洩《も》り程度《ていど》。

実に皮肉たっぷりの口調でした。それにしても八千万円はとてもつまみぐい程度《ていど》とは言えませんが、まあ上手だったんですねえ。彼《かれ》がさらにすごいのは、その後保釈金《ほしやくきん》を積んで出所し、市川《いちかわ》に大豪邸《だいごうてい》を建て、外車で走り回ったというおまけ付きの点です。

さらに七月二日、三島由紀夫《みしまゆきお》さんの小説でたいへん有名になりましたが、京都の大谷大学生にして金閣寺《きんかくじ》の徒弟《とてい》だった林承賢《はやししようけん》（二十一歳《さい》）が、あまりの美が憎《にく》らしくなったのか目障《めざわ》りになったのか、金閣寺《きんかくじ》を全焼《ぜんしよう》させてしまう放火事件《じけん》がありました。

また九月二十四日、日本大学の公用車運転手、山際啓之《やまぎわひろゆき》（十九歳《さい》）が愛人の藤本佐文《ふじもとさぶみ》（十八歳《さい》）と、大学職員《しよくいん》の給与《きゆうよ》百九十万円を運んでいる途中《とちゆう》で強奪《ごうだつ》して逃走《とうそう》し、たちまち大塚署員《おおつかしよいん》に逮捕《たいほ》される事件《じけん》があり、その時に山際《やまぎわ》が言ったせりふ「オー・ミステイク」がすこぶるつきの流行語になりました。

昭和二十四年暮《く》れから二十五年にかけて、一方で左翼弾圧《さよくだんあつ》が強化され、他の一方で、二十歳《はたち》前後の若者《わかもの》たちによるこういった一連の事件《じけん》が連続して起きたわけです。「アプレゲール（フランス語で après-guerre＝戦後派《せんごは》の意）」と盛《さか》んに言われましたが、日本人の生活がある意味では落ち着いてきたということでもあるんですね。それまではとにかく職《しよく》はない、食うものはないで悪いことを考えるひまもなかったのですから。そしてこういった若者《わかもの》たちを一括《ひとくく》りに「アプレゲール」と呼《よ》び、「戦後世代はなんてひどいことをするんだ」と非難《ひなん》もされたのですが、もちろん悪いことなどせず一所懸命《いつしよけんめい》に働いていた若者《わかもの》もたくさんいるわけで、彼《かれ》らが後によく言うんです。破天荒《はてんこう》な行動をしたりとんでもない罪《つみ》を犯《おか》したりした連中は、「戦争ですべてを台無しにされた。少なくとも勉強はろくすっぽできなかった。戦争に引《ひ》っ張《ぱ》られ、こき使うだけこき使われて、終戦になれば放り出された。青春を返してくれ。それに引《ひ》き換《か》え、大人どもはおれたちをだまし、実に上手に世の中を泳いだ。あいつらは信用ならん。人を頼《たよ》ってはダメだ、もうだまされないぞ……」という気持ちがあったんだと。そんな思いが共通してあったから、犯《はん》罪《ざい》に走ったり左翼《さよく》に走ったりしたんだと。

もちろんその思いを糧《かて》に真面目な道を歩く人もいました。それらの人も含《ふく》めて、拭《ぬぐ》いきれない不信感、戦争やそれに関する一切《いっさい》への憎悪《ぞうお》と恐怖《きょうふ》といった共通の気持ちを象徴《しょうちょう》して「アプレゲール」というひとつの世代がありえた、ということじゃないかと思うのです。

◆朝鮮《ちょうせん》戦争で「特需《とくじゅ》」に沸《わ》く

さて、まさにこういう時、昭和二十五年（一九五〇）六月二十五日に朝鮮《ちょうせん》半島で大戦争がはじまりました。前にも話しましたが、米ソ合同委員会によって統一《とういつ》されるはずだった南北朝鮮《ちょうせん》は、両者が反目《はんもく》している間に北緯《ほくい》三八度線をもって分離《ぶんり》、昭和二十三年八、九月に二つの国ができあがってしまいました。一方は共産主義《しゅぎ》、もう一方はアメリカの勢力《せいりょく》下というふうに米ソ冷戦構造《こうぞう》がそのまま反映《はんえい》し、ぎしぎしと小競《こぜ》り合《あ》いを続けていたのがとうとう国境線《こっきょうせん》で火を噴《ふ》いたわけです。今になってはじめのころの戦局を見ると、北の朝鮮《ちょうせん》民主主義《しゅぎ》人民共和国が十分に準備《じゆんび》をして攻《せ》め入《い》ったと考えざるを得《え》ません。というのも当時、大韓民国《だいかんみんこく》（南）に駐留《ちゆうりゆう》していた米軍はほぼ日本本土に移《うつ》っていましたから、その空白を狙《ねら》って、と言うと反論《はんろん》する人もいますが、とにかく北が三八度線を越《こ》えていきなり攻《せ》め入《い》ってきたのです。戦闘準備《せんとうじゆんび》不足の韓《かん》国《こく》側は、三八度線にほど近いソウルがあっという間に陥落《かんらく》してしまい、その後もガンガン攻《せ》められて後退《こうたい》に後退《こうたい》を続けました。

驚《おどろ》いたアメリカはただちに国連安保理《あんぽり》に要請《ようせい》し、あれよあれよと韓国支援《かんこくしえん》の国連軍が編成《へんせい》されました。それも主力はアメリカ軍ですから、日本にいるほぼ全米軍の約七万五千人がマッカーサー最高司令官の指揮《しき》のもと、急きょ出動準備《じゆんび》にかかりました。ただ、アメリカが北朝鮮《きたちようせん》の動きを見過《みす》ごしているはずはなく、いくらかは察知していたと思うんです。諜報《ちようほう》機関が事前にどのくらい情報《じようほう》をつかんでいたか、裏《うら》の事情《じじよう》が今ひとつよくわからないのですが、いずれにしろ、朝鮮《ちようせん》への上陸作戦がただちに開始されます。

ただ、いっぺんに大兵力を運ぶことはできません。少しずつ輸送《ゆそう》していては間に合わないくらいに戦況《せんきよう》は悪化し、韓国《かんこく》側はどんどん追《お》い詰《つ》められて南端《なんたん》の釜山《プサン》周辺の狭《せま》い橋頭堡《きようとうほ》にまで後退《こうたい》し、そこをやっとこさっとこ守っている状態《じようたい》です。

その時、マッカーサーが「まともに兵力を注いでも無理だ。裏側《うらがわ》からやろう」というわけで九月十五日、敵《てき》の背後《はいご》を突《つ》く極秘《ごくひ》の仁川《インチヨン》上陸作戦を決行します。これが図に当たって見事に成功するのです。予想していなかった北朝鮮《きたちようせん》軍を後ろから徹底的《てつていてき》に撃破《げきは》し、あっという間に戦《せん》況回復《きょうかいふく》、どころではなく、ソウルを奪還《だっかん》すると同時に三八度線を越《こ》え、十月二十日には平壌《ピョンヤン》を占領《せんりょう》、さらに十月二十五日には鴨緑江《おうりょくこう》付近まで攻《せ》め入《い》り、北朝鮮《きたちょうせん》軍を中国東北部（旧満《まん》洲《しゅう》）へ追いやろうとするまでの勢《いきお》いになりました。

ところが、ここまで来ると、新生なったばかりの中華人民共和国《ちゅうかじんみんきょうわこく》が許《ゆる》さないというわけで、北朝鮮《きたちょうせん》の支援要請《しえんようせい》に応《おう》じて人民解放軍《かいほうぐん》が参戦してきました。いっぽうソ連は、ふたたび世界戦争になることをおそれて武器《ぶき》と弾薬《だんやく》の援助《えんじょ》のみにとどまりました。まさに北朝鮮《きたちょうせん》と韓国《かんこく》は、米ソ冷戦の「代理戦争」をやらされたわけです。

そして十二月五日、北朝鮮《きたちょうせん》が平壌《ピョンヤン》を奪回《だっかい》し、三八度線まで兵力を押《お》し返《かえ》しました。すると韓国《かんこく》側連合軍がまた懸命《けんめい》に国境線《こっきょうせん》を守り、それからは一進一退《いっしんいったい》、戦争は膠着状態《こうちゃくじょうたい》に入ります。そこで翌《よく》昭和二十六年六月二十三日、国連で「いい加減停戦《かげんていせん》にしたほうがいいのでは」とさすがに国連代表の元ソ連外相《がいしょう》マリクが停戦交渉《ていせんこうしょう》を提案《ていあん》しました。しかし、交渉《こうしょう》は双方簡単《そうほうかんたん》には応《おう》じずまとまるわけがありません。揉《も》めに揉《も》めて、国連軍も、韓国《かんこく》軍も、北朝鮮《きたちょうせん》軍も、中国人民解放軍《かいほうぐん》も、たいへんな打撃《だげき》を被《こうむ》りながら、その間もずっと戦争は続きます。後のアメリカに言わせれば、朝鮮《ちょうせん》戦争の約三年間で「太平洋戦争の三年八カ月よりも多くの弾丸《だんがん》を撃《う》った」ほどで、最終的には昭和二十八年（一九五三）七月二十七日に板門店《はんもんてん》で休戦協定が調印され、再《ふた》び三八度線をもって国境《こっきょう》とすることが決まります。南北互《たが》いにもっと押《お》し戻《もど》したかったでしょうが——とくに韓国《かんこく》としては首都のソウルが三八度線に近過《す》ぎますから——こうして現在《げんざい》の状態《じょうたい》になったのです。ちなみに板門店《はんもんてん》は現在《げんざい》、特別にお願いすれば案内してもらえます。

さて、この朝鮮《ちょうせん》戦争が日本にとって何だったかといえば、まさに「神風《かみかぜ》」でした。当時私《わたし》は大学生でしたが、「神風《かみかぜ》が吹《ふ》いた」などと誰《だれ》かが口にすれば、「いくらなんでもそれはないだろう」とやったもんですが、明らかに日本経済《けいざい》にとっては神風《かみかぜ》だったと言わざるを得《え》ないと思います。

たとえばアメリカのジャーナリスト、ジョン・ガンサーは『マッカーサーの謎《なぞ》』という本でこう書いています。

「朝鮮《ちょうせん》戦争が始まるや、日本は一夜にして前例のない平和な社会的、政治的《せいじてき》、経済的改革《けいざいてきかいかく》の舞台《ぶたい》から、アジアにおけるアメリカの軍事力ならびに政治勢力《せいじせいりょく》の武装《ぶそう》された橋頭堡《きょうとうほ》となった」

つまり、日本は米軍を主力とする国連軍の前進補給《ほきゅう》基地《きち》であると同時に、国連空軍の攻撃《こうげき》発進基地《きち》であり、さらに有力な「兵站基地《へいたんきち》」、要するに弾薬《だんやく》や食糧《しょくりょう》の輸送《ゆそう》はもとより、戦争で負傷《ふしょう》した兵隊さんの治療《ちりょう》や兵器の修理《しゅうり》や整備《せいび》をする場所になったというわけです。もし日本本土がなければ、数多い航空母艦《こうくうぼかん》や多くの輸送船《ゆそうせん》と護衛《ごえい》部隊を集結せねばならず、アメリカ軍はたいへんだったはずです。なのに「沈《しず》まない大航空母艦《こうくうぼかん》」の日本を思う存分《ぞんぶん》利用して、バカスカやれたわけです。

これをふつう、「特需《とくじゅ》」（特別需要《じゅよう》＝Special Procurement）と呼《よ》びます。なぜ特別需要《じゅよう》かと言いますと、それまでの日本とＧＨＱの関係からすれば、ＧＨＱが必要なものはまず日本政府《せいふ》に依頼《いらい》し、日本政府《せいふ》が予算に組まれた終戦処理費《しょりひ》の中からそれらを調達していました。たとえばビタミン剤《ざい》なら、何ケース必要かＧＨＱから指示《しじ》された日本政府《せいふ》が、予算調達費《ひ》から薬屋に金を払《はら》って購入《こうにゅう》してＧＨＱに渡《わた》す、というパターンでした。ところがこの時は、政府《せいふ》を間に挟《はさ》まずにＧＨＱが直接《ちょくせつ》、業者からジャカスカジャカスカとモノを調達する、だから〝特別需要《じゅよう》〟といわれたのです。

こうして朝鮮《ちょうせん》戦争がはじまると同時に、たとえば蔵前橋《くらまえばし》の西側、蔵前《くらまえ》工業高校跡《あと》（後に旧《きゅう》・蔵前国技館《くらまえこくぎかん》となる）に山のように積まれてあった戦災《せんさい》後未整理の焼けトタンが、あれよあれよと軍需《ぐんじゅ》用品としてなくなってゆき、二カ月で一掃《いっそう》されました。また、野球もまだそれほど盛《さか》んではないので三池炭鉱《みいけたんこう》の野球場一面に石炭の山が貯《た》められていたのですが、それもあっという間になくなります。日本じゅうにある屑鉄《くずてつ》もすべて買い上げられました。まさに特需《とくじゅ》は神風《かみかぜ》であったと言えるのです。

私《わたし》が今でも覚えているのは「ガチャ万《まん》、こら千《せん》」という言葉で、機械に「ガチャ」とかければ織物《おりもの》ができ上がり、たちまち一万円で買ってもらえる。ヤミであれ、おまわりに「おい、こらーっ」と追いかけられても千円出せば見逃《みのが》してくれるからどんどん作れという話だそうで、ほんとかなーとは思うのですが、まあそれぐらいバカバカ儲《もう》かったんですね。「三白景気《さんぱくけいき》」という言葉もはやりました。セメント、肥料《ひりょう》（硫安《りゅうあん》）、紙・パルプのことです。これも飛ぶように売れた。

という具合に、綿布《めんぷ》、毛布《もうふ》、毛糸、建築用鋼材《けんちくようこうざい》、有刺鉄線《ゆうし》、トラック、麻袋《あさぶくろ》、さらに歯ブラシ、石鹸《せっけん》など、人間の使うものならなんでもと言っていいくらい、しかも価格《かかく》についてはうるさいことを言わずにＧＨＱが買い上げてくれました。なぜ戦車や飛行機はないのかと聞かれても困《こま》りますが、日本は当時、一切《いっさい》の軍需《ぐんじゅ》産業はやっていませんし、船舶《せんぱく》もろくなものを造《つく》ってはいませんでした。

ちょうど朝鮮《ちょうせん》戦争がはじまった時、後にたいへん活躍《かつやく》するトヨタ自動車販売《はんばい》社長の神谷《かみや》正太郎《しょうたろう》さんはアメリカのロサンゼルスにいたそうです。それまでトヨタといってもトラックの注文は年間三百台がやっと、膨大《ぼうだい》な在庫《ざいこ》を抱《かか》えていました。そのうえドッジ・ラインによるデフレもあってふうふう言っていたのですが、開戦の報《ほう》を聞いてあわてて帰国すると、ＧＨＱから生産が追いつかないほどの注文がきて、一挙《いっきょ》に月千五百台にまで増大《ぞうだい》したそうです。それでとにかくどんどん生産し、お金がザクザク入ってきましたから、今日のトヨタの基礎《きそ》はここでつくられたと言えるわけです。

ソニーもそうです。かつては「東京通信研究所」といいまして、若《わか》い技術者《ぎじゅつしゃ》七、八人が寄《よ》って、アメリカから間もなく許可《きょか》が下りるだろう短波受信機につける短波用アタッチメントを作って売り出そうと細々はじめたのですがなかなか解禁《かいきん》されず、次に「東京通信工業」と名を変え、今度は録音機のリールのテープを作っていました。もっとも成功したのが肩掛《かたか》け式携帯《けいたい》録音機〝デンスケ〟で、今見るとやたらに重くてでかいのですが、これがヒットしてやっとこさっとこ息をついていたのです。ところが朝鮮《ちょうせん》戦争がはじまると、あらゆる電波探知《たんち》機《き》に関する需要《じゅよう》がどんどん膨《ふく》らんで会社は急速に大きくなり、現在《げんざい》のソニーの基盤《きばん》がつくられたのです。こういう話はいくらでもありますが、ソニーの例でいいますと、終戦直後の昭和二十一年五月〜十月の売上高は七十二万二千円、利益金《りえききん》二千円、それが朝鮮《ちょうせん》戦争開始後の昭和二十五年十一月〜二十六年四月には売上高五千二百五十三万円、利益金《りえききん》四百七十九万円に跳《は》ね上《あ》がったといいます。くり返しますが、これは一例に過《す》ぎません。

こうして日本経済《けいざい》は、朝鮮《ちょうせん》戦争のおかげであっという間に大きくなったのです。参考までに、経済企画庁《けいざいきかくちょう》発表の全体の特需契約高《とくじゅけいやくだか》をみますと、

＊昭和二十五年七月〜二十六年六月……物資《ぶっし》＝二億二九九万五千ドル、サービス＝九八九二万七千ドル、計三億二九〇〇万ドル弱

＊昭和二十六年七月〜二十七年六月……物資《ぶっし》＝二億三五八五万一千ドル、サービス＝七九七六万七千ドル、計三億一五〇〇万ドル強

＊昭和二十七年七月〜二十八年六月（朝鮮《ちょうせん》戦争休戦協定直前まで）……物資《ぶっし》＝三億五五四万三千ドル、サービス＝一億八六七八万五千ドル、計四億九二〇〇万ドル強

つまり朝鮮《ちょうせん》戦争の約三年間で、日本の特需契約高《とくじゅけいやくだか》は十一億三六〇〇万ドルを超《こ》えたわけです。日本円（一ドル＝三六〇円）に換算《かんさん》して四千八十九億円超《ちょう》という金額です。

このように戦後日本は朝鮮《ちょうせん》戦争の三年間で生き返りました。たとえば、サービス部門では、評論家《ひょうろんか》の大宅壮一《おおやそういち》さんが命名するところの「3P」が現《あらわ》れます。パルプ（紙）、パチンコ、パンパンのことです。パンパンについてちょっとだけ言うと、アメリカ兵が本土からどんどん日本にやって来て朝鮮《ちょうせん》の戦場に送られ、休養のためにまた日本に帰ってくるのですが、それまで「夜の女」としてこそこそ営業《えいぎょう》していた日本女性《じょせい》たちが、この時は堂々《どうどう》とアメリカ兵の腕《うで》にぶら下がるようにして実に仲良くやっていたのを、私《わたし》も目の前でたくさん見たものでした。

◆さようなら、マッカーサー

そういう意味では、昭和二十五年の日本は、驚《おどろ》いてひっくり返るような景気のいい時代になったのです。ところが、その時に流行語になったのが、

「貧乏人《びんぼうにん》は麦を食え」

という言葉でした。十二月七日の参議院予算委員会で、経済《けいざい》学者でもある木村禧八郎《きむらきはちろう》議員の質問《しつもん》を受けた池田勇人《いけだはやと》蔵相《ぞうしょう》の、次のような答弁《とうべん》から出ました。

「戦前は、米一〇〇に対して麦六四パーセントぐらいで食べていたが、今は（敗戦後、朝鮮《ちょうせん》米《まい》や台湾米《たいわんまい》が入って来なくなったので）米一〇〇に対して小麦九五、大麦は八五という割合《わりあい》になっている。それで何とか均衡《きんこう》がとれている。今の日本は田も疲労《ひろう》し、牛馬も疲労《ひろう》している。どうしたって生産が間に合わなくて米が足りない。そこで私《わたし》は、所得《しょとく》に応《おう》じて、所得《しょとく》の少ない

人は麦を多く食う、所得《しょとく》の多い人は米を食うという経済《けいざい》の原則《げんそく》に沿《そ》ったほうへ日本をもっていきたい」

要するに「貧乏人《びんぼうにん》は麦を食え」と言ったわけではないのですが、ともかく朝鮮《ちょうせん》戦争がはじまってからも、日本はまだ食糧《しょくりょう》的には完全ではなかったことがわかります。

当の池田《いけだ》さんは剛毅《ごうき》な人で、熊本五高時代にお祖母《ばあ》さんが学費《がくひ》として大事に使いなさいとくれた五十円を、友達と毎晩《まいばん》のように赤提灯《あかちょうちん》で飲んで使い果たしたり、歌でいえば「愛染《あいぜん》かつら」の「行くが男の生きる道」が好きだったそうです。広島県知事選の応援《おうえん》に行った時に、聴衆《ちょうしゅう》から「ようっ、麦めし大臣」という声が掛《か》かると、「貧乏人《びんぼうにん》は麦を食えというのが悪かったら、汽車の一等、二等、三等もやめたらどうだ」と言い返したといいます。

いずれにしても、日本はまだ貧《まず》しくはあったのですが、しかしこの三年間で企業《きぎょう》は完全に復《ふっ》興《こう》し、同時に、特需《とくじゅ》を通じてのアメリカの指導《しどう》によって、大量生産方式と品質《ひんしつ》管理を完璧《かんぺき》に学びました。お金はいくらでも出すかわりに不良品は一切《いっさい》受け取らないというアメリカの厳《きび》しい姿勢《しせい》に対応《たいおう》し、日本の人たちは敗戦の影響《えいきょう》による旧式設備《きゅうしきせつび》でたいへんな苦労をしながらも誠《せい》心誠意《しんせいい》、努力しました。神風《かみかぜ》が吹《ふ》いたとはいえ、ただそれをいい気持ちで受けていたのでなく、日本人自身がものすごく頑張《がんば》って、工夫《くふう》して、後に非常なる威力《いりょく》を発揮《はっき》する大量生産、品質《ひんしつ》管理をこの時にマスターし、次代への基盤《きばん》を築《きず》いたことは忘《わす》れてはいけないと思います。

そんななかで、昭和二十六年（一九五一）四月十一日、突如《とつじょ》、マッカーサー元帥《げんすい》がトルーマン大統領《だいとうりょう》により罷免《ひめん》された、最高司令官をクビになったという報《しら》せがラジオの臨時《りんじ》ニュースで流れました。いやまあ、私《わたし》など腰《こし》が抜《ぬ》けるほど驚《おどろ》きました。〝神様〟がクビになるなんてことがあるのかいなあと。もうひとつ感じたのが、戦後やたらに聞かされてきた「シビリアン・コントロール」とはこれかと。大統領《だいとうりょう》が軍人さんのクビをパッと斬《き》れるのだと。軍人の最高の地位にいる、あんなに偉《えら》い、山ほど功績《こうせき》のある人でさえそうなのか、とつくづく思いました。

後で聞くと、三八度線を挟《はさ》んで膠着状態《こうちゃくじょうたい》に陥《おちい》っていた朝鮮《ちょうせん》戦争に我慢《がまん》できなくなったマッカーサーは、旧満洲《まんしゅう》に集められた北朝鮮《きたちょうせん》軍や中国人民解放軍《かいほうぐん》への補給物資《ほきゅうぶっし》などを徹底的《てっていてき》にぶっ潰《つぶ》さなくてはだめだ、原爆《げんばく》を投下すればいっぺんに解決《かいけつ》する、などと言い出していたのです。ところが旧満洲《まんしゅう》は中国領《りょう》です。人民解放軍《かいほうぐん》は支援《しえん》というかたちで参戦していますが、はっきりと宣戦布告《せんせんふこく》をしているわけではありません。そこに原爆《げんばく》を落とされれば、中国としては戦争布告《ふこく》せざるを得《え》なくなります。二年以上続いている戦いをさらに拡大《かくだい》させ世界大戦へ導《みちび》くような、無謀《むぼう》で無駄《むだ》なことを言い出すマッカーサーを、トルーマンは罷免《ひめん》したわけです。

私《わたし》たちはそんなことは知りません。理由は朝鮮《ちょうせん》戦争にあるとわかっていましたが、偉大《いだい》なる大将《たいしょう》のクビなんてうそだろう、というような印象《いんしょう》でした。しかもマッカーサーが日本を発《た》つのが、また早かったんです。四月十六日に離日《りにち》することになり、日本人は驚《おどろ》きながらも、「たいへんお世話になった」というので当日、約二十万人余《あま》りが羽田空港への沿道《えんどう》を埋《う》め、アメリカと日本の国旗を持って見送ったのです。私《わたし》は隅田川《すみだがわ》でボートの猛練習《もうれんしゅう》をしていたから、そんなのには加わっていませんよ。

日本人がどのくらいマッカーサーを名残《なご》り惜《お》しんだかは、四月十二日付の朝日新聞社説を見ればわかります。一部を紹介《しょうかい》します。

「日本国民が敗戦という未《いま》だかつてない事態《じたい》に直面し、虚脱状態《きょだつじょうたい》に陥《おちい》っていた時、われわれに民主主義《しゅぎ》、平和主義《しゅぎ》のよさを教え、日本国民をこの明るい道へ親切に導《みちび》いてくれたのがマッカーサー元帥《げんすい》であった。子供《こども》の成長を喜《よろこ》ぶように、昨日までの敵《てき》であった日本国民が、一歩一歩民主主義《しゅぎ》への道を踏《ふ》みしめていく姿《すがた》を喜《よろこ》び、これを激励《げきれい》しつづけてくれたのもマッカーサー元帥《げんすい》であった。……」

まことにマッカーサーさまさまといった感じですが、これは何も朝日新聞だけではなく、各紙すべてこの調子でした。そしていよいよ日本を発《た》つ時には、ＮＨＫが実況中継《じっきょうちゅうけい》したんですね。担当《たんとう》は当時、実況《じっきょう》の名人と言われた志村正順《しむらまさより》さんでしたが、長々とたくさん志村《しむら》さんが話したなかからほんの一部を（アナウンサーの気分で）読み上げてみます。

「……ついに姿《すがた》を消し、扉《とびら》が閉《と》ざされました。三たび万歳《ばんざい》と拍手《はくしゅ》のどよめき、軍楽隊、一斉《いっせい》に『蛍《ほたる》の光』の演奏《えんそう》を開始しました。百メートルほど離《はな》れておりまして、わずかに元帥《げんすい》らしい人の顔が飛行機の丸窓《まるまど》から見えております。参列のＭＰさらに親衛隊《しんえいたい》は、いま粛然《しゅくぜん》と威儀《いぎ》を正し、スタートを開始いたしました飛行機の後を見送っております。マッカーサー元帥《げんすい》よ、さようなら。いよいよこの瞬間《しゅんかん》がお別れでございます。五つ星のマークも鮮《あざ》やかに、コンステレーション・バターン号は、いまスタートを開始して、右へ向きを変えまして、滑走路《かっそうろ》の方へ向かっております。日本を混迷《こんめい》と飢餓《きが》より救《すく》ってくれた元帥《げんすい》。昭和二十年八月三十日、厚木《あつぎ》飛行場到着《とうちゃく》いらい、五年七カ月余《あまり》の日本、十四年ぶりに故国《ここく》アメリカへ飛び立ちます。……」

この後、国会はただちにマッカーサーへの感謝《かんしゃ》決議をし、また有志《ゆうし》は銅像《どうぞう》を建てようとし、さらに秩父宮殿下《ちちぶのみやでんか》を筆頭に、同妃殿下《ひでんか》、長谷部忠《はせべただす》朝日新聞社社長、本田親男《ほんだちかお》毎日新聞社社長、元駐《ちゅう》米大使の野村吉三郎《のむらきちさぶろう》大映《だいえい》社長ら、各界名士《めいし》が名を連ねてマッカーサー記念館、別称《べっしょう》マッカーサー神社をつくろうと計画するほど、皆《みな》が名残《なご》りを惜《お》しみました。しかし、今日本のどこを見ても、マッカーサーの銅像《どうぞう》も、記念館も、いわんやマッカーサー神社などというものもないわけでして、なぜそうなったのか。それにはまことに面白《おもしろ》い話があるのです。

というのもそれからひと月もたたないある日突然《とつぜん》、「日本人十二歳説《さい》」として残るマッカーサーの発言がアメリカから届《とど》き、新聞にドンと出ました。それで「なに？　マッカーサーは日本人を十二歳呼《さいよ》ばわりした？　そんなやつの銅像《どうぞう》や神社などとんでもない」と計画はいっぺんに潰《つぶ》れてしまったのですね。ただ、今になってよく読めば、必ずしも当時の日本人がカッカと怒《おこ》るような意味の発言ではなかったんです。昭和二十六年（一九五一）五月六日、米上院で外交軍事合同委員会が開かれ、帰国したマッカーサーを呼《よ》んで極東戦略《せんりゃく》、外交戦略《せんりゃく》が間違《まちが》っていないかなどについて質疑《しつぎ》した折に、「日本人十二歳説《さい》」が出てきました。

ロング議員の「日本人は占領軍《せんりょうぐん》に好意を寄《よ》せているか？」という質問《しつもん》に答えてマッカーサーは言います。

「日本人は敗戦の事実を、それが完全な軍事的敗北であること、外国軍隊によって占領《せんりょう》されることを知ったばかりでなく、実にこれまでの生活の信条《しんじょう》に不信を抱《いだ》かされ、それとともに自《じ》己軽視《こけいし》に陥《おちい》ったのである。この虚脱状態《きょだつじょうたい》のなかにアングロサクソンの礼節とフェア・プレイと正義《せいぎ》が演《えん》ずる役割《やくわり》があった。後進的、孤立的《こりつてき》、封建的《ほうけんてき》であった日本人がアメリカ的生活態度《たいど》になじみ、個人《こじん》の自由と尊厳《そんげん》を重んずるようになった」

敗戦で、日本人は自分たちの信条《しんじょう》に不信を抱《いだ》き、自分たちを情《なさ》けなく思った。その時に占《せん》領軍《りょうぐん》がいろいろな事を教えてやったと。まあ、自身の功績《こうせき》を自賛《じさん》してるんですね。

さらにロング議員が「では日本とドイツの違《ちが》いはどこにあるのか？」と聞くと、マッカーサーはこんなふうに言ったのです。

「科学、美術《びじゅつ》、宗教《しゅうきょう》、文化などのあらゆる発展《はってん》の面からみて、アングロサクソンは四十五歳《さい》の壮年期《そうねんき》にあり、ドイツ人はそれとほぼ同年輩《どうねんぱい》である。しかし日本人はまだ生徒の時代で、まず十二歳《さい》の少年である。ドイツ人は、現代《げんだい》の道徳や国際道義《こくさいどうぎ》を知っていて怠《なま》けた、つまり意《い》識《しき》してやったのである。国際情勢《こくさいじょうせい》に対する無知識のためではない。その失敗は、日本人が犯《おか》した失敗とはおもむきを異《こと》にする。ドイツ人は、第一次世界大戦に続いて再《ふたた》び自分たちのやりたいようにやったのであるが、日本人は違《ちが》う」

要するに、日本は何も知らないで失敗を犯《おか》したのであって、戦争に対する国民の意識《いしき》もドイツとはまったく違《ちが》う。ドイツは確信犯《かくしんはん》であるが、日本はまことに無邪気《むじゃき》であった——という意味でマッカーサーは言ったのですが、これを詳《くわ》しく読む日本人がいなかったんでしょうか、「コノヤロー」とたちまち神社どころか銅像《どうぞう》も建てられなくなり、今やマッカーサーの名すら、日本人には知られなくなったのです。まったく言葉は災《わざわ》いのもとでありますね。

半藤《はんどう》先生の「昭和史《しようわし》」で学ぶ非戦《ひせん》と平和

復興《ふっこう》への道のり 1945~1989 上

解説《かいせつ》

文 山本明子《やまもとあきこ》
(「昭和史《しようわし》」シリーズ編集者《へんしゆうしや》)

敗戦直後からはじまる戦後篇《へん》では、戦争に敗《ま》けるとはどういうことか、そして今の日本がどのようにかたちづくられたかを学びます。

ここで扱《あつか》う時代は、著者《ちょしゃ》が編集者《へんしゅうしゃ》として世の中の先端《せんたん》と関わった時期と大きく重なっています。そのため体験にもとづく当時の空気や出来事への観察が多く盛《も》り込《こ》まれ、戦前・戦中篇《へん》以上に「半藤《はんどう》さんの戦後史《せんごし》」の色彩《しきさい》が強いといえそうです。そのことは、読んだ人にもそれぞれの見方で「自分の戦後史《せんごし》」をつくってほしいというメッセージにもなっています。

全体を眺《なが》めると、上巻《じょうかん》では戦後処理《しょり》にあたる占領期《せんりょうき》の約五年間がみっちりと語られています。つづく下巻《げかん》では、独立国《どくりつこく》としての本格的《ほんかくてき》な復興《ふっこう》や政界《せいかい》の動きを追いながら昭和四十七年の沖縄返還《へんかん》までをたどり、以後、昭和の終焉《しゅうえん》まではざっとまとめるかたちをとっています。というように、「1945-1989」と銘打《めいう》ちながら、アンバランスといえなくもない構成《こうせい》なのです。しかしそれは、資料《しりょう》やデータが出切っていなかったという理由以上に、著者《ちょしゃ》の考える戦後史《せんごし》を表わしてもいます。占領期《せんりょうき》の数年間は、現在《げんざい》の日本の骨組《ほねぐ》みをつくった点できわめて大きな意味をもっており、その時期をきちんと理解《りかい》しておくことが以後を考えるうえで不可欠《ふかけつ》ということです。見ばえが申し分ない家も、土台がしっかりしていなければ災害《さいがい》やシロアリなどで倒壊《とうかい》する危険《きけん》は高く、耐震構造《たいしんこうぞう》のような表から見えない予防策《よぼうさく》がおろそかでないことがゆくゆく長持ちの決め手となります。まして複雑《ふくざつ》で多数の人間が生きる国家となればなおさらです。綿密《めんみつ》に語られる骨組《ほねぐ》みづくりの時期からできるだけいい蜜《みつ》を吸《す》い取《と》り、将来《しょうらい》の実りへと生かしたいものです。

なお戦時下のように理不尽《りふじん》に人が死ぬ話が少ないためか、語り口調が比較的軽《ひかくてきかろ》やかで、肩《かた》ひじ張《は》らずに楽しめる逸話《いつわ》もふんだんに出てきます。歴史《れきし》は面白《おもしろ》いもの。存分《ぞんぶん》に味読《みどく》してください。

本書の内容《ないよう》——占領下《せんりょうか》での戦後処理《しょり》から復興《ふっこう》の基礎《きそ》固めへ

各章の内容《ないよう》とポイントに入りましょう。

はじめの章は、終戦直後の日本のようすが語られます。また、戦勝国による占領《せんりょう》がはじまるにあたって、敗者と勝者の代表、天皇《てんのう》とマッカーサーが直接《ちょくせつ》会って対話を重ねました。この会談はその後の日本に少なからぬ影響《えいきょう》をもたらします。

皆《みな》さんは想像《そうぞう》できるでしょうか、自国が戦争に敗《ま》けるとはどういうことか。もちろん敗《ま》け方にもさまざまな違《ちが》いがあり、一概《いちがい》には言えませんが。昭和二十年八月の日本は、こてんぱんにやられての降伏《こうふく》、国民にとっては天皇《てんのう》を信じ、勝利を信じて総動員《そうどういん》で戦ってきた後の圧倒的《あっとうてき》な敗戦でした。ここでは戦争終結を知り、大の大人（?）が滂沱《ぼうだ》と涙《なみだ》を流した告白《こくはく》がいくつか挙げられます。著名人《ちょめいじん》が日記や文章に残しているのですから、ひっそり涙《なみだ》をこぼしたのではなく、堂々《どうどう》と大泣きしたのです。今では想像《そうぞう》しにくい光景ですね。

もちろんそういう人ばかりでなく、やっと戦争が終わったと喜《よろこ》ぶ人、これからの日本を憂《うれ》い、前向きな思いを記す人もいました。なかで著者《ちょしゃ》が着目するのは、国民が天皇《てんのう》について抱《いだ》いた思いです。玉音放送を聞き、翌日《よくじつ》の新聞で御前《ごぜん》会議での聖断《せいだん》などポツダム宣言受諾《せんげんじゅだく》にいたる経緯《けいい》を知り、「天皇《てんのう》が身を捨《す》てて聖断《せいだん》を下して戦争を終結させたかを知ったかなりの人が、深い感動を抱《いだ》いた」、そして天皇《てんのう》を、アメリカの世論《よろん》がアンケートに答えたように戦争責任者《せきにんしゃ》と考えるどころか、「昭和天皇《てんのう》を機軸《きじく》にしてみんなして戦後日本の国家再建《さいけん》に力を合わそうという、なんとなしに日本人に『あうん』の呼吸《こきゅう》ができあがった」――国がゼロから再《さい》スタートするにあたって、国民の心にこのような前提《ぜんてい》があったというのです。もちろんほとんどの国民は天皇《てんのう》本人に会ったことはありません。

では一個人《いちこじん》としての昭和天皇《てんのう》とは、どのような人であったか。敗戦国の代表として、天皇《てんのう》は来日した連合国軍総司令官《そうしれいかん》マッカーサーと直接《ちょくせつ》顔を合わせます。会談は十一回に及《およ》びました。その結果、マッカーサーは天皇《てんのう》の〝味方〟になったようです。責任《せきにん》を痛感《つうかん》した天皇《てんのう》自身が本音を述《の》べたことや話し合われた内容《ないよう》以上に、人としてシンパシーを抱《いだ》いた、あるいは魅了《みりょう》されたと言っていいかもしれません。幕末《ばくまつ》に西郷隆盛《さいごうたかもり》と勝海舟《かつかいしゅう》が談判《だんぱん》することで江戸《えど》無血開城を導《みちび》いたように、人と人が直《じか》に会うことは歴史《れきし》を変える力をもちます。相性《あいしょう》はもとより、同じ空気を吸《す》い、目を見て語り、相手の存在《そんざい》をナマに感じとることで、「この人は信頼《しんらい》できる」「この人の力になりたい」と思わせる、〝気〟のはたらきが作用するのではないでしょうか、もちろん、それだけの人物であれば、ですが。

　ともかく前途多難《ぜんとたなん》であれ、二人のトップ会談で戦後日本は一歩を踏《ふ》み出《だ》したのです。

　第一章は、国民が食糧難《しょくりょうなん》であえぐなか、GHQの占領政策《せんりょうせいさく》が矢継《やつ》ぎ早《ばや》に繰《く》り広《ひろ》げられます。

　どんな境遇《きょうぐう》であれ、人は生きのびようとします。焼け野原ですっからかん、なによりひどい食糧難《しょくりょうなん》でした。おまけに外地から復員兵《ふくいんへい》が帰ってくると、猫《ねこ》を同居人《どうきょにん》にして配給人数を増《ふ》やした家もあったとか。何もないとき人は頭を使うのですね。闇市《やみいち》の繁盛《はんじょう》ぶりをみてもサバイバルは知恵《ちえ》の勝負。政府《せいふ》を当てにしても飢《う》えるだけで、「日本人は、自分たちの才覚、努力によって懸命《けんめい》に生《い》き抜《ぬ》いた」。無策《むさく》の政府《せいふ》が国民を鍛《きた》えてくれたのでしょうか。思えばのちのめざましい復興《ふっこう》や経済発展《けいざいはってん》の基盤《きばん》は、案外こんなところにもあるのかもしれません。

　ただ、人を押《お》しのけ生存《せいぞん》競争のみに必死になると顔付きにも影響《えいきょう》するらしく、「人間がぜーんぶ変わってしまって、闇市《やみいち》から突如《とつじょ》として生まれ出たあんちゃん、おっさん、ばあさんばかりになった」とは、思わず鏡を見てしまいそうになります。

　GHQは、さまざまな占領政策《せんりょうせいさく》を次々と各省に命じます。皇国史観《こうこくしかん》を一切廃《いっさいはい》した言論《げんろん》の自由、婦人解放《ふじんかいほう》、教育の民主化、農地解放《かいほう》……これらを通してGHQが最大の目的としたのは「日本から軍国主義《しゅぎ》・国家主義的《しゅぎてき》なものを徹底的《てっていてき》になくすこと」でした。そこで早急《さっきゅう》に武器《ぶき》を取り上げて軍隊を消滅《しょうめつ》させ、陸・海軍省は「復員省《ふくいんしょう》」と名を変えたのです。庶民《しょみん》の生活を向上させた改革《かいかく》として著者《ちょしゃ》が重視《じゅうし》するのは、財閥解体《ざいばつかいたい》、農地改革《かいかく》、労働改革《かいかく》（組合の結成）です。ポイントは、いきなりアメリカにつきつけられなければ、日本独自《どくじ》でこれほどの大胆《だいたん》な改《かい》革《かく》はおそらくできなかった点です。

日本はこれらを「反抗《はんこう》もせず唯々諾々《いいだくだく》として受け入れ」ました。「アメリカ人たちも驚《おどろ》くほど、従順《じゅうじゅん》にしかも忠実《ちゅうじつ》にきちんと実行され」、日本人は「実に秩序《ちつじょ》だった、規則違反《きそくいはん》をしない真面目な国民に見えた」。東日本大震災《だいしんさい》後に世界を驚《おどろ》かせた日本人の姿《すがた》と通じるものがありますね。ふだん意識《いしき》しない国民性《こくみんせい》なるものは、非常時《ひじょうじ》に浮《う》かび上《あ》がってくるようです。

第二章では、政党《せいとう》とジャーナリズムの復活《ふっかつ》、アメリカによる「思想改造《かいぞう》」が語られます。秋になると政界《せいかい》にも活気が戻《もど》ってきます。戦中からの議員を払拭《ふっしょく》するためにＧＨＱが選挙法を改正しますが、このときの最大の改善《かいぜん》は婦人参政権《ふじんさんせいけん》が認《みと》められたことです。先に男女共学も許可《きょか》され、伝統的《でんとうてき》な差別が崩《くず》れて女性《じょせい》の地位向上が進んでいくきっかけとなりました。これも日本独自《どくじ》でやろうと思えば何年遅《おく》れていたかわかりません。また新たな議会での政治《せいじ》の民主化をにらんで社会党《しゃかいとう》や日本自由党《じゆうとう》など、現在《げんざい》の政党《せいとう》のもととなる新政党《せいとう》が次々と誕生《たんじょう》し、戦後日本をリードしてゆくこととなります。

世の中が再出発《さいしゅっぱつ》となれば、メディアの活躍《かつやく》の場も広がります。情報《じょうほう》を求める人たちの需要《じゅよう》にこたえて新雑誌《ざっし》が続々創刊《そうかん》、売り上げをぐんぐん伸《の》ばし、それがまた新しい時代をつくっていきました。著者《ちょしゃ》のよく知る世界であり、逸話《いつわ》にも感情《かんじょう》がこもります。

　ここで著者《ちょしゃ》が特に重要視《じゅうようし》するのは、GHQが国民の精神《せいしん》や思想を改造《かいぞう》しようとした点です。新聞に「太平洋戦争史《せんそうし》」を連載《れんさい》させ、日本軍のやってきた侵略《しんりゃく》戦争を国民に徹底的《てっていてき》に知らせます。ラジオ番組「真相はかうだ」では、南京虐殺《なんきんぎゃくさつ》など恥《は》ずべき日本軍の行為《こうい》をドキュメンタリーふうに耳からこれでもかと吹《ふ》き込《こ》みます。何も知らされない国民のあわれさが強調され、自覚される仕組みでした。それまで敗戦コンプレックスに陥《おちい》っていた国民は、「悪かったのは軍国主義《しゅぎ》の指導者《しどうしゃ》で、自分たちに罪《つみ》はないのだと免罪符《めんざいふ》をもらった気になった」と著者《ちょしゃ》は推測《すいそく》します。同時に、日本人がやってきた残虐行為《ざんぎゃくこうい》を知り、「新たなるコンプレックスをあわせもつようになった」とも。アメリカにすれば、制度《せいど》をいくら変えても、日本人の心の中が変わらなければ、いずれ爆発《ばくはつ》する危険《きけん》があります。表面的に従《したが》わせるだけでなく、精神《せいしん》を変革《へんかく》しなければ占領《せんりょう》は失敗しかねません。お腹《なか》をすかせた国民は、こうして目に見えない領域《りょういき》まで動かされていきました。とどめに、長く日本人の考えや精神《せいしん》の支柱《しちゅう》であった国家神道《しんとう》が全否定《ひてい》されます。これらの改革《かいかく》は、あるいは最大の改革《かいかく》であったかもしれません。しかしこれも静かに受け入れられたのは、著者《ちょしゃ》のみるところ、食べていくことに汲々《きゅうきゅう》としてそれどころではなかったから、とのこと。まさに腹《はら》が減《へ》っては……人間の基本《きほん》に立ち返らされる話ではあります。なお本書でさまざまに描写《びょうしゃ》される敗戦後の日本人の心理は多様で、一筋縄《ひとすじなわ》ではいきません。おそらくその揺《ゆ》れこそが、戦後の真実だったのではないでしょうか。

第三章は、新しい日本の基本《きほん》となる憲法《けんぽう》の改正を前に、はたして「国体《こくたい》」は維持《いじ》されるか、さまざまな思惑《おもわく》が入《い》り乱《みだ》れます。

さかのぼって、ポツダム宣言《せんげん》では「（国民をだまして世界を征服《せいふく》しようとしていた）権力《けんりょく》および勢力《せいりょく》は永久《えいきゅう》に除去《じょきょ》される」とありました。では日本が降伏《こうふく》するにあたって「永久《えいきゅう》に除《じょ》去《きょ》」される「権力《けんりょく》および勢力《せいりょく》」とは何を指すのか。もし国体《こくたい》（国家体制《たいせい》）、すなわち「天皇《てんのう》の国家統治《とうち》の大権《たいけん》」のことなら、天皇制《てんのうせい》は変わらねばなりません。憲法《けんぽう》改正では、この点がもっとも大きな焦点《しょうてん》となります。

要人たちの思いはさまざまにめぐります。明治憲法《けんぽう》をちょこっと手直しすれば済《す》むと考える首脳《しゅのう》もいれば、近衛文麿《このえふみまろ》はマッカーサーから新憲法《けんぽう》作成を任《まか》されたと思いこんで準備《じゅんび》をはじめ、それは許《ゆる》されないと幣原内閣《しではらないかく》は憲法《けんぽう》問題調査《ちょうさ》委員会（松本《まつもと》委員会）を立ち上げます。内紛《ないふん》状《じょう》態《たい》を憂《うれ》えたＧＨＱは近衛《このえ》に手を引かせますが、このとき近衛《このえ》の委嘱《いしょく》をうけた佐々木惣一《ささきそういち》京大元教授はすでに改正大綱案《たいこうあん》をつくっていました。明治憲法《けんぽう》の基本線《きほんせん》はある程度《ていど》守り、ＧＨＱの意向もくみ、国民の自由を尊重《そんちょう》する内容《ないよう》で、著者《ちょしゃ》には「もしこれが具体化していれば」この後のさらなる混乱《こんらん》は避《さ》けられたかも、と少し残念な思いがあったようです。

大学者ぞろいの松本《まつもと》委員会の目線はＧＨＱにあって、一時的なごまかし案まで出る始末ですが、なにしろ焦点《しょうてん》は天皇制《てんのうせい》の護持《ごじ》です。ＧＨＱからせっつかれながらも、天皇《てんのう》の位置づけには触《ふ》れたくない、「〝民主的な味付け〟をする修正《しゅうせい》にとどめたいがために各先生方が思《おも》い悩《なや》んだということだけは明瞭《めいりよう》」で、なんと「ほとんどの人が憲法《けんぽう》改正には積極的でないどころか、尻込《しりご》みしていた」というのです。そんななかで一つの光明は、民間の有識者《ゆうしきしや》たちが独自《どくじ》の案をつくり、国の統治権《とうちけん》を国民におき、「天皇《てんのう》は国民の委任《いにん》により専《もつぱ》ら国家的儀礼《ぎれい》を司《つかさど》る」という、後の象徴天皇制《しようちようてんのうせい》に近い内容《ないよう》であったというこぼればなしです。「皆《みな》が腹《はら》がへってそれどころじゃないよ、という時代に、誰《だれ》に頼《たの》まれることなく自らこうして真面目に研究している方々がいて、結果的に後の憲法《けんぽう》に影響《えいきよう》を与《あた》えた」。このような余話《よわ》が加わることで、まっとうな人の営《いとな》みもあったのだと安堵《あんど》の思いがもたらされるのです。

第四章は、天皇《てんのう》の人間宣言《せんげん》や公職《こうしよく》追放など、これまでの価値観《かちかん》を全否定《ひてい》された日本人が、今後は何を支柱《しちゆう》にすればよいのか、模索《もさく》する過程《かてい》が語られます。

諸外国《しよがいこく》から天皇《てんのう》の戦争責任《せきにん》を問う声が高まるなか、マッカーサーは、本人が現人神《あらひとがみ》であることを否定《ひてい》すれば追及《ついきゆう》がおさまるのでは、と考えます。そして昭和二十一年の元旦《がんたん》、いわゆる天皇《てんのう》の「人間宣言《せんげん》」が発表されました。これはのちの「象徴天皇《しようちようてんのう》」の布石《ふせき》となります。しかし問題は、同時に日本の歴史《れきし》と地理と修身《しゆうしん》の教育が廃止《はいし》されたこと、と著者《ちよしや》は強調します。自国の歴史《れきし》を習うことなく社会に出る人が日本の将来《しようらい》を担《にな》うとすればどうなるか。戦前の国体《こくたい》は全否定《ひてい》され、「日本人を支《ささ》えてきた精神構造《せいしんこうぞう》はすべてここで吹《ふ》っ飛《と》」び、「無から新しい日本人が生まれなきゃならない」とき、「根元を喪失《そうしつ》していてどういう日本人が生まれたのか」。草木も根っこが腐《くさ》ると育たないどころか、枯《か》れてしまいます。アメリカ式の民主主義《しゆぎ》で果たして再《さい》建《けん》はうまくいくのか。「軍事的に敗北するということは、精神《せいしん》文化の敗北でもある」、事の重大さはこの点にあるのです。

一方、目に見えて国民を驚《おどろ》かせたのは、突然《とつぜん》の大規模《だいきぼ》な「公職追放《こうしょくついほう》」でした。軍部も政界《せいかい》も、以前の指導者《しどうしゃ》たち十八万人超《ちょう》が軒並《のきな》みクビです。このとき密告《みっこく》が横行したのは戦時の隣《となり》組《ぐみ》を思わせます。疑心暗鬼《ぎしんあんき》が渦巻《うずま》くと、ふだんは隠《かく》れた人間の弱さが顔を出すようです。

また興味深《きょうみぶか》いことに、中国で反戦運動をしていた野坂参三《のさかさんぞう》さんが帰国して「愛される共産《きょうさん》党《とう》」を叫《さけ》ぶと、国民は熱烈《ねつれつ》に歓迎《かんげい》したのです。幣原改造内閣《しではらかいぞうないかく》の就任式《しゅうにんしき》をさしおいて、マスコミも共産党《きょうさんとう》の大看板《おおかんばん》に殺到《さっとう》しました。「日本人というのは（中略《ちゅうりゃく》）人気者のほうに群がり集まっていく」とは、冷めやすさも暗示《あんじ》しているようです。ここで「ヨン様おばさま」とあるのは、今は説明が必要かもしれません。二〇〇三年から日本で放映《ほうえい》された韓国《かんこく》ドラマ「冬のソナタ」の主演男優《しゅえんだんゆう》ペ・ヨンジュンは多くの日本女性《じょせい》も魅了《みりょう》しました。今ならBTSというところでしょうか。ともかく「ヨン様」が出てくるところ、本書もまた歴史《れきし》の一つなのです。

並行《へいこう》して、ひたひたと戦犯《せんぱん》を裁《さば》く極東国際《こくさい》軍事法廷《ほうてい》の足音が近づいていました。驚《おどろ》かされるのは、裁判《さいばん》の全容《ぜんよう》が発表され、A級の罪《つみ》に適用《てきよう》される「共同謀議《ぼうぎ》」で天皇《てんのう》の身が危《あや》うくなるのではという不安が生まれるやいなや、マッカーサーのもとに日本中から救済《きゅうさい》を懇願《こんがん》する手紙が届《とど》いたというのです。半紙に血文字で書かれた脅《おど》しめいた訴《うった》え、小学生からの幼《おさな》い文面もあったとか。作家の武者小路実篤《むしゃのこうじさねあつ》は、「陛下《へいか》さえいられれば、米国の軍隊は今後日本では武器《ぶき》をとる必要が決してないことを私《わたし》は信じて疑《うたが》わないものです（中略）それは理屈《りくつ》でなく事実と思います」と雑誌《ざっし》に書きました。これほど理屈《りくつ》をこえた「真実」がほかにあったでしょうか。よしあしはともかく、戦前の日本人が心に一つの大きな支《ささ》えをもっていたのは確《たし》かなのです。今は国民が共有する精神《せいしん》の支柱《しちゅう》が求められなくなったようにもみえます。

そんななか、幣原首相《しではらしゅしょう》はマッカーサーと会い、これからの日本や憲法《けんぽう》について「軍隊をもたない、戦争をしない」「平和日本にしたい」と話し合ったといわれています。ただ「平和憲法《けんぽう》」をどちらが言い出したのかは霧《きり》の中。千両役者マッカーサーの思惑《おもわく》も含《ふく》め、著者《ちょしゃ》は興味深《きょうみぶか》い仮《か》説《せつ》を披露《ひろう》しています。確《たし》かなのは、この頃《ころ》マッカーサーが「天皇《てんのう》はシンボル」という新たな位置づけとともに、今後も地位安泰《あんたい》とする方針《ほうしん》をアメリカに伝えていたことです。そうとは知らぬ日本はこの後もさらなるドタバタを繰《く》り広《ひろ》げるのです。

第五章は、日本がＧＨＱの草案を受け入れ、新憲法《けんぽう》がようやく成立するまでの顚末《てんまつ》です。

昭和二十一年二月一日、毎日新聞に一大スクープとして松本《まつもと》委員会の憲法《けんぽう》草案「乙《おつ》案」が掲《けい》載《さい》されました。しかし肝心《かんじん》の内容《ないよう》は「戦後日本の礎《いしずえ》、基本《きほん》となる憲法《けんぽう》であるのに熱意も感じられず理想もない」と惨憺《さんたん》たる不評《ふひょう》、しかもＧＨＱに提出《ていしゅつ》するつもりの「甲《こう》案」は、さらに明治憲法《けんぽう》に毛の生えた程度《ていど》のしろものだったのです。

マッカーサーは「これでは日本人には任《まか》せておけない」と、民政局《みんせいきょく》に起草を命じます。二十五人の若《わか》い部下たちが密《ひそ》かに猛勉強《もうべんきょう》をはじめ、大急ぎで起草作業に励《はげ》みました。

著者《ちょしゃ》が「戦後日本のもっとも面白《おもしろ》い一日」と述《の》べるのが二月十三日、憲法《けんぽう》に関して日本とGHQが顔をつきあわせる会議です。吉田茂《よしだしげる》外相《がいしょう》をはじめ、日本側はGHQ草案が提示《ていじ》されてびっくり仰天《ぎょうてん》、その場で読まされるシーンは悲喜劇《ひきげき》を見るようです。そこには、戦争および封《ほう》建制度《けんせいど》の廃止《はいし》が掲《かか》げられ、天皇《てんのう》に関しては「シンボル」の語句《ごく》が記されていました。突然《とつぜん》つきつけられたGHQ案をどうしたらよいのか、政府《せいふ》では議論《ぎろん》がまとまりません。幣原《しではら》首相《しゅしょう》はまたマッカーサーと会いますが、政府《せいふ》が決断《けつだん》できないならGHQが直接《ちょくせつ》、国民に意見を聞こうじゃないか、四十八時間以内に回答せよと迫《せま》られ、結局は草案を受け入れざるを得《え》なくなりました。決められない者の宿命です。

ここで著者《ちょしゃ》はあえて「イフ」を提案《ていあん》します。もし実際《じっさい》にGHQが国民に憲法《けんぽう》草案の是非《ぜひ》を問うていたら？　占領《せんりょう》下で数カ月を過《す》ごした国民へのタンテイ眼《がん》がここでも発揮《はっき》されます。戦争にこりた日本人は新しい価値観《かちかん》を求めていた。しかし国が再出発《さいしゅっぱつ》するというのに、指導者《しどうしゃ》たちは新憲法《けんぽう》にすら熱意も理想も欠けている。目新しい政策《せいさく》をどんどん進めるGHQは、失ったものの多いなかで生きる道を模索《もさく》していた人びとには頼《たよ》りがいある旦那《だんな》のよう、誰《だれ》かさんより信《しん》頼《らい》できる——そんなふうに著者《ちょしゃ》はみます。なかなか興味深《きょうみぶか》い「イフ」です。

同じころ、「戦争で苦労をかけたことへのお詫《わ》び」の気持ちをこめて昭和天皇《てんのう》が地方巡幸《じゅんこう》をはじめていました。国民に直接《ちょくせつ》話しかけて「アッ、ソウ」と応《おう》じる姿《すがた》に、人びとの皇室《こうしつ》への親しみは増《ま》したことでしょう。天皇《てんのう》はGHQ草案を知らされたときも、「自分は象徴《しょうちょう》でいい」

ときっぱり言ったといいます。このあと手直しを経《へ》て新憲法《けんぽう》はようやく十一月公布《こうふ》、翌《よく》昭和二十二年五月三日の施行《しこう》へと進みます。こうしてやっと戦後日本の機軸《きじく》ができました。

あらためて憲法《けんぽう》とは何でしょうか――。広辞苑《こうじえん》には「国家存立《そんりつ》の基本的条件《きほんてきじょうけん》を定めた根本法」「国の最高法規《ほうき》」とあります。改正をめぐっての煩《わずら》わしいほどの右往左往《うおうさおう》は、一国にとっての憲法《けんぽう》の重さの表われでもあります。いったん条文化《じょうぶんか》されれば、後から変えるのは容易《ようい》ではありません。何をいちばん優先《ゆうせん》するのか、決して譲《ゆず》れないこととは。現在《げんざい》もつづく改憲論議《かいけんろんぎ》、戦後の新憲法《けんぽう》の成り立ちを念頭にていねいに考えていきたいものです。

第六章は、足かけ三年におよぶ東京裁判《さいばん》とはなんだったのか――表向きは戦犯《せんぱん》の戦争責任《せきにん》を裁《さば》く行為《こうい》ですが、背後《はいご》に隠《かく》された意味とは。さまざまな角度から考えます。

昭和二十一年五月から二十三年十一月まで行なわれた東京裁判《さいばん》を語るにおいて、まず同時期の世界の変化、国内の動きが押《お》さえられています。それらは裁判《さいばん》に影響《えいきょう》し、結果を左右しうるからです。最大の動きは、「鉄のカーテン」で象徴《しょうちょう》される冷戦の激化《げきか》です。東西対立が世界を動かす事態《じたい》は日本に何をもたらすのでしょう。

国内では食糧《しょくりょう》不足が続いて「米をよこせ」デモが頻発《ひんぱつ》し、共産党《きょうさんとう》人気もますます盛《さか》んです。昭和二十二年には、社会主義《しゅぎ》への動きが高まって全官公庁《かんこうちょう》のストライキが計画され、著者《ちょしゃ》は「革命《かくめい》の予感さえよぎった」と振《ふ》り返《かえ》ります。しかしGHQからのスト禁止令《きんしれい》で「滔々《とうとう》たる革命《かくめい》への波が頭からガシャッと封《ふう》じられ」、勢《いきお》いは一気にしぼみました。このときGHQの胸のうちには冷戦の激化《げきか》があったはずで、日本をもっぱら民主化させる方針《ほうしん》に見直しが迫《せま》られるのも近そうです。その矢先、選挙で与党《よとう》が敗れ、社会党《しゃかいとう》が初めて内閣《ないかく》を成立させたものの、過半数《かはんすう》に届《とど》かない連立の脆弱《ぜいじゃく》さもあって、わずか九カ月で総辞職《そうじしょく》に追《お》い込《こ》まれました。

社会・文化の面では、民法の改正で封建的《ほうけんてき》家族制度《せいど》が撤廃《てっぱい》され、「家長」だったお父さんが「月給運搬人《うんぱんにん》」になったとか（笑）。皆《みな》さんに身近なところでは、漢字の数が制限《せいげん》されるとともに「当用漢字」が採用《さいよう》され、旧《きゅう》かなづかいが現代《げんだい》かなづかいに改められました。

さて、東京裁判《さいばん》です。A級、B級、C級の戦犯《せんぱん》が裁《さば》かれますが、おもに語られるのは二十八人のA級戦犯《せんぱん》を、戦争で大きな被害《ひがい》を受けた十一カ国からなる国際検事団《こくさいけんじだん》が裁《さば》く過程《かてい》です。二十八人が選ばれるにおいては、木戸幸一《きどこういち》内大臣への尋問《じんもん》や上海《しゃんはい》事変を計画した田中隆吉《たなかりゅうきち》の証《しょう》言《げん》が大きな役割《やくわり》を果たしました。ここは『木戸《きど》日記』や法廷《ほうてい》でのやりとりを記した重光葵《しげみつまもる》の『巣鴨《すがも》日記』など、記録が残されていることの大きさを胸《むね》に刻《きざ》みたいところです。その時はさして重要と思えない些細《ささい》なことや個人的《こじんてき》な思いも、記録されることで何十年、何百年後にどれほどの価値《かち》をもつか計り知れません。皆《みな》さんの日記なども例外ではありません。

実際《じっさい》の裁判《さいばん》のようすはかいつまんで述《の》べられます。印象的《いんしょうてき》なのは、日本がやってきたことの責任《せきにん》を追及《ついきゅう》すればするほど、玉ねぎの皮を一枚《いちまい》ずつむいていくと芯《しん》がなくなるように、どこに責任《せきにん》があるのかわからなくなる、「無責任体制《むせきにんたいせい》」が浮《う》き彫《ぼ》りになるという指摘《してき》です。これは物事をはっきりさせずあいまいにしがちな日本人気質《かたぎ》の表われにも見えます。

各々《おのおの》の判決《はんけつ》は表で一覧《いちらん》できますが、首をかしげてしまう判決《はんけつ》も少なくありません。裁判《さいばん》には明らかに「茶番劇《ちゃばんげき》」「作り物」の一面があったからです。なにしろ東条英機《とうじょうひでき》や田中隆吉《たなかりゅうきち》が自身や周囲《しゅうい》の思惑《おもわく》で証言《しょうげん》を左右させたり余計《よけい》なことまで喋《しゃべ》るようすはドラマさながらです。著者《ちょしゃ》は東京裁判《さいばん》の意味を三つ挙げます。①日本の現代史《げんだいし》を裁《さば》く、②連合国軍による復讐《ふくしゅう》の儀式《ぎしき》、③日本国民への啓蒙《けいもう》教化——どうも先にあるこれら目的に沿《そ》って進められたとも思われ、広田《ひろた》弘毅《こうき》や松井石根《まついいわね》らに客観的にみて不可解《ふかかい》な絞首刑《こうしゅけい》の判決《はんけつ》が下されたのも、特定の国の「復讐《ふくしゅう》」と考えれば納得《なっとく》できなくもありません。そんな見方も参考に、裁判《さいばん》の裏でうごめいた各国の思《おも》惑《わく》を、戦争の経緯《けいい》を振《ふ》り返《かえ》りながら想像《そうぞう》してみるのも一案です。

ここでも「イフ」が提案《ていあん》されます。もしも日本人が戦犯《せんぱん》を裁判《さいばん》したなら？　実際《じっさい》その動きはあったようで、実現《じつげん》すれば「もっと多くの人が絞首刑《こうしゅけい》になったのでは」と著者《ちょしゃ》は推測《すいそく》しています。戦争の責任《せきにん》は必ず存在《そんざい》する。ただその追及《ついきゅう》や責任《せきにん》のとらせ方は難《むずか》しく、後味が悪く、長くしこりを残し、人の生活にマイナスとなる——。ここまで読んできたところで、敗戦国がいかに悲惨《ひさん》か、また勝った国にとっても一大事なのだと、胸《むね》にずっしりこたえたのではないでしょうか。戦争をしないに越《こ》したことはないのです。

ところで天皇《てんのう》はどうなったか。ＧＨＱや政府《せいふ》の画策《かくさく》で訴追《そつい》は免《まぬが》れました。が、自身は責任《せきにん》を感じ、退位《たいい》も念頭に置いていたと著者《ちょしゃ》はみます。「道義的《どうぎてき》な、人間の精神《せいしん》の問題としての責任《せきにん》」を「相当深く考えられていたと思う」と。本人のみぞ知る、これも歴史《れきし》の面白《おもしろ》みです。

第七章は、GHQの方針《ほうしん》が大転換《だいてんかん》するとともに占領期《せんりょうき》の〝後半〟に入り、「改革《かいかく》より経済復興《けいざいふっこう》」の波が押《お》し寄《よ》せます。なぜそのようになったのでしょうか。

世界を巻《ま》き込《こ》んで激《はげ》しさを増《ま》してきた東西冷戦は、すぐアジアに飛び火したわけではありません。しかし昭和二十七年夏、中国でアメリカが支援《しえん》する国民党《こくみんとう》に共産党《きょうさんとう》軍が反攻《はんこう》を開始、優勢《ゆうせい》になると、情勢《じょうせい》は大きく動きます。共産主義陣営《しゅぎじんえい》に中国が加われば大ごとです。アメリカはアジア戦略《せんりゃく》を真剣《しんけん》に考えねばならなくなりました。

また朝鮮《ちょうせん》半島では、日本の属国《ぞっこく》であった朝鮮《ちょうせん》が独立《どくりつ》を取《と》り戻《もど》すにあたって、南北統一《とういつ》が話し合われます。しかし米ソが暗礁《あんしょう》に乗り上げ、昭和二十三年にアメリカが南朝鮮《みなみちょうせん》で、ソ連が北朝鮮《きたちょうせん》で強行的に政府《せいふ》をつくり、南北の対立は決定的となりました。

中国と朝鮮《ちょうせん》で共産主義陣営《しゅぎじんえい》が力を得《え》れば、アメリカは東アジアが手薄《てうす》になります。そこで「日本を、アジアにおいて共産主義《しゅぎ》の進出を押《お》し留《とど》める防波堤《ぼうはてい》にする」、つまりアジア戦略《せんりゃく》の最前線としてがっちり固めておかねばなりません。改革《かいかく》でしめあげて日本人に不満を募《つの》らせては逆効果《ぎゃくこうか》、そこで占領政策《せんりょうせいさく》を変える必要が出てきたのです。アメリカはGHQに「改革《かいかく》より経済復興《けいざいふっこう》を第一に」と指示《しじ》し、マッカーサーはしぶしぶ従《したが》います。行《い》き過《す》ぎた民主化にストップをかけ、公職《こうしょく》追放も解除《かいじょ》、アジアの防波堤《ぼうはてい》として再軍備《さいぐんび》させ、経済復興《けいざいふっこう》による安定を目指す——と方針《ほうしん》が大転換《だいてんかん》されます。

こうしてアメリカのアジア戦略《せんりゃく》に利用され、なにやら操《あやつ》り人形《にんぎょう》のように日本は経済《けいざい》中心の国づくりへと向かうのですが、著者《ちよしや》は覚えていました。終戦時、日本はこれから「アジアのスイスたれ」と平和国家や文化国家が目指された世の中の雰囲気《ふんいき》を。それが、このころから空気が入れかわり、経済《けいざい》モードに入っていったのです。覚えておきたいのは、この空気を入れかえた〝換気扇《かんきせん》〟は自前ではなく、他国の思惑《おもわく》や周辺の情勢《じようせい》であったことだと思います。

さあ、経済《けいざい》成長を目指してさまざまな策《さく》がはじまるなか、ガマンガマンの耐久《たいきゆう》生活以上に深刻《しんこく》だったのは、労働者のクビ切りでした。自分に過失《かしつ》がないのに政策《せいさく》のため会社を辞《や》めさせられたら皆《みな》さんはどう感じますか？　大量解雇《かいこ》が進むさなか、国鉄総裁《そうさい》が轢死体《れきしたい》で見つかった「下山事件《しもやまじけん》」など、今も謎《なぞ》を残す〝怪事件《かいじけん》〟が次々と発生しました。その一つ、無人電車が急に走りだして死傷者《ししようしや》を出した「三鷹事件《みたかじけん》」で死刑判決《しけいはんけつ》を受けた容疑者《ようぎしや》が著者《ちよしや》のインタビューに答えた話は、戦後と占領《せんりよう》下の闇《やみ》を垣間見《かいまみ》るような切ない余韻《よいん》を残します。

世界情勢《じようせい》に利用された敗戦国の、何も知らない国民の一人ひとりは、それぞれの生活でそれぞれの悩《なや》み苦しみを抱《かか》え、気づくと時代の渦《うず》に巻《ま》き込《こ》まれ——歴史《れきし》のかなしみが漂《ただよ》う、「ＧＨＱの右旋回《みぎせんかい》」とよばれたナゾだらけの昭和二十四年の日本でした。

第八章は、経済復興《けいざいふつこう》へと舵《かじ》を切った日本に「特需《とくじゆ》」をもたらした朝鮮《ちようせん》戦争が勃発《ぼつぱつ》、そして占領《せんりよう》下日本の終焉《しゆうえん》を象徴《しようちよう》するかたちでマッカーサーは日本を離《はな》れます。

日本が共産主義《しゆぎ》を排除《はいじよ》する方向へと進むと、いっとき人気を博した共産党《きようさんとう》は激《はげ》しい弾圧《だんあつ》の対象《たいしよう》となりました。赤い奴《やつ》らはすべて追い出せ、とレッドパージの嵐《あらし》が吹《ふ》き荒《あ》れます。教員の追放も噂《うわさ》され、大学闘争《とうそう》が盛《さか》んとなりました。当時二年生の著者《ちょしゃ》も、警官《けいかん》と大学正門のピケラインでにらみ合った話が紹介《しょうかい》されています――余談《よだん》ながら、ボート部の選手でがたいが大きかったため最前列にやられ、翌日《よくじつ》は新聞に写真がばっちり載《の》ったそうです。

とまあ、革新《かくしん》路線が一気にしぼんで翻弄《ほんろう》されたのは、弾圧《だんあつ》された人だけではなかったわけです。東大生が金融業《きんゆうぎょう》を起こして行きづまり青酸《せいさん》カリで自殺《じさつ》した光クラブ事件《じけん》、当時二十一歳《さい》の学僧《がくそう》による金閣寺《きんかくじ》の放火など、若者《わかもの》の所業が世の中を驚《おどろ》かせました。個人《こじん》の資質《ししつ》だけで起《お》こり得《え》た事件《じけん》でしょうか。社会への「拭《ぬぐ》いきれない不信感、戦争やそれに関する一切《いっさい》への憎悪《ぞうお》と恐《きょう》怖《ふ》」をいだく、いわゆる「アプレゲール」という世代がありえた、と著者《ちょしゃ》はいいます。ネット社会の今は、SNSによる被害《ひがい》感覚や中傷《ちゅうしょう》が若者《わかもの》の犯罪《はんざい》や自殺《じさつ》につながる例が珍《めずら》しくありません。世代と事件《じけん》の関係は多かれ少なかれ時代を浮《う》き彫《ぼ》りにします。

楽しい話題もなくては、と著者《ちょしゃ》が考えたかどうか、ラジオで人気を博した「冗談《じょうだん》音楽」は世相諷刺《ふうし》が秀逸《しゅういつ》です。替《か》え歌《うた》の紹介《しょうかい》になると調子のいい節回しで歌っていた半藤《はんどう》さん、自身も歌詞《かし》や脚本《きゃくほん》を投稿《とうこう》し、少なからず読みあげてもらったとか。ささやかでもたくましい庶民《しょみん》の抵《てい》抗精神《こうせいしん》でしょうか。絶望的《ぜつぼうてき》になったり、犯罪《はんざい》に及《およ》んだり、鬱屈《うっくつ》の行く末もさまざまです。

経済《けいざい》成長に突《つ》き進《すす》もうとする昭和二十五年六月、「神風《かみかぜ》が吹《ふ》いた」といわれる朝鮮《ちょうせん》戦争がはじまりました。反目していた南北朝鮮《ちょうせん》が戦闘状態《せんとうじょうたい》に入ったのです。もちろん背後《はいご》にアメリカとソ連が控《ひか》える代理戦争です。マッカーサー指揮《しき》のもと、七万五千人の米兵が日本から大韓民《だいかんみん》国支援《こくしえん》に出動することになりました。いったんは劣勢《れっせい》でしたが、敵《てき》の背後《はいご》を突《つ》く仁川《インチョン》上陸作戦で優勢《ゆうせい》に転ずると、今度は中国が北を支援《しえん》しはじめ、戦争は長引きます。結局三年後に休戦、ふたたび三十八度線を国境《こっきょう》とすることになりました。やはり戦争を終わらせることはとてつもなく難《むずか》しいのです。

この戦争中、日本はアメリカの「沈《しず》まない大航空母艦《こうくうぼかん》」、兵站《へいたん》や輸送《ゆそう》などを担《にな》う基地《きち》として存分《ぞんぶん》に利用されました。米軍が必要なものは、特別に政府《せいふ》を通さず調達されて産業全体は大儲《おおもう》け、まさに「特需《とくじゅ》」に沸《わ》いたのです。「戦後日本は朝鮮《ちょうせん》戦争の三年間で生き返りました」。金が儲《もう》かれば活気づくのが文明社会です。ただし忘《わす》れてならないのは、このとき日本人がアメリカの指導《しどう》で大量生産方式と品質《ひんしつ》管理を完璧《かんぺき》に習得《しゅうとく》したことであると著者《ちょしゃ》は言います。機会を得《え》た日本人の真面目な努力がのちの高度成長期、大いに生かされました。

その矢先、犬猿《けんえん》の仲？のトルーマン大統領《だいとうりょう》に最高司令官を罷免《ひめん》されたマッカーサーが日本を離《はな》れることとなります。著者《ちょしゃ》は「〝神様〟がクビになるなんてことがあるのかいなあ」と腰《こし》を抜《ぬ》かすほど驚《おどろ》き、出立の日は二十万人余《あま》りが羽田空港への沿道《えんどう》を埋《う》めて見送ったといいます。それほど日本人は戦後数年間でマッカーサーを慕《した》うようになっていたわけです。

下巻《げかん》は、日本がいよいよ独立国《どくりつこく》として世界に再登場《さいとうじょう》する道のりをたどります。

＊

半藤《はんどう》さんが生前によく口にしていたのが「リアリズム」の大切さです。昭和二十年八月十五日、勤務先《きんむさき》の工場で終戦を迎《むか》えた十五歳《さい》の半藤《はんどう》少年は、「アメリカ軍が来て占領《せんりょう》したら、南の島かどこかで一生奴隷《どれい》になる」と教えられており、それなら今のうちに楽しんでおこうと、同級生と防空壕《ぼうくうごう》で煙草《たばこ》をふかしました。しかし翌日《よくじつ》、「南の島へなんて、どうやって何百何千万人を運んで行くんだ」と父親に怒鳴《どな》られ、嘘《うそ》とわかったのです。敗戦時の体験はよほど胸《むね》に刻《きざ》まれたのか、このとき「リアリズムに覚醒《かくせい》した」といいます。その後、戦中に大敗を喫《きっ》したノモンハン事件《じけん》について、現実《げんじつ》をしっかりと見なかった陸軍の勝手な判断《はんだん》が悲劇《ひげき》を招《まね》いた、とリアリズムの欠如《けつじょ》を追及《ついきゅう》しました。戦後については東日本大震災《だいしんさい》ののち、「日本は武力《ぶりょく》では守れないということを知らなければならない。海岸線が長大なこの国で、人は岸辺にだけ住んでいる。すべて海岸線にある原発を狙《ねら》われれば防《ふせ》ぎようがない」と警告《けいこく》しました。日本は防衛力《ぼうえいりょく》を強化するより、外交力や文化力で戦争にもっていかないようにするべきだということです。『戦争の時代』の最後で「起きてほしくないことは起こらない」と思いこむ日本人の悪弊《あくへい》を指摘《してき》した半《はん》藤《どう》さんは、〝原子力神話〟を「リアリズムを欠いた底知れない無責任《むせきにん》という言葉の代名詞《だいめいし》」とも述《の》べました。自分たちに都合のいい思《おも》い込《こ》みを戒《いまし》め、しっかりと現実《げんじつ》をみる訓練をしなくてはならないと、歴史《れきし》は教えているのです。

関連年表

年	内閣総理大臣	日本のできごと（＊は海外情勢など、★は世相、流行語など）
昭和 二十（一九四五）	鈴木貫太郎	ポツダム宣言受諾、終戦
	東久邇宮稔彦	マッカーサー来日／ミズーリ艦上で降伏文書調印／天皇がマッカーサーを訪問／GHQの占領政策はじまる
	幣原喜重郎	＊国際連合成立／社会党結成（片山哲）／憲法改正四原則発表（松本烝治）／大選挙区制、婦人参政権などへ改正／労働組合法公布／農地改革はじまる／修身・日本歴史・地理の授業廃止指令／★日米会話手帳刊行／★「リンゴの唄」大流行／★復員はじまる／★「一億総懺悔」発言
二十一（一九四六）	吉田茂（第一次）	天皇の人間宣言／公職追放はじまる／金融緊急措置令／天皇の地方巡幸はじまる／＊チャーチル「鉄のカーテン演説」（冷戦の幕開け）／政府が憲法改正草案要綱発表／戦後初の総選挙／財閥解体が本格化／東京裁判はじまる／食糧メーデー／＊ニュルンベルク裁判判決／日本国憲法発布／★カムカム英語流行／★ソ連、中国から引揚者ぞくぞく
二十二（一九四七）	片山哲	全官公庁2・1スト宣言、中止／＊トルーマン・ドクトリン発表／日本国憲法施行／改正民法公布／★ベビーブーム／★戦後初のヌードショー／★アプレゲール
二十三（一九四八）	芦田均	帝銀事件／＊イスラエル建国、第一次中東戦争／ドレーパー調査団報告／＊ベルリン封鎖はじまる／昭和電工疑獄事件／＊大韓民国・朝鮮民主主義人民共和国成立／★美空ひばりデビュー
	吉田茂（第二次）	東京裁判判決、絞首刑執行／経済安定九原則の指令／A級戦犯の釈放

昭和		
二十四(一九四九)	吉田茂(第三次)	ドッジ・ライン実施へ／一ドル＝三六〇円の単一為替レートに／下山事件／三鷹事件／松川事件／＊中華人民共和国成立／湯川秀樹、ノーベル物理学賞受賞／★単独か全面かの講和条約論議が活発化
二十五(一九五〇)		＊中ソ友好同盟相互援助条約調印／吉田首相「曲学阿世」発言／＊朝鮮戦争はじまる／特需景気／レッドパージはじまる／警察予備隊令公布／池田蔵相「貧乏人は麦を食え」発言／★満年齢の実施
二十六(一九五一)		マッカーサー帰国／サンフランシスコ講和会議開催、対日平和条約・日米安全保障条約調印
二十七(一九五二)	吉田茂(第四次)	改進党結成(三木武夫)／対日平和条約・日米安全保障条約発効／血のメーデー／早大事件／吹田事件／大須事件／破防法公布／保安隊発足
二十八(一九五三)	吉田茂(第五次)	＊スターリン没／「バカヤロー」解散／分党派自由党結成(鳩山一郎)／中国からの引揚再開／内灘紛争／伊東絹子がミス・ユニバース三位入選／＊朝鮮休戦協定／日本自由党結成(三木武吉)／★映画『東京物語』
二十九(一九五四)	鳩山一郎(第一次)	皇居二重橋圧死事件／被災した第五福竜丸が焼津に帰港／造船疑獄事件／近江絹糸労組スト／自衛隊発足／日本民主党結成(鳩山一郎)／★三種の神器／★映画『ゴジラ』
三十(一九五五)	鳩山一郎(第二次・第三次)	砂川闘争／広島で原水爆禁止世界大会／保守合同で自由民主党結成／★家電の普及／★神武景気
三十一(一九五六)		「太陽の季節」芥川賞に／＊フルシチョフのスターリン批判／憲法調査会発足へ／「もはや戦後ではない」(経済白書)／日ソ国交回復に関する共同宣言調印／＊スエズ動乱／日本が国連加盟／★マネービル
三十二(一九五七)	石橋湛山 岸信介(第一次)	岸首相訪米し日米新時代を強調／＊ソ連、スプートニク1号打ち上げ成功／＊毛沢東「張り子の虎」演説／★「よろめき」流行

昭和		
三十三（一九五八）	岸信介（第二次）	★テレビ受信契約数が百万突破／勤評闘争／警職法改悪反対闘争／皇太子・美智子婚約発表／東京タワー完工／★ミッチーブーム／★ダンチ族はやる／★ロカビリー旋風／★松本清張「点と線」で本格ミステリブームへ／★インスタントラーメン発売される
三十四（一九五九）		＊キューバ革命／皇太子ご成婚／＊ソ連のロケットが月面着陸成功／水俣病問題で漁民が警官隊と衝突／★週刊誌の隆盛
三十五（一九六〇）	池田勇人（第一次・第二次）	新安保条約の強行採決／安保闘争、東大生樺美智子死亡／社会党の浅沼稲次郎委員長が刺殺される／国民所得倍増計画決定／★寛容と忍耐
三十六（一九六一）		「風流夢譚」事件／＊ソ連ヴォストーク1号、地球一周飛行／池田首相とケネディ大統領が会談／＊ベルリンの壁が築かれる／★レジャー・ブーム／★マイホーム主義
三十七（一九六二）		＊米国防省が南ベトナムに軍事顧問を置く／＊キューバ危機／光化学スモッグなど公害深刻化／★無責任時代／★女子学生亡国論
三十八（一九六三）		＊米英ソが部分的核実験停止条約調印／＊ケネディ米大統領暗殺
三十九（一九六四）	池田勇人（第三次） 佐藤栄作（第一次）	日本、ＩＭＦ八条国に／ＯＥＣＤ加盟／東海道新幹線開業／東京オリンピック開催／＊中国が初の原爆実験に成功／海外旅行の自由化
四十（一九六五）		佐藤首相訪米、ジョンソン大統領と共同声明／「期待される人間像」中間草案発表／＊米軍の北爆開始、アメリカで反戦運動／ベ平連がデモ／日韓基本条約と付属の協定調印／佐藤首相、首相として戦後はじめて沖縄訪問／★大学生数百万人突破／★「11ＰＭ」放映開始
四十一（一九六六）		★ビートルズ来日／＊中国で文化大革命はじまる

昭和		
四十二（一九六七）	佐藤栄作（第二次）	初の建国記念の日／＊第三次中東戦争（六日間で停戦）／＊中国が初の水爆実験／＊チェ・ゲバラ戦死／吉田茂没、戦後初の国葬／佐藤首相訪米、日米共同声明／非核三原則／★ベトナム特需
四十三（一九六八）		佐世保に米原子力空母エンタープライズ入港／＊ベトナムのソンミ村虐殺事件、アメリカで反戦運動盛んに／＊パリで五月革命／新宿で国際反戦デー騒乱／明治百年記念式典／川端康成、ノーベル文学賞受賞
四十四（一九六九）		東大安田講堂封鎖／機動隊により封鎖解除、東大の入試中止へ／＊米国アポロ11号、月面着陸に成功／＊全米にベトナム反戦運動／佐藤首相訪米、沖縄返還などの共同声明
四十五（一九七〇）	佐藤栄作（第三次）	大阪で万博開催／「よど号」事件／日米安保条約自動延長／三島由紀夫が自衛隊乱入、割腹自殺
四十六（一九七一）		沖縄返還協定調印／ドル・ショック
四十七（一九七二）	田中角栄（第一次・第二次）	軽井沢で浅間山荘事件／沖縄県本土復帰／「日本列島改造論」発表／＊アメリカでウォーターゲート事件発覚／田中首相訪中、日中共同声明に調印して国交回復／★パンダが上野動物園に来園
四十八（一九七三）		＊ベトナム和平協定調印／金大中事件／＊第四次中東戦争はじまる／第一次オイルショック
四十九（一九七四）		★コンビニ第一号開店／佐藤栄作、ノーベル平和賞受賞
五十（一九七五）	三木武夫	天皇・皇后が初訪米／＊第一回先進国首脳会議開催
五十一（一九七六）		ロッキード事件が問題化／＊中国で第一次天安門事件／＊南北ベトナム統一／★日本初の五つ子が誕生
五十二（一九七七）	福田赳夫	★平均寿命が男女とも世界一に／★「カラオケ」流行
五十三（一九七八）		日中平和友好条約調印／日米防衛協力のための指針（ガイドライン）決定

昭和		
五十四（一九七九）	大平正芳（第一次・第二次）	イラン革命により第二次オイルショック／＊米スリーマイル島原子力発電所で放射能漏れ／＊ソ連がアフガニスタンに侵攻／★「省エネ」／★インベーダーゲーム流行
五十五（一九八〇）	鈴木善幸	＊イラン・イラク戦争／★校内・家庭内暴力急増
五十六（一九八一）		中国残留孤児が初の正式来日／福井謙一がノーベル化学賞受賞
五十七（一九八二）	中曾根康弘（第一次）	＊フォークランド紛争
五十八（一九八三）	中曾根康弘（第二次）	★パソコン・ワープロなど急速に普及／★「おしん」ブーム
五十九（一九八四）		グリコ・森永事件／全斗煥韓国大統領来日、中曾根首相と会談
六十（一九八五）		群馬県御巣鷹山に日航ジャンボジェット機墜落／★小中学校で「いじめ」が深刻化／＊ジュネーブで米ソ首脳会談（レーガン・ゴルバチョフ）
六十一（一九八六）	中曾根康弘（第三次）	＊アメリカのスペースシャトル爆発／＊フィリピン革命／男女雇用機会均等法施行／＊チェルノブイリ原発事故／★「財テク」ブーム
六十二（一九八七）	竹下登	＊ルーブル合意／国鉄分割・民営化／★地価高騰続く／＊ソ連で「ペレストロイカ」／★「超伝導」ブーム
六十三（一九八八）		リクルート疑惑事件／＊イラン・イラク停戦／アメリカで対日強硬の包括的貿易法案可決
六十四（一九八九）〈平成元〉	宇野宗佑 海部俊樹（第一次）	昭和天皇崩御、平成時代となる／消費税三パーセントでスタート／＊中国で第二次天安門事件／＊ベルリンの壁撤去／東証平均株価が最高値記録（三万八九一五円）／★「ジャパン・バッシング」

参考文献

朝日ジャーナル編集部編『昭和史の瞬間』……………………………朝日新聞社
朝日新聞論説委員室編『天声人語にみる戦後50年』……………………朝日新聞社
芦田均『芦田均日記』……………………………………………………岩波書店
五百旗頭真『日米戦争と戦後日本』………………………………………講談社
石川弘義『欲望の戦後史』…………………………………………廣済堂出版
石田健夫『敗戦国民の精神史』……………………………………………藤原書店
猪野健治編『東京闇市興亡史』………………………………………………草風社
岩崎爾郎『物価の世相100年』…………………………………………読売新聞社
尾崎秀樹・山田宗睦『戦後生活文化史』…………………………………弘文堂新社
木下宗一『日本百年の記録』………………………………………………人物往来社
木下道雄『側近日誌』ならびに同書の高橋紘「解説」……………………文藝春秋
古関彰一『新憲法の誕生』…………………………………………………中央公論社
小林一三『小林一三日記』…………………………………………………阪急電鉄
斎藤信也『人物天気図』……………………………………………………朝日新聞社
佐々木毅・鶴見俊輔・富永健一ほか『戦後史大事典』………………………三省堂
幣原平和財団編『幣原喜重郎』…………………………………………幣原平和財団
清水崑画・吉田茂記念事業財団編『吉田茂諷刺漫画集』……………………原書房
高松宮宣仁親王『高松宮日記』……………………………………………中央公論社
高見順『高見順日記』………………………………………………………勁草書房
竹前栄治『占領戦後史』『GHQ』……………………………………ともに岩波書店
鶴見俊輔ほか『日本の百年』………………………………………………筑摩書房
戸川猪佐武『戦後風俗史』……………………………………………………雪華社
永井荷風『断腸亭日乗』……………………………………………………岩波書店
中村隆英『昭和史』Ⅱ……………………………………………東洋経済新報社
林茂・辻清明編『日本内閣史録』第5巻・第6巻………………………第一法規出版
原田泰『テラスで読む戦後トピック経済史』……………………日本経済新聞社
深川英雄『キャッチフレーズの戦後史』…………………………………岩波書店
文藝春秋編『「文藝春秋」にみる昭和史』………………………………文藝春秋
文藝春秋編『戦後50年 日本人の発言』…………………………………文藝春秋
保阪正康『父が子に語る昭和史』……………………………………………双葉社
毎日新聞社編『岩波書店と文藝春秋』……………………………………毎日新聞社
百瀬孝『事典・昭和戦後期の日本』………………………………………吉川弘文館
山岡明『庶民の戦後』生活編・風俗編……………………………………太平出版社
山田風太郎『戦中派焼け跡日記』……………………………………………小学館

は行

ま行

や行

ら行

た行

な行

わ行

事項索引《じこうさくいん》

あ行

か行

さ行

…▶

～人名索引　ま行

や行

ら行

は行

ま行

た行

な行

か行

さ行

半藤《はんどう》先生の「昭和史《しょうわし》」で学ぶ非戦《ひせん》と平和

復興《ふっこう》への道のり 1945 ～ 1989〔上〕 索引《さくいん》

・本文、解説《かいせつ》にあらわれた主な人名と事項《じこう》名を五十音順に並《なら》べました。
・人名は原則《げんそく》として姓《せい》、名の順に表記しています。
・文中に同じ意味の語句《ごく》がある場合、「⇒」で参照しました。
・文中で使われている事項《じこう》名に異《こと》なる表記がある場合、「→」で参照しました。
・項目《こうもく》の直後の(　)は、その語の補足《ほそく》説明です。

人名索引《じんめいさくいん》

あ行

半藤一利（はんどう・かずとし）

1930年、東京生まれ。東京大学文学部卒業後、文藝春秋入社。「週刊文春」「文藝春秋」編集長、取締役などを経て作家。著書は『日本のいちばん長い日』『漱石先生ぞな、もし』（正続、新田次郎文学賞）、『ノモンハンの夏』（山本七平賞）、『「真珠湾」の日』（以上、文藝春秋）、『幕末史』（新潮社）、『B面昭和史 1926－1945』『世界史のなかの昭和史』（以上、平凡社）など多数。『昭和史 1926－1945』『昭和史 戦後篇 1945－1989』（平凡社）で毎日出版文化賞特別賞を受賞。2015年、菊池寛賞を受賞。2021年1月12日永眠。

半藤先生《はんどうせんせい》の「昭和史《しょうわし》」で学《まな》ぶ非戦《ひせん》と平和《へいわ》

復興《ふっこう》への道《みち》のり 1945-1989 上《じょう》

G H Q《ジーエッチキュー》、日本国憲法《にほんこくけんぽう》、東京裁判《とうきょうさいばん》

発行日 2023年5月25日 初版第1刷

著者 半藤一利
発行者 下中美都
発行所 株式会社平凡社
〒101-0051 東京都千代田区神田神保町3-29
電話 03-3230-6579（編集）
03-3230-6573（営業）
平凡社ホームページ https://www.heibonsha.co.jp/
印刷・製本 株式会社東京印書館
編集協力 山本明子
装幀 木高あすよ（株式会社平凡社地図出版）
DTP 有限会社ダイワコムズ

ISBN978-4-582-45467-3